우선순위
급수한자
1000

'우선순위 급수한자 1000'은 한국어문회가 주관하고 한국한자능력검정회가 시행하는 한자능력검정시험에서 4급 배정한자가 30여 회의 시험동안 몇 번 출제되었는지를 분석하여 그 중요도를 파악하고, 시험에 출제되는 우선순위에 따라 1000자를 5단계로 분류하여 구성한 체계적·과학적 한자 학습서입니다.
'우선순위 급수한자 1000'은 한자의 배열 및 구성, 편집 등에서 독창성을 인정받아 저작권심의조정위원회에 편집저작권등록이 되었습니다.

우선순위
급수한자

1000

이 책을 펴내며

① 이제는 한자다!

최근 교육인적자원부에서 한문을 제2외국어의 과목으로 채택하는 등 한자에 대한 다양한 변화를 시도하고 있고, 일부 대학에서는 한자능력검정시험의 점수를 특별전형에 반영하고 있으며, 가산점을 주는 학교도 점차 늘어가고 있는 상황입니다.

또한 삼성그룹을 비롯한 각종 기업체에서는 한자능력검정시험의 자격증 획득을 입사 전형시 가산점으로 환산하고 있으며, 이러한 추세는 앞으로도 지속될 전망입니다. 따라서 한자는 이제 중·고등학생에게는 진학을 위해, 예비 사회인에게는 취업을 위해 반드시 필요한 과목으로 자리잡아 가고 있습니다.

② 먼저 외울 한자는 따로 있다!

그러나 부득이하게도 '진학과 취업'이라는 절대 명제앞에 수험생과 취업준비생에게 허락된 시간과 여건은 그리 만만치 않은 것 또한 현실입니다. 위에서 살펴본 바와 같이 한자가 하나의 시험과목으로 자리잡은 이상, 그에 맞는 대응책으로 '보다 빠른 시간내에, 보다 효과적으로' 목표한 시험의 자격증을 취득하는 것은 어쩌면 당연한 목표일지도 모릅니다.

한국어문회가 주관하고 한국한자능력검정회가 시행하는 4급 시험의 배정한자는 1000자에 달합니다. 이는 수험생에게는 어려서부터 익숙한 영어 단어의 암기보다 더 큰 부담으로 느껴집니다. 그러나 역시 암기는 요령입니다. 먼저 외워야 할 한자와 그렇지 않은 한자를 분류하여 한자 암기의 강약을 조절하면 보다 효율적인 암기를 할 수 있습니다.

❸ 한자능력검정시험에 중요한 순서로 1000자!

1000자의 한자를 모두 평면적인 중요도로 놓고 암기하고 학습하는 것이 가장 일반적인 방법일 수도 있지만, 이런 방법이 시험과목으로서의 한자를 대하는 수험생이나 취업준비생의 올바른 태도는 아닐 것입니다.

따라서 지난 30여회 출제된 기출문제를 근거로 1000자가 어떤 유형에 몇 번 출제되었는지를 분석하여 그 중요도를 파악하고 이에 따른 분류를 통해 '시험에 자주 출제되는 한자'부터 학습해 나가는 방법이 반드시 필요하게 되었으며, '우선순위 급수한자 1000'은 그 고민의 결과로 출간되었습니다.

❹ 최소의 시간에 최대의 효과!

인생의 여정은 짧지 않습니다.
그러나 시험을 준비하는 순간의 시간은 결코 길지 않습니다.
누구에게나 공평하게 주어진 그 길지 않은 시간을 얼마나 효과적으로 사용하느냐에 따라 그 결과는 크게 달라집니다.

모쪼록 '우선순위 급수한자 1000'을 통해 보다 많은 분들이 길지 않은 시험준비의 시간을 효과적으로 활용하길 기대해 봅니다.

우선순위 급수한자 연구회

이 책의 특징

① 출제빈도가 높은 한자부터 학습하라!

1000자의 많은 한자를 무조건 단기간에 암기한다는 것은 그리 쉬운 일만은 아닙니다. 따라서 한자도 우선순위로 시험에 자주 출제되는 한자 위주로 공부를 한다면 단기간에 높은 효과를 얻을 수 있을 것입니다. '우선순위 급수한자 1000'에 출제되는 한자를 5단계로 분류하여 가장 출제율이 높은 한자는 앞부분에, 출제율이 비교적 낮은 한자는 뒷부분에 위치하였습니다.

② 유의자, 반의자, 약자, 소리의 장단 등의 학습은 필수!

대개 외국어를 공부할 때에는 단어장 정리를 합니다. 한자 역시 단어입니다. 따라서 본 책은 단어장과 같이 구성하였습니다. 그리하여 부수, 유의자, 반의자, 약자, 소리의 장단을 한 눈에 볼 수 있게 구성하였고, 그와 관련된 단어를 예문으로 구성하였습니다.

③ 34일 후면 한자의 뿌리가 달라진다!

하루 공부할 한자분량을 30자로 구성하여 34일 완성의 한자단어장으로 구성하였습니다. 또한 시험에 출제되는 문제유형을 바로 체크 할 수 있도록 '한자점검익히기'의 문제를 하루분량으로 함께 구성하여 학습의 정확도를 스스로 체크할 수 있도록 하였습니다.

④ 복습시기를 놓치지 마라!

앞에서 공부한 한자를 쓰기 한자와 읽기 한자로 나누어 점검할 수 있도록 각 단원이 끝날 때마다 정리하였습니다. 이는 누적된 공부량에 따른 자신의 학습정도를 체크하는 것으로서 반드시 점검해야 하는 부분입니다.

⑤ 한자어의 뜻 풀이 설명!

우리가 한자를 공부하는 궁극적인 목표는 우리말인 한글을 잘 알고, 잘 하기 위한 것임은 주지의 사실입니다. 따라서 다소 생소한 한자 단어에는 국어사전을 기초로 낱말 뜻을 풀이하여 이해의 편의를 도모하였습니다.

⑥ 부록으로 본문의 내용을 다시 한 번 정리!

유의자, 반의자, 약자, 일자다의자, 잘못 쓰기 쉬운 한자 등을 재정리하여 취약한 부분에 대한 학습 효율성을 높일 수 있게 구성하였습니다.

이 책이 나오기 까지는

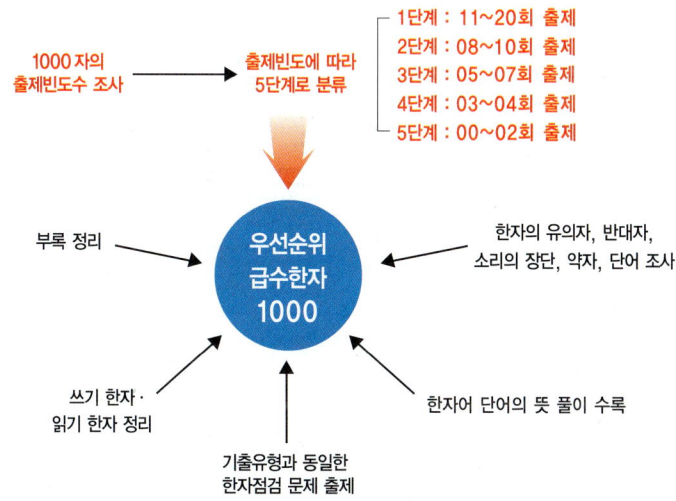

1000 자의 출제빈도수 조사 → 출제빈도에 따라 5단계로 분류

1단계 : 11~20회 출제
2단계 : 08~10회 출제
3단계 : 05~07회 출제
4단계 : 03~04회 출제
5단계 : 00~02회 출제

우선순위 급수한자 1000

부록 정리

한자의 유의자, 반대자, 소리의 장단, 약자, 단어 조사

쓰기 한자 · 읽기 한자 정리

한자어 단어의 뜻 풀이 수록

기출유형과 동일한 한자점검 문제 출제

미리확인하기

본문의 30자의 한자를 단원의 시작 전에 미리 검토할 수 있도록 O× 체킹란으로 구성하였습니다.

급수표시

각 한자마다 급수를 표시하여, 각 급수별 한자를 파악할 수 있도록 하였습니다.

국어사전 위주의 장단음 구성

각각의 한자어에 소리의 장단을 표기하였습니다. 단 시험에서 출제되는 유형과 같이 2字의 한자어에는 장음 표기를 하였고, 3字어 이상에는 소리의 장단은 표기하지 않습니다. 장음표기는 : 을 원칙으로 하였고, 장·단음 모두 될 수 있는 한자어는 (:)을 원칙으로 하였습니다.
※장단음은 상이할 수 있습니다.

오늘의 사자성어(예습하기)

본문에 등장하는 한자와 관련된 사자성어는 하루에 4개씩 암기할 수 있게 구성하였습니다.

사용의 편의상 약칭 사용

각 한자의 단어에 부수, 유의자, 반의자, 약자라는 단어를 사용하는 대신에 각 단어의 머리글자를 써서 (부), (유), (반), (약)이라 칭하였습니다.

제부수글자

각 단계의 마지막 장에는 제부수한자로 구성하였습니다. 출제빈도와는 관련없이 획순 순으로 4급 범위 내의 제부수글자입니다.

상대어·반대어의 참고 정리

본문의 한자와 관련하여 출제가 능한 상대어·반대어가 있는 한자어의 경우에는 〈참고〉로 하여 반대어를 정리할 수 있도록 구성하였습니다.

한자점검하기

그날 그날 미리 확인하기의 문제에 몇 일째 문제인지 체킹하였습니다. 또한 실제 출제되는 유형의 문제와 같게 구성하여 그날 공부한 내용을 바로 점검할 수 있도록 하였습니다.

오늘의 사자성어

미리 확인하기에서 익혀 두었던 사자성어를 뜻과 함께 설명하였습니다.

단어의 뜻풀이

생소한 한자어에는 한자어의 뜻풀이를 하였습니다. 이는 "한자어 뜻풀이"문제에 대한 실전배양 능력을 키우는 데 주안점을 두었습니다.

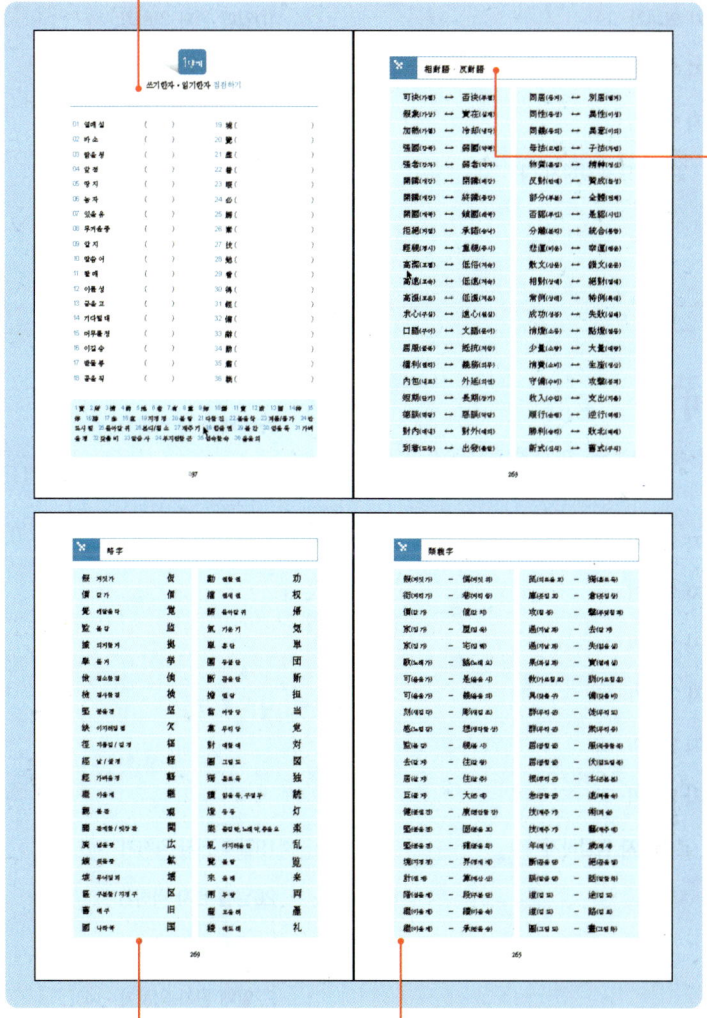

쓰기한자 · 읽기한자 점검하기

각 단계의 마지막 장은 쓰기한자 · 읽기한자 점검하기를 통하여 그 단원의 한자를 얼마나 섭렵하였는지 실력체크 할 수 있는 쓰기한자 · 읽기한자 점검하기 문제로 구성하였습니다.

상대어 · 반대어

본문 1000자의 한자중 상대자/반대자와 상대어/반대어를 총망라 하였습니다. 단, 한자의 뜻은 일반적인 한자의 뜻이 아닌 그 한자에 맞는 음훈을 사용하였습니다.

참고 可決(가결) ↔ 否決(부결)

약자

4급 배정한자의 약자를 정리하였습니다. 약자는 간체자를 포함하였습니다.

유의자

본문 1000자의 한자유의어를 복습하는 과정으로 유의자만을 한 번에 모아 정리하였습니다. 단, 한자의 뜻은 기존에 자주 사용되는 한자의 뜻이 아니더라도 그 한자와 관련된 음훈을 사용하였습니다.

참고 假 (거짓 가) - 僞 (거짓 위)

1. 한자능력검정시험 공인급수기관

1) 한국어문회(http://www.hangum.re.kr)

① 공인급수 - 1급, 2급, 3급, 3급Ⅱ

② 교육급수 - 4급, 4급Ⅱ, 5급, 6급, 6급Ⅱ, 7급, 8급

③ 합격기준

급수	1급	2급	3급	3급Ⅱ	4급	4급Ⅱ	5급	6급	6급Ⅱ	7급	8급
총점	200	200	200	200	100	100	100	90	80	70	50
득점	160	105	105	105	70	70	70	63	56	49	35

2) 한국외국어평가원(http://www.ehanja.or.kr)

① 실용한자 공인 - 1급, 2급, 3급, 4급

② 실용한자 장려 - 준4급, 5급, 준5급, 6급, 준6급, 7급, 8급

③ 합격기준

급수	1급	2급	3급	4급	준4급	5급	준5급	6급	준6급	7급	8급
총점	200점	200점	200점	200점	200점	200점	200점	200점	200점	200점	200점
득점	70%이상	70%이상	70%이상	70%이상	60%이상	60%이상	60%이상	60%이상	60%이상	60%이상	60%이상

3) 한국한자급수자격평가원(http://www.hanja114.org)

① 국가공인급수 - 한자실력 사범, 1급, 2급, 3급

② 교양한자급수 - 4급, 준4급, 5급, 준5급, 6급, 7급, 8급

③ 합격기준

급수	사범	1급	2급	3급	4급	준4급	5급	준5급	6급	7급	8급
총점	400	300	200	200	200	100	100	100	100	100	100
득점	80%이상	70%이상	70%이상	70%이상	70%이상	70%이상	70%이상	70%이상	70%이상	70%이상	70%이상

※ 각 급수별 합격점 기준 이상의 점수를 얻어야 합격할 수 있습니다.

4) 대한민국한자교육연구회(http://www.hanja.net)

① 공인급수 - 준2급, 2급, 준1급, 1급, 사범

② 교육급수 - 6급, 준5급, 5급, 준4급, 4급, 준3급, 3급, 준사범

③ 합격기준

등급	사범	준사범	1급 ~ 준1급	2급 ~ 5급	준5급 ~ 6급
문항수	200	150	150	100	50
득점	80점 이상 (160문항 이상)	80점 이상 (120문항 이상)	70점 이상 (105문항 이상)	70점 이상 (70문항 이상)	70점 이상 (35문항 이상)

2. 유의사항(한국어문회 시행 검정시험 기준)

1) 시험요강

공인급수는 1급 · 2급 · 3급 · 3급II이며, 교육급수는 4급 · 4급II · 5급 · 6급 · 6급II · 7급 · 8급입니다. 전국 한자능력검정시험 18회부터 28회까지 한자능력급수 4급 취득자는 국가공인자격으로 평생 유효합니다. 응시 원서는 방문접수기간 동안 각 고사장의 해당 접수처에서 교부하며, 1인당 50매 이하만 접수할 수 있습니다. 고사장 수용인원에 따라 고사장별로 조기마감될 수 있습니다. 방문접수 시간은 09:00부터 18:00까지입니다. 단, 방문접수 마감시간은 각 접수처의 근무시간에 따라 다를 수 있습니다. 인터넷 접수 시간은 인터넷 접수 시작일 09:00부터 인터넷 접수 마감일 24:00까지입니다. 계좌이체로 결제하실 경우는 인터넷 접수 기간 내 해당 은행 영업시간 동안에만 접수할 수 있습니다.

인터넷접수는 www.hangum.re.kr 에서 전국 고사장을 대상으로 실시합니다.

시험 당일 반드시 접수하신 해당 고사장에서 지원 급수로 응시하여야 하며, 타 고사장에서 응시하거나, 지원 한 급수가 아닌 타 급수로 응시한 경우는 0점 처리됩니다.

합격발표는 ARS 060-800-1100, 인터넷접수 사이트 www.hangum.re.kr에서 발표합니다.

2) 응시자격

전국한자능력검정시험은 모든 급수에 누구나 응시 가능합니다(제29회부터 적용).

재학여부, 학력, 소속, 연령, 국적 등에 상관없이 원하는 급수에 응시할 수 있습니다.

3) 시험시간

1급	2급 · 3급 · 3급II	4급 · 4급II · 5급 · 6급 · 6급II · 7급 · 8급
90분	60분	50분

4) 급수별 배정한자 및 시험 특성

급수	읽기	쓰기	수준 및 특성
1급	3,500자	2,005자	국한혼용 고전을 불편 없이 읽고, 공부할 수 있는 수준
2급	2,355자	1,817자	일상 한자어를 구사할 수 있는 수준
3급	1,817자	1,000자	신문 또는 일반 교양서를 읽을 수 있는 수준
3급II	1,500자	750자	4급과 3급의 격차를 해소하기 위한 급수
4급	**1,000자**	**500자**	**초급에서 중급으로 올라가는 급수**
4급II	**750자**	**400자**	**5급과 4급의 격차를 해소하기 위한 급수**
5급	500자	300자	학습용 한자 쓰기를 시작하는 급수
6급	300자	150자	기초 한자 쓰기를 시작하는 급수
6급II	300자	50자	한자 쓰기를 시작하는 첫 급수
7급	150자	–	한자 공부를 처음 시작하는 분을 위한 초급단계
8급	50자	–	미취학생 또는 초등학생의 학습동기 부여를 위한 급수

5) 문제유형별 출제기준

· 讀音 : 한자의 소리를 묻는 문제입니다. 독음은 두음법칙, 속음현상, 장단음과도 관련이 있습니다.

· 訓音 : 한자의 뜻과 소리를 동시에 묻는 문제입니다. 특히 대표훈음을 익히시기 바랍니다.

· 漢字쓰기 : 제시된 뜻, 소리, 단어 등에 해당하는 한자를 쓸 수 있는가를 확인하는 문제입니다.

· 部首 : 한자의 부수를 묻는 문제입니다. 부수는 한자의 뜻을 짐작할 수 있는 중요한 부분입니다.

· 筆順 : 한 획 한 획의 쓰는 순서를 알고 있는 가를 묻는 문제입니다. 글자를 바르게 쓰기 위해 필요합니다.

· 長短音 : 한자 단어의 첫소리 발음이 길고 짧음을 구분하고 있는가를 묻는 문제입니다. 4급 이상에서만 출제됩니다.

· 反義語/反意語 · 相對語 : 어떤 글자(단어)와 반대 또는 상대되는 글자(단어)를 알고 있는가를 묻는 문제입니다.

· 同義語/同意語 · 類義語 : 어떤 글자(단어)와 뜻이 같거나 유사한 글자(단어)를 알고 있는가를 묻는 문제입니다.

· 同音異義語 : 소리는 같고, 뜻은 다른 단어를 알고 있는가를 묻는 문제입니다.

· 뜻풀이 : 고사성어나 단어의 뜻을 제대로 알고 있는가를 묻는 문제입니다.

· 略字 : 한자의 획을 줄여서 만든 略字를 알고 있는가를 묻는 문제입니다.

· 完成型 : 고사성어나 단어의 빈칸을 채우도록 하여 단어와 성어의 이해력 및 조어력을 묻는 문제입니다.

6) 급수별 출제기준

구분	1급	2급	3급	3급II	4급	4급II	5급	6급	6급II	7급	8급
讀音	50	45	45	45	30	35	35	33	32	32	24
漢字쓰기	40	30	30	30	20	20	20	20	10	0	0
訓音	32	27	27	27	22	22	23	22	29	30	24
完成型	15	10	10	10	5	5	4	3	2	2	0
反義語	10	10	10	10	3	3	3	3	2	2	0
뜻풀이	10	5	5	5	3	3	3	2	2	2	0
同音異義語	10	5	5	5	3	3	3	2	0	0	0
部首	10	5	5	5	3	3	0	0	0	0	0
同義語	10	5	5	5	3	3	3	2	0	0	0
長短音	10	5	5	5	5	0	0	0	0	0	0
略字	3	3	3	3	3	3	3	0	0	0	0
筆順	0	0	0	0	0	0	3	3	3	2	2
出題問項(計)	200	150	150	150	100	100	100	90	80	70	50

7) 합격기준

구분	1급	2급·3급·3급II	4급·4급II·5급	6급	6급II	7급	8급
출제문항	200	150	100	90	80	70	50
합격문항	180	105	70	60	56	49	35

:: 육서법

육서법이란 한자의 구성상의 여섯 가지 유형 즉, 상형문자(象形文字), 지사문자(指事文字), 회의문자(會意文字), 형성문자(形聲文字), 전주문자(轉注文字), 가차문자(假借文字)를 말합니다.

1 상형문자(象形文字)

사물(물체)의 모양을 본떠서 그 사물과 관련되게 만든 글자를 말합니다.

> **예** 日(날 일)   ☼ ☼ ⊙ ⊖ 日
>
>   山(산 산)   ⛰ ⛰ 山
>
>   川(내 천)   ⦚⦚⦚ 川 川
>
>   人(사람 인)   ⺈ 人 人

2 지사문자(指事文字)

수량이나 위치와 같이 사물의 모양을 본 떠서 만들 수 없는 자는 추상적인 개념을 상징적으로 하여 만든 글자를 말합니다.

> **예** 一(하나 일) ㅣ 二(두 이) ㅣ 上(위 상) ㅣ 中(가운데 중) ㅣ 下(아래 하)

3 회의문자(會意文字)

이미 만들어져 있는 글자에 둘 이상의 한자를 뜻으로 결합시켜 새 글자를 만드는 방법을 말합니다.

> **예** 日(날 일) + 月(달 월) = 明(밝을 명)
>
>   亻(사람 인) + 木(나무 목) = 休(쉬다 휴)
>
>   亻(사람 인) + 言(말씀 언) + 信(믿을 신)
>
>   女(계집 녀) + 子(사내 남) = 好(좋아할 호)
>
>   木(나무 목) + 木(나무 목) = 林(수풀 림)

4 형성문자(形聲文字)

이미 만들어져 있는 글자에 뜻을 나타내는 글자와 같은 음을 나타내는 글자를 결합하
여 새 한자를 만드는 방법을 말합니다.

> **예** 氵(물 수) + 靑(푸를 청) = 淸(맑을 청)
> 　　　뜻　　　　 같은음
>
> 門(문 문) + 口(입 구) = 問(물을 문)
> 　 같은음　　 뜻
>
> 艸(풀 초) + 化(될 화) = 花(꽃 화)
> 　　 뜻　　　　 같은음

5 전주문자(轉注文字)

어떤 한자의 원래의 뜻을 비슷한 뜻으로 바꾸는 문자를 말합니다.

> **예** 樂(즐거울 락) / 樂(좋아할 요)
>
> 惡(악할 악) / 惡(미워할 오)
>
> 道(길 도) / 道(말할 도)

6 가차문자(假借文字)

어떤 뜻을 나타내는 한자(글자)가 없을 때, 뜻은 다르나 음이 같은 글자를 빌려 쓰는
방법을 말합니다.

> **예** 伊太利(이태리) – 이탈리아
>
> 亞細亞(아세아) – 아시아
>
> 佛蘭西(불란서) – 프랑스

:: 부수의 위치

1 邊(변) – 한자에서 글자의 왼쪽 부분을 차지하는 부수를 말합니다.

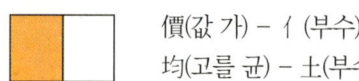
價(값 가) – 亻(부수)
均(고를 균) – 土(부수)

2 傍(방) – 한자에서 글자의 오른쪽 부분을 차지하는 부수를 말합니다.

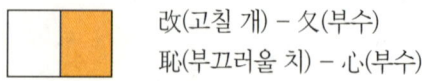
改(고칠 개) – 攵(부수)
恥(부끄러울 치) – 心(부수)

3 冠(관, 머리) – 한자에서 글자의 윗 부분에 놓여 있는 부수를 말합니다.

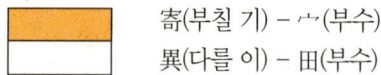
寄(부칠 기) – 宀(부수)
異(다를 이) – 田(부수)

4 脚(각, 발) – 한자에서 글자의 아랫부분에 놓인 부수를 말합니다.

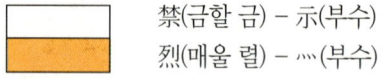
禁(금할 금) – 示(부수)
烈(매울 렬) – 灬(부수)

5 밑(엄호) – 한자에서 글자의 위쪽과 왼쪽부분을 에워싸는 부수를 말합니다.

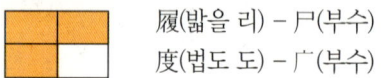
履(밟을 리) – 尸(부수)
度(법도 도) – 广(부수)

6 받침 – 한자에서 글자의 왼쪽과 아래쪽을 에워싸는 부수를 말합니다.

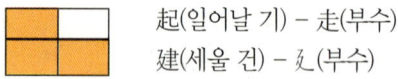
起(일어날 기) – 走(부수)
建(세울 건) – 廴(부수)

7 몸 – 한자에서 글자의 둘레를 감싸는 부수를 말합니다.

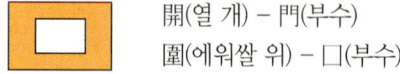
開(열 개) – 門(부수)
圍(에워쌀 위) – 囗(부수)

8 제부수 – 한 글자전체가 부수인 한자를 말합니다.

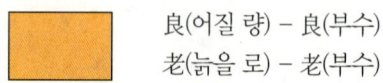
良(어질 량) – 良(부수)
老(늙을 로) – 老(부수)

1단계

반드시 알아야 할
최우선순위 한자 90

몸을 갈고 닦음은 백 번 단련된 쇠와 같으니
급하게 이룬 것은 깊은 수양이 아니다.
일을 하는 것은 돌로 만든 활과 같으니
가볍게 쏜 것은 큰 공이 없다

磨礪 當如百鍊之金 急就者 非邃養 施爲 宜似千鈞之弩 輕發者 無宏功

- 채근담 중에서 -

알려두기

본 편에 수록된 한자는 90자로서 학습일은 3일입니다.
1단계에 수록된 한자는 지난 30회까지의 시험에서 빈번하게 출제되었던 한자입니다.
즉, 1회부터 30회까지의 한자능력검정시험에서 11～20회 출제된 한자로서, 4급 배정한자를
공부하기 위한 첫 단계에서 반드시 정복해야 하는 한자입니다.

학습순서

1 ▪ 미리 확인하기를 통해 우선 본인이 음과 훈, 부수, 약자 등을 알고 있는 한자를 먼저 체크해
봅니다.

2 ▪ 본인이 모르고 있거나 확실치 않은 한자를 중심으로 본문 순서에 따라 학습을 합니다.
이 때 단순히 한자의 음과 훈만을 위주로 기억하지 말고, 부수 · 유의자 · 반의자 · 약자 등을
모두 익혀두셔야 합니다.

3 ▪ 모두 암기가 되었다면, 오늘의 단어와 관련이 있는 사자성어를 익혀 둡니다.

4 ▪ 본문 학습이 끝난 후에는 한자 검검하기를 통해 본인의 학습정도를 체크해 봅니다. 한자 점검
하기의 문제는 실제 출제되는 문제의 유형에 따라 그날 분의 한자로 구성한 것입니다.

5 ▪ 3일분의 학습 분량이 끝나면 각 단원의 쓰기한자, 읽기한자 연습이 있습니다. 쓰기한자와 읽기
한자 연습을 통해 다시 한번 앞에서 공부한 내용을 확인해 둡니다. 쓰기한자는 5급 위주의 문제
이고, 읽기한자는 4급과 4급 II 위주의 문제입니다(그러나 반드시 일치하지는 않습니다).

6 ▪ 1단계의 학습이 모두 끝났습니다. 다음은 본문의 단어와 관련하여 가로세로 퍼즐을 풀어봅시다.

미리확인하기　　　　o x　　　　　　o x

家	家 家 家 家 家	□□	歸	歸 歸 歸 歸 歸	□□
暇	暇 暇 暇 暇 暇	□□	勤	勤 勤 勤 勤 勤	□□
看	看 看 看 看 看	□□	技	技 技 技 技 技	□□
擧	擧 擧 擧 擧 擧	□□	年	年 年 年 年 年	□□
格	格 格 格 格 格	□□	談	談 談 談 談 談	□□
競	競 競 競 競 競	□□	待	待 待 待 待 待	□□
輕	輕 輕 輕 輕 輕	□□	讀	讀 讀 讀 讀 讀	□□
境	境 境 境 境 境	□□	動	動 動 動 動 動	□□
考	考 考 考 考 考	□□	得	得 得 得 得 得	□□
苦	苦 苦 苦 苦 苦	□□	覽	覽 覽 覽 覽 覽	□□
固	固 固 固 固 固	□□	來	來 來 來 來 來	□□
曲	曲 曲 曲 曲 曲	□□	路	路 路 路 路 路	□□
果	果 果 果 果 果	□□	理	理 理 理 理 理	□□
觀	觀 觀 觀 觀 觀	□□	賣	賣 賣 賣 賣 賣	□□
國	國 國 國 國 國	□□	勉	勉 勉 勉 勉 勉	□□

苦盡甘來 □□□□　　　格物致知 □□□□

權不十年 □□□□　　　輕擧妄動 □□□□

0001 7급
家 집 가
- ♜ 宀 갓머리 ♛ 舍 집 사, 屋 집 옥, 室 집 실, 宅 집 택
- 家格(가격) 家系(가계) 家産(가산) 家族(가족) 家鄉(가향) 國家(국가)
  - 자기 집이 있는 고향

0002 4급
暇 겨를/틈 가:
- ♜ 日 날일
- 暇日(가:일) 病暇(병:가) 餘暇(여가) 閑暇(한가) 休暇(휴가)
  - 병으로 말미암은 휴가

0003 4급
看 볼 간
- ♜ 目 눈목
- 看過(간과) 看病(간병) 看書(간서) 看板(간판) 看護(간호) 看破(간파)
- 走馬看山(주마간산)
  - 소리 내지 않고 책을 읽음

0004 5급
擧 들 거:
- ♜ 手 손수 ♚ 挙
- 擧動(거:동) 擧論(거:론) 擧名(거:명) 擧事(거:사) 選擧(선:거)

0005 5급
格 격식 격
- ♜ 木 나무목 ♛ 式 법 식
- 價格(가격) 格式(격식) 嚴格(엄격) 資格(자격) 格物致知(격물치지)

0006 5급
競 다툴 경:
- ♜ 立 설립 ♛ 爭 다툴 쟁, 戰 싸울 전, 鬪 싸움 투
- 競技(경:기) 競選(경:선) 競爭(경:쟁) 競走(경:주) 競合(경:합)

0007 5급
輕 가벼울 경
- ♜ 車 수레거 ♝ 重 무거울 중 ♚ 軽
- 輕減(경감) 輕量(경량) 輕油(경유) 輕快(경쾌) 輕擧妄動(경거망동)
  - 마음이 가뜬하고 상쾌함
- ⑱ 輕量(경량) ↔ 重量(중량)

0008 4급II
境 지경 경
- ♜ 土 흙토 ♛ 界 경계 계
- 境界(경계) 境域(경역) 近境(근:경) 心境(심경) 遠境(원:경)

0009 5급
考 생각할 고(:)
- ♜ 耂 늙을로엄 ♛ 思 생각 사, 想 생각 상, 念 생각할 념, 慮 생각할 려
- 考査(고:사) 考試(고:시) 考案(고안) 考察(고찰) 思考(사고) 再考(재:고)
  - 사물을 뚜렷이 밝히기 위하여 깊이 생각하여 살핌

0010 6급
苦 쓸/괴로울 고
- ♜ 艹(艸) 초두머리 ♝ 樂 즐거울 락, 甘 달 감
- 苦難(고난) 苦毒(고독) 苦生(고생) 苦盡甘來(고진감래)

0011 5급
固 굳을 고
- ♜ 囗 큰입구몸 ♛ 堅 굳을 견, 確 굳을 확 ♝ 軟 연할 연(3급II)
- 固守(고수) 固定(고정) 固執(고집) 固體(고체) 凝固(응:고) 確固(확고)

01일째 한자익히기 0012~0022

曲 果 觀 國 歸 勤 技 年 談 待 讀

0012 5급 **曲** 굽을/가락 곡
부 日 가로왈 유 歌 노래 가, 謠 노래 요 반 直 곧을 직
歌曲(가곡) 曲線(곡선) 曲節(곡절) 曲調(곡조) 曲解(곡해)
곡조의 마디

0013 6급 **果** 과실 과:
부 木 나무목 유 實 열매 실 반 因 인할 인
結果(결과) 果斷(과:단) 果樹(과:수) 果實(과:실) 因果應報(인과응보)
참고 結果(결과) ↔ 原因(원인)

0014 5급 **觀** 볼 관
부 見 볼견 유 覽 볼 람 약 观, 覌
觀客(관객) 觀光(관광) 觀望(관망) 觀心(관심) 觀點(관점) 觀察(관찰)

0015 8급 **國** 나라 국
부 囗 큰입구몸 유 邦 나라 방(3급) 약 国
國家(국가) 國語(국어) 全國(전국) 韓國(한:국) 愛國歌(애국가)

0016 4급 **歸** 돌아갈 귀:
부 止 그칠지 약 帰
歸家(귀:가) 歸納(귀:납) 歸農(귀:농) 歸路(귀:로) 事必歸正(사필귀정)

0017 4급 **勤** 부지런할 근(:)
부 力 힘력
皆勤(개근) 勤儉(근:검) 勤苦(근고) 勤勞(근:로) 勤務(근:무) 勤仕(근사)
애써 부지런히 일함

0018 5급 **技** 재주 기
부 扌(手) 재방변 유 術 재주 술, 藝 재주 예
競技(경:기) 技能(기능) 技術(기술) 技藝(기예) 妙技(묘:기) 特技(특기)

0019 8급 **年** 해 년(연)
부 干 방패간 유 歲 해 세
送年(송:년) 年號(연호) 青年(청년) 豐年(풍년) 權不十年(권불십년)
임금의 재위 연대에 붙이는 칭호

0020 5급 **談** 말씀 담
부 言 말씀언 유 話 말씀 화
談笑(담소) 談判(담판) 談合(담합) 談話(담화) 密談(밀담) 俗談(속담)

0021 6급 **待** 기다릴 대:
부 彳 두인변
待機(대:기) 待接(대:접) 招待(초대) 歡待(환대) 鶴首苦待(학수고대)
학처럼 목을 빼고 기다림.
즉 몹시 기다림을 뜻하는 말

0022 6급 **讀** 읽을 독
구절 두
부 言 말씀언 약 読
多讀(다독) 讀史(독사) 讀書(독서) 讀者(독자) 速讀(속독) 心讀(심독)
句讀點(구두점) └ 사서(史書)를 읽음

0023
7급
動
움직일 동:

🔵力 힘력 🔴靜 고요할 정, 止 멈출 지

動亂(동:란) 動力(동:력) 動物(동:물) 動態(동:태) 動名詞(동명사)
움직이는 상태

🔵參고 動物(동물) ↔ 植物(식물)

0024
4급Ⅱ
得
얻을 득

🔵彳 두인변 🔴失 잃을 실

覺得(각득) 得道(득도) 得勢(득세) 得失(득실) 得音(득음) 得點(득점)

🔵參고 得勢(득세) ↔ 失勢(실세)

0025
4급
覽
볼 람

🔵見 볼견 🔴觀 볼 관 🔴覧

觀覽(관람) 博覽(박람) 回覽(회람) 遊覽船(유람선) 展覽會(전람회)
차례로 돌려 가며 봄

0026
7급
來
올 래(:)

🔵人 사람인 🔴往 갈 왕, 去 갈 거 🔴来

來客(내:객) 來貢(내:공) 來觀(내관) 來年(내년) 來日(내일) 來住(내:주)

0027
6급
路
길 로(노):

🔵足 발족 🔴道 길 도, 途 길 도(3급Ⅱ)

路面(노:면) 路程(노:정) 道路(도:로) 迷路(미:로) 路上强盗(노상강도)

0028
6급
理
다스릴 리(이):

🔵王(玉) 구슬옥변 🔴治 다스릴 치 🔴解 풀 해

論理(논리) 理事(이:사) 理想(이:상) 理由(이:유) 理解(이:해)

0029
5급
賣
팔 매(:)

🔵貝 조개패 🔴買 살 매 🔴売

賣國(매:국) 賣買(매매) 賣上(매:상) 販賣(판매) 非賣品(비매품)

0030
4급
勉
힘쓸 면:

🔵力 힘력 🔴勵 힘쓸 려(3급Ⅱ), 務 힘쓸 무

勸勉(권:면) 勉從(면:종) 勉學(면:학) 勉行(면:행)
힘써 행함

┃오늘의사자성어┃

苦盡甘來 고진감래 고생 끝에 낙이 온다는 뜻
格物致知 격물치지 실제 사물의 이치를 연구하여 지식을 완전하게 함
權不十年 권불십년 권세는 오래 가지 못함을 이름
輕擧妄動 경거망동 경솔하게 함부로 행동함

I 다음 漢字語의 讀音을 쓰시오.

① 理解	② 賣買	③ 格式	④ 輕減
⑤ 勉學	⑥ 勤務	⑦ 曲節	⑧ 選舉
⑨ 苦難	⑩ 談笑	⑪ 競爭	⑫ 技術
⑬ 結果	⑭ 國家	⑮ 考察	⑯ 看護
⑰ 送年	⑱ 境界	⑲ 得道	⑳ 來客
㉑ 路程	㉒ 招待	㉓ 歸納	㉔ 確固
㉕ 休暇	㉖ 家族	㉗ 動亂	㉘ 速讀
㉙ 觀望	㉚ 博覽		

2 다음 漢字의 訓과 音을 쓰시오.

① 勉	② 境	③ 覽	④ 歸
⑤ 勤	⑥ 看	⑦ 得	⑧ 暇

3 다음의 訓과 音을 지닌 漢字를 쓰시오.

① 말씀 담	② 가벼울 경	③ 생각할 고	④ 팔 매
⑤ 쓸/괴로울 고	⑥ 볼 관	⑦ 굽을/가락 곡	⑧ 재주 기

4 다음 밑줄 친 漢字語는 한글로, 한글은 漢字語로 바꾸시오.

① 그가 招待해 주어서 너무 기뻐.

② 네가 勤務하는 부서는 어디냐?

③ 많은 관객 앞에서 연기를 하려니 너무 떨려.

④ 혼자 몸으로 세 아이를 키우느라 고생이 많네.

5 다음 빈칸에 알맞은 漢字를 넣어 四字成語를 完成하시오.

① ( )盡甘來 : 고생 끝에 낙이 온다는 뜻

② 事必( )正 : 모든 잘잘못은 반드시 바른길로 돌아옴

③ ( )物致知 : 실제 사물의 이치를 연구하여 지식을 완전하게 함

01

6 다음 빈칸에 뜻이 反對 또는 相對되는 漢字를 ( )에 넣으시오.

① ( ) ↔ 直   ② ( ) ↔ 重   ③ ( ) ↔ 買

7 다음 漢字와 뜻이 같거나 비슷한 漢字를 ( )에 넣으시오.

① ( )話   ② ( )爭   ③ ( )覽   ④ 思( )

8 다음 漢字語의 同音異義語를 쓰되 제시된 뜻에 맞게 쓰시오.

① 過失 - ( ) : 열매   ② 獨子 - ( ) : 출판물을 읽는 사람

9 다음 漢字의 部首를 쓰시오.

① 曲   ② 賣   ③ 歸   ④ 看   ⑤ 競

10 다음 漢字의 略字를 쓰시오.

① 來   ② 賣   ③ 讀   ④ 擧

⑤ 輕   ⑥ 歸   ⑦ 國   ⑧ 覽

11 다음 漢字語의 뜻을 쓰시오.

① 競爭   ② 談笑   ③ 勤儉   ④ 暇日

12 다음 例示한 漢字語 중에서 앞 글자가 長音으로 發音되는 것을 골라 그 번호를 쓰시오.

① ㄱ. 考試   ㄴ. 思考   ㄷ. 考案   ㄹ. 考察

② ㄱ. 談話   ㄴ. 勤務   ㄷ. 讀書   ㄹ. 曲線

정답

1 ① 이해 ② 매매 ③ 격식 ④ 경감 ⑤ 면학 ⑥ 근무 ⑦ 곡절 ⑧ 선거 ⑨ 고난 ⑩ 담소 ⑪ 경쟁 ⑫ 기술 ⑬ 결과 ⑭ 국가 ⑮ 고찰 ⑯ 간호 ⑰ 송년 ⑱ 경계 ⑲ 득도 ⑳ 내객 ㉑ 노정 ㉒ 초대 ㉓ 귀납 ㉔ 확고 ㉕ 휴가 ㉖ 가족 ㉗ 동란 ㉘ 속독 ㉙ 관망 ㉚ 박람 **2** ① 힘쓸 면 ② 지경 경 ③ 볼 람 ④ 돌아갈 귀 ⑤ 부지런할 근 ⑥ 볼 간 ⑦ 얻을 득 ⑧ 겨를/틈 가 **3** ① 談 ② 輕 ③ 考 ④ 賣 ⑤ 苦 ⑥ 觀 ⑦ 曲 ⑧ 技 **4** ① 초대 ② 근무 ③ 觀客 ④ 苦生 **5** ① 苦 ② 歸 ③ 格 **6** ① 曲 ② 輕 ③ 賣 **7** ① 談 ② 競 ③ 觀 ④ 考 **8** ① 果實 ② 讀者 **9** ① 日 ② 貝 ③ 止 ④ 目 ⑤ 立 **10** ① 来 ② 売 ③ 読 ④ 挙 ⑤ 軽 ⑥ 帰 ⑦ 国 ⑧ 覧 **11** ① 경쟁 : 서로 앞서거나 이기려고 다툼 ② 담소 : 웃으며 이야기 함 ③ 근검 : 부지런하고 검소함 ④ 가일 : 한가한 날 **12** ① ㄱ ② ㄴ

미리 확인하기   o x   o x

明	明 明 明 明 明	□□	肅	肅 肅 肅 肅 肅	□□
無	無 無 無 無 無	□□	勝	勝 勝 勝 勝 勝	□□
問	問 問 問 問 問	□□	識	識 識 識 識 識	□□
物	物 物 物 物 物	□□	實	實 實 實 實 實	□□
服	服 服 服 服 服	□□	案	案 案 案 案 案	□□
奉	奉 奉 奉 奉 奉	□□	語	語 語 語 語 語	□□
備	備 備 備 備 備	□□	有	有 有 有 有 有	□□
事	事 事 事 事 事	□□	意	意 意 意 意 意	□□
思	思 思 思 思 思	□□	義	義 義 義 義 義	□□
死	死 死 死 死 死	□□	者	者 者 者 者 者	□□
辭	辭 辭 辭 辭 辭	□□	爭	爭 爭 爭 爭 爭	□□
成	成 成 成 成 成	□□	前	前 前 前 前 前	□□
所	所 所 所 所 所	□□	正	正 正 正 正 正	□□
素	素 素 素 素 素	□□	停	停 停 停 停 停	□□
秀	秀 秀 秀 秀 秀	□□	調	調 調 調 調 調	□□

明若觀火 □□□□   不問曲直 □□□□

目不識丁 □□□□   見利思義 □□□□

0031 6급
明 밝을 명
부日 날일 유朗 밝을 랑 반어두울 암
明記(명기) 明度(명도) 明朗(명랑) 明確(명확) 明若觀火(명약관화)
똑똑히 밝히어 적음

0032 5급
無 없을 무
부灬(火) 연화발 반有 있을 유
無窮(무궁) 無能(무능) 無線(무선) 無聲(무성) 無公害(무공해)
삼 無能(무능) ↔ 有能(유능)

0033 7급
問 물을 문:
부口 입구 반答 대답할 답
問病(문:병) 問安(문:안) 問議(문:의) 問題(문:제) 不問曲直(불문곡직)

0034 7급
物 물건/만물 물
부牛 소우 유件 물건 건 반心 마음 심
物件(물건) 物望(물망) 物質(물질) 物體(물체) 物心兩面(물심양면)
삼 物質(물질) ↔ 精神(정신)

0035 6급
服 옷 복
부月 달월 유衣 옷 의
服務(복무) 服用(복용) 服着(복착) 洋服(양복) 衣服(의복) 韓服(한:복)
옷을 입음

0036 5급
奉 받들 봉:
부大 큰대
奉公(봉:공) 奉老(봉:로) 奉仕(봉:사) 奉養(봉:양) 滅私奉公(멸사봉공)

0037 4급II
備 갖출 비:
부亻(人) 사람인변 유具 갖출 구
備考(비:고) 備蓄(비:축) 備品(비:품) 豫備(예:비) 有備無患(유비무환)
준비가 있으면 근심할 것이 없음을 이름

0038 7급
事 일 사:
부亅 갈고리궐
事故(사:고) 事端(사:단) 事實(사:실) 事緣(사:연) 事必歸正(사필귀정)

0039 5급
思 생각 사(:)
부心 마음심 유念 생각 념, 考 헤아릴 고, 慮 생각할 려, 想 생각 상
思考(사고) 思慮(사려) 思想(사:상) 思索(사색) 思春期(사춘기)

0040 6급
死 죽을 사:
부歹 죽을사변 반生 날 생, 活 살 활
死境(사:경) 死亡(사:망) 死色(사:색) 死者(사:자) 起死回生(기사회생)

0041 4급
辭 말씀 사
부辛 매울신 유說 말씀 설 약辞
答辭(답사) 辭氣(사기) 辭色(사색) 辭典(사전) 頌辭(송:사) 祝辭(축사)
말과 얼굴빛

02일째 한자익히기 0042~0052

成 所 素 秀 肅 勝 識 實 案 語 有

0042 6급 成 이룰 성
- ❸戈 창과 ❹敗 깨뜨릴 패

成格(성격)　成功(성공)　成果(성과)　成長(성장)　成績(성적)　成就(성취)

成功(성공) ↔ 失敗(실패)

0043 7급 所 바 소:
- ❸戶 지게호 ❹處 곳 처

所感(소:감)　所願(소:원)　所任(소:임)　所在(소:재)　處所(처:소)
맡은 바 직책

0044 4급Ⅱ 素 본디/흴 소(:)
- ❸糸 실사 ❹朴 순박할 박

簡素(간소)　素面(소:면)　素服(소:복)　素材(소재)　素質(소질)　元素(원소)

0045 4급 秀 빼어날 수
- ❸禾 벼화 ❹傑 뛰어날 걸

秀氣(수기)　秀麗(수려)　秀偉(수위)　秀才(수재)　秀絕(수절)　優秀(우수)
뛰어나게 위대함

0046 4급 肅 엄숙할 숙
- ❸聿 오직율 ❹嚴 엄할 엄 ❸肃,甫

肅霜(숙상)　肅然(숙연)　肅恩(숙은)　肅淸(숙청)　嚴肅(엄숙)　靜肅(정숙)

0047 6급 勝 이길 승
- ❸力 힘력 ❹敗 패할 패, 負 질 부

勝利(승리)　勝負(승부)　勝算(승산)　勝戰(승전)　勝點(승점)　優勝(우승)

0048 5급 識 알 식 / 기록할 지
- ❸言 말씀언 ❹知 알 지

識別(식별)　知識(지식)　目不識丁(목불식정)　識字憂患(식자우환)
글자를 아는 것이 도리어 근심을 사게 됨
雜誌(잡지)　標識(표지)

0049 5급 實 열매 실
- ❸宀 갓머리 ❹果 열매 과 ❹虛 빌 허 ❸実

實感(실감)　實名(실명)　實業(실업)　實驗(실험)　名實相符(명실상부)

實名(실명) ↔ 假名(가명)

0050 5급 案 책상 안:
- ❸木 나무목

代案(대:안)　方案(방안)　案件(안:건)　案內(안:내)　案前(안:전)

0051 7급 語 말씀 어:
- ❸言 말씀언 ❹言 말씀 언 ❹行 행실 행

單語(단어)　語法(어:법)　語學(어:학)　言語(언어)　語不成說(어불성설)
말이 조금도 사리에 맞지 않음

0052 7급 有 있을 유:
- ❸月 달월 ❹在 있을 재 ❹無 없을 무

有名(유:명)　有産(유:산)　有線(유:선)　有識(유:식)　有益(유:익)

0053 6급
意
뜻 의:

⊕心 마음심 ⊕志 뜻 지

意見(의:견) 意氣(의:기) 意思(의:사) 意識(의:식) 意義(의:의)

0054 4급Ⅱ
義
옳을 의:

⊕羊 양양 ⊕可 옳을 가, 是 옳을 시 ⊛否 아닐 부, 不 아닐 부, 未 아닐 미

義理(의:리) 義務(의:무) 義絕(의:절) 定義(정:의) 見利思義(견리사의)
　　　　　　　　　　　　맺었던 의를 끊음

0055 6급
者
놈 자

⊕耂 늙을로엄

讀者(독자) 作者(작자) 筆者(필자) 學者(학자) 結者解之(결자해지)

0056 5급
爭
다툴 쟁

⊕爫(爪) 손톱조 ⊕競 다툴 경, 戰 싸울 전, 鬪 싸움 투 ⊛和 화할 화 ⊕爭

競爭(경:쟁) 戰爭(전:쟁) 爭點(쟁점) 爭取(쟁취) 鬪爭(투쟁)
　　　　　　　　　　　　　　　　싸워서 빼앗아 가짐

0057 7급
前
앞 전

⊕刂(刀) 선칼도방 ⊕先 먼저 선 ⊛後 뒤 후

前過(전과) 前導(전도) 前半(전반) 前任(전임) 前提(전제) 前進(전진)

🔵참 前進(전진) ↔ 後進(후진)

0058 7급
正
바를 정(:)

⊕止 그칠지 ⊕直 곧을 직 ⊛誤 그릇할 오

正價(정:가) 正權(정:권) 正月(정월) 正確(정:확) 訓民正音(훈민정음)

0059 5급
停
머무를 정

⊕亻(人) 사람인변 ⊕留 머무를 류, 止 그칠 지

停務(정무) 停止(정지) 停車(정차) 停電(정전) 停留場(정류장)
사무를 멈추고 잠시 쉼

0060 5급
調
고를 조

⊕言 말씀언 ⊕和 화목할 화, 協 화합할 협

時調(시조) 調査(조사) 調書(조서) 調聲(조성) 調律(조율) 調和(조화)
고려 말부터 발달하여 온
우리나라 고유의 정형시

| 오늘의사자성어 |

明若觀火 명약관화 불을 보듯이 명백함
不問曲直 불문곡직 옳고 그름을 묻지 아니함
目不識丁 목불식정 글자를 전혀 모름
見利思義 견리사의 이익이 보일 때 의리를 먼저 생각함

I
02

1 다음 漢字語의 讀音을 쓰시오.

① 問病	② 思慮	③ 代案	④ 停止
⑤ 事緣	⑥ 靜肅	⑦ 簡素	⑧ 成績
⑨ 物體	⑩ 勝算	⑪ 衣服	⑫ 義務
⑬ 筆者	⑭ 處所	⑮ 有産	⑯ 明朗
⑰ 爭點	⑱ 優秀	⑲ 死境	⑳ 正確
㉑ 奉養	㉒ 祝辭	㉓ 意義	㉔ 實驗
㉕ 調査	㉖ 標識	㉗ 語學	㉘ 備考
㉙ 前半	㉚ 無窮		

2 다음 漢字의 訓과 音을 쓰시오.

① 肅   ② 備   ③ 爭   ④ 素

⑤ 辭   ⑥ 秀   ⑦ 義

3 다음의 訓과 音을 지닌 漢字를 쓰시오.

① 고를 조   ② 책상 안   ③ 받들 봉   ④ 머무를 정

⑤ 없을 무   ⑥ 생각 사   ⑦ 뜻 의

4 다음 밑줄 친 漢字語는 한글로, 한글은 漢字語로 바꾸시오.

① 오늘 7시부터 3시간 동안 정전이 될 예정입니다.

② 그녀는 항상 명랑해서 보기 좋아.

③ 이 단어는 辭典에 수록되어 있지 않다.

④ 분위기가 너무 嚴肅해.

5 다음 빈칸에 알맞은 漢字를 넣어 四字成語를 完成하시오.

① 目不( )丁 : 글자를 전혀 모름

② 滅私( )公 : 사심(私心)을 버리고 나라나 공공(公共)을 위하여 힘써 일함

③ 名( )相符 : 이름과 실상이 서로 꼭 맞음

6 다음과 뜻이 反對 또는 相對되는 漢字를 ( )에 넣으시오.

① 有 ↔ ( )　　　② ( ) ↔ 行　　　③ ( ) ↔ 活　　　④ ( ) ↔ 暗

⑤ ( ) ↔ 敗　　　⑥ ( ) ↔ 心　　　⑦ ( ) ↔ 答

7 다음 각 글자와 뜻이 같거나 비슷한 漢字를 ( )에 넣으시오.

① ( )止　　② 競( )　　③ ( )和　　④ 衣( )　　⑤ ( )志

8 다음 漢字語의 同音異義語를 쓰되 제시된 뜻에 맞게 쓰시오.

① 素材 - ( ) : 있는 곳

② 事故 - ( ) : 생각함

③ 助詞 - ( ) : 뚜렷하게 알기 위하여 자세히 살펴보거나 찾아봄

9 다음 漢字의 部首를 쓰시오.

① 義　　　② 爭　　　③ 奉　　　④ 肅　　　⑤ 辭

IO 다음 漢字를 略字로 바꾸어 쓰시오.

① 辭　　　② 爭　　　③ 實　　　④ 肅

II 다음 漢字語 중 첫 音節이 길게 發音되는 것을 3개 골라 그 번호를 쓰시오(순서 무관).

① 素服　　　② 停務　　　③ 正確　　　④ 肅然

⑤ 成長　　　⑥ 素材　　　⑦ 實感　　　⑧ 思想

정답

1 ① 문병 ② 사려 ③ 대안 ④ 정지 ⑤ 사연 ⑥ 정숙 ⑦ 간소 ⑧ 성적 ⑨ 물체 ⑩ 승산 ⑪ 의복 ⑫ 의무 ⑬ 필자 ⑭ 처소 ⑮ 유산 ⑯ 명랑 ⑰ 쟁점 ⑱ 우수 ⑲ 사경 ⑳ 정확 ㉑ 봉양 ㉒ 축사 ㉓ 의의 ㉔ 실험 ㉕ 조사 ㉖ 표지 ㉗ 어학 ㉘ 비고 ㉙ 전반 ㉚ 무궁 **2** ① 엄숙할 숙 ② 갖출 비 ③ 다툴 쟁 ④ 본디/흴 소 ⑤ 말씀 사 ⑥ 빼어날 수 ⑦ 옳을 의 **3** ① 調 ② 案 ③ 奉 ④ 停 ⑤ 無 ⑥ 思 ⑦ 意 **4** ① 停電 ② 明朗 ③ 사전 ④ 엄숙 **5** ① 識 ② 奉 ③ 實 **6** ① 無 ② 言 ③ 死 ④ 明 ⑤ 勝 ⑥ 物 ⑦ 問 **7** ① 停 ② 爭 ③ 調 ④ 服 ⑤ 意 **8** ① 所在 ② 思考 ③ 調査 **9** ① 羊 ② ⺥(爪) ③ 大 ④ 聿 ⑤ 辛 **10** ① 辞 ② 争 ③ 実 ④ 粛, 肃 **11** ①, ③, ⑧

미리 확인하기　　　　　　　ㅇ ✕　　　　　　　　ㅇ ✕

						ㅇ ✕							ㅇ ✕
終	終	終	終	終	終	□ □	必	必	必	必	必	必	□ □
重	重	重	重	重	重	□ □	學	學	學	學	學	學	□ □
知	知	知	知	知	知	□ □	鄕	鄕	鄕	鄕	鄕	鄕	□ □
地	地	地	地	地	地	□ □	護	護	護	護	護	護	□ □
直	直	直	直	直	直	□ □	話	話	話	話	話	話	□ □
職	職	職	職	職	職	□ □	環	環	環	環	環	環	□ □
盡	盡	盡	盡	盡	盡	□ □	會	會	會	會	會	會	□ □
着	着	着	着	着	着	□ □	一	一	一	一	一	一	□ □
天	天	天	天	天	天	□ □	二	二	二	二	二	二	□ □
淸	淸	淸	淸	淸	淸	□ □	人	人	人	人	人	人	□ □
聽	聽	聽	聽	聽	聽	□ □	入	入	入	入	入	入	□ □
招	招	招	招	招	招	□ □	八	八	八	八	八	八	□ □
態	態	態	態	態	態	□ □	力	力	力	力	力	力	□ □
投	投	投	投	投	投	□ □	十	十	十	十	十	十	□ □
敗	敗	敗	敗	敗	敗	□ □	口	口	口	口	口	口	□ □

氣盡脈盡 □□□□　　　事必歸正 □□□□

十指不動 □□□□　　　淸風明月 □□□□

0061
5급
終
마칠 종

(부)糸 실사 (유)止 그칠 지, 末 끝 말, 結 맺을 결 (반)初 처음 초, 始 비로소 시
終局(종국) 終端(종단) 終末(종말) 終着(종착) 始終一貫(시종일관)
(기차·전차·버스 따위가) 종점에 도착함

0062
7급
重
무거울 중:

(부)里 마을 리 (반)輕 가벼울 경
輕重(경중) 重壓(중:압) 重要(중:요) 重任(중:임) 重點(중:점)

0063
5급
知
알 지

(부)矢 화살시 (유)識 알 식
知覺(지각) 知能(지능) 知識(지식) 知足(지족) 溫故知新(온고지신)
분수를 지켜 족한 줄을 앎

0064
7급
地
땅 지

(부)土 흙토 (유)土 흙 토 (반)天 하늘 천
地價(지가) 地境(지경) 地域(지역) 地緣(지연) 易地思之(역지사지)
처지를 바꾸어 생각함

0065
7급
直
곧을 직

(부)目 눈목 (유)正 바를 정 (반)曲 굽을 곡
曲直(곡직) 正直(정:직) 直角(직각) 直結(직결) 直觀(직관)

0066
4급II
職
직분 직

(부)耳 귀이
失職(실직) 定職(정:직) 職務(직무) 職分(직분) 職業(직업) 就職(취:직)

0067
4급
盡
다할 진:

(부)皿 그릇명 (유)極 다할 극 (약)尽
極盡(극진) 盡力(진:력) 盡心(진:심) 脫盡(탈진) 氣盡脈盡(기진맥진)

0068
5급
着
붙을 착

(부)目 눈목 (유)到 다다를 도 (반)發 필 발
到着(도:착) 接着(접착) 着工(착공) 着陸(착륙) 着眼(착안) 着地(착지)
(참)着陸(착륙) ↔ 離陸(이륙)
(어떤 일을 할 대상으로서) 어느 점에 눈을 돌림

0069
7급
天
하늘 천

(부)大 큰대 (반)地 땅 지
天國(천국) 天敵(천적) 天助(천조) 天地(천지) 天高馬肥(천고마비)
(참)天國(천국) ↔ 地獄(지옥)

0070
6급
淸
맑을 청

(부)氵(水) 삼수변 (유)潔 깨끗할 결, 淨 깨끗할 정 (반)濁 흐릴 탁(3급)
淸潔(청결) 淸白(청백) 淸掃(청소) 淸純(청순) 淸風明月(청풍명월)

0071
4급
聽
들을 청

(부)耳 귀이 (유)聞 들을 문 (약)聴
傾聽(경청) 視聽(시:청) 聽覺(청각) 聽聞(청문) 聽取(청취)

03일째 한자익히기 0072~0082

招 態 投 敗 必 學 鄕 護 話 環 會

0072
4급
招
부를 초

부 扌(手) 재방변　유 呼 부를 호

問招(문:초)　招待(초대)　招來(초래)　招請(초청)　招人鐘(초인종)
죄인을 신문함

0073
4급Ⅱ
態
모습 태:

부 心 마음심　유 樣 모양 양, 姿 모양 자

狀態(상태)　世態(세:태)　容態(용태)　態度(태:도)　態勢(태:세)　形態(형태)
얼굴 모양과 몸맵시

0074
4급
投
던질 투

부 扌(手) 재방변

投射(투사)　投手(투수)　投身(투신)　投資(투자)　投票(투표)　投降(투항)

0075
5급
敗
패할 패:

부 攵(攴) 등글월문　반 勝 이길 승

成敗(성패)　勝敗(승패)　敗局(패:국)　敗北(패:배)　敗兵(패:병)
참고 敗北(패배) ↔ 勝利(승리)　　전쟁에 진 병정

0076
5급
必
반드시 필

부 心 마음심　유 須 모름지기 수(3급)

必須(필수)　必勝(필승)　必然(필연)　必要(필요)　事必歸正(사필귀정)

0077
8급
學
배울 학

부 子 아들자　반 教 가르칠 교　약 学

學問(학문)　學術(학술)　學習(학습)　學院(학원)　學者(학자)　學會(학회)

0078
4급Ⅱ
鄕
시골 향

부 阝(邑) 우부방　반 京 서울 경

京鄕(경향)　鄕歌(향가)　鄕思(향사)　鄕約(향약)　錦衣還鄕(금의환향)

0079
4급Ⅱ
護
도울 호:

부 言 말씀언　유 援 도울 원, 扶 도울 부(3급Ⅱ)

看護(간호)　警護(경:호)　保護(보:호)　養護(양:호)　護送(호:송)

0080
7급
話
말씀 화

부 言 말씀언　유 談 말씀 담, 說 말씀 설

談話(담화)　對話(대:화)　說話(설화)　話頭(화두)　話術(화술)　話者(화자)
참고 話者(화자) ↔ 聽者(청자)　　말하는 사람.
이야기하는 사람

0081
4급
環
고리 환

부 王(玉) 구슬옥변

環金(환금)　環狀(환상)　環圍(환위)　環村(환촌)　環海(환해)

0082
6급
會
모일 회:

부 日 날일　유 集 모일 집　반 散 흩어질 산　약 会

社會(사회)　會計(회:계)　會談(회:담)　會費(회:비)　會者定離(회자정리)

0083 8급	一 한 일	훈 一 한일 一家(일가)　一等(일등)　一流(일류)　一部(일부)　一擧兩得(일거양득)

0084 8급	二 두 이:	훈 二 두이 二氣(이:기)　二等(이:등)　二重(이:중)　二毛作(이모작)　一石二鳥(일석이조) 한 경작지에서 한 해에 두 차례 다른 작물을 심어 거두는 일

0085 8급	人 사람 인	훈 人 사람인 人間(인간)　人格(인격)　人權(인권)　人爲(인위)　人工衛星(인공위성) 참 人爲(인위) ↔ 自然(자연)

0086 7급	入 들 입	훈 入 들입　유 納 들일 납　반 出 날 출 入道(입도)　入社(입사)　入籍(입적)　投入(투입)　入射光線(입사광선) 던져 넣음

0087 8급	八 여덟 팔	훈 八 여덟팔 八達(팔달)　八方(팔방)　八字(팔자)　八等身(팔등신)　八道江山(팔도강산)

0088 7급	力 힘 력(역)	훈 力 힘력 努力(노력)　力量(역량)　偉力(위력)　財力(재력)　電力(전:력)　全力(전력) 일을 해낼 수 있는 능력

0089 8급	十 열 십	훈 十 열십 十常(십상)　十全(십전)　十指(십지)　十長生(십장생)　十指不動(십지부동)

0090 7급	口 입 구(:)	훈 口 입구 口內(구내)　口承(구:승)　口語(구:어)　口演(구:연)　口耳之學(구이지학) 참 口語(구어) ↔ 文語(문어) 여러 사람 앞에서 말로써 연기하는 일

| 오 늘 의 사 자 성 어 |

氣盡脈盡　기진맥진　기력이 다하고 맥이 풀림
事必歸正　사필귀정　모든 잘잘못은 반드시 바른길로 돌아옴
十指不動　십지부동　열 손가락을 꼼짝하지 않음. 게을러서 아무 일도 하지 않음을 이름
淸風明月　청풍명월　맑은 바람과 밝은 달. 즉 결백하고 온건한 성격을 이름

I 다음 漢字語의 讀音을 쓰시오.

① 二氣	② 重要	③ 入籍	④ 天敵
⑤ 敗北	⑥ 口演	⑦ 話頭	⑧ 必然
⑨ 直角	⑩ 護送	⑪ 環狀	⑫ 淸潔
⑬ 地緣	⑭ 終末	⑮ 八達	⑯ 知覺
⑰ 職務	⑱ 學術	⑲ 會談	⑳ 極盡
㉑ 一家	㉒ 偉力	㉓ 聽取	㉔ 接着
㉕ 鄕歌	㉖ 招待	㉗ 十全	㉘ 態度
㉙ 投票	㉚ 人權		

2 다음 漢字의 訓과 음을 쓰시오.

① 環	② 態	③ 聽	④ 鄕
⑤ 盡	⑥ 投	⑦ 職	⑧ 護

3 다음의 訓과 음을 지닌 漢字를 쓰시오.

① 마칠 종	② 패할 패	③ 붙을 착	④ 알 지
⑤ 맑을 청	⑥ 반드시 필	⑦ 모일 회	

4 다음 밑줄 친 漢字語는 한글로, 한글은 漢字語로 바꾸시오.

① 침팬지는 지능이 높다.

② 그는 화술이 좋다.

③ 그녀의 효심은 極盡하다.

5 다음 빈칸에 알맞은 漢字를 넣어 四字成語를 完成하시오.

① 事( )歸正 : 모든 잘잘못은 반드시 바른길로 돌아옴

② 溫故( )新 : 옛것을 연구하여 거기서 새로운 지식이나 도리를 찾아내는 일

③ 易( )思之 : 처지를 바꾸어 생각함

④ ( )者定離 : 인생의 무상함을 이르는 말

6 다음과 뜻이 反對 또는 相對 되는 漢字를 ( )에 넣으시오.

① 始 ↔ ( )　　　② 散 ↔ ( )　　　③ 勝 ↔ ( )　　　④ 曲 ↔ ( )

7 다음 각 글자와 뜻이 같거나 비슷한 漢字를 ( )에 넣으시오.

① ( )潔　　　② 集( )　　　③ 到( )　　　④ ( )識

8 다음 漢字語의 同音異義語를 쓰되 제시된 뜻에 맞게 쓰시오.

① 定職 - ( ) : 마음이 바르고 고움

② 私回 - ( ) : 공동생활을 하는 인간의 집단

9 다음 漢字의 部首를 쓰시오.

① 盡　　　② 必　　　③ 知　　　④ 直　　　⑤ 態

10 다음 漢字를 略字로 바꾸어 쓰시오.

① 盡　　　② 學　　　③ 聽　　　④ 會

11 다음 漢字語의 뜻을 쓰시오.

① 招來　　　② 偉力　　　③ 看護　　　④ 知足

12 다음 漢字語 중 첫 音節이 길게 發音 되는 것을 3개 골라 그 번호를 쓰시오(순서 무관).

① 人間　　　② 盡心　　　③ 聽覺　　　④ 會談

⑤ 態度　　　⑥ 直觀　　　⑦ 知識　　　⑧ 學者

정답

1 ① 이기 ② 중요 ③ 입적 ④ 천적 ⑤ 패배 ⑥ 구연 ⑦ 화두 ⑧ 필연 ⑨ 직각 ⑩ 호송 ⑪ 환상 ⑫ 청결 ⑬ 지연 ⑭ 종말 ⑮ 팔달 ⑯ 지각 ⑰ 직무 ⑱ 학술 ⑲ 회담 ⑳ 극진 ㉑ 일가 ㉒ 위력 ㉓ 청취 ㉔ 접착 ㉕ 향가 ㉖ 초대 ㉗ 십전 ㉘ 태도 ㉙ 투표 ㉚ 인권　**2** ① 고리 환 ② 모습 태 ③ 들을 청 ④ 시골 향 ⑤ 다할 진 ⑥ 던질 투 ⑦ 직분 직 ⑧ 도울 호　**3** ① 終 ② 敗 ③ 着 ④ 知 ⑤ 淸 ⑥ 必 ⑦ 會　**4** ① 知能 ② 話術 ③ 극진　**5** ① 必 ② 知 ③ 地 ④ 會　**6** ① 終 ② 會 ③ 敗 ④ 直　**7** ① 淸 ② 會 ③ 着 ④ 知　**8** ① 正直 ② 社會　**9** ① 皿 ② 心 ③ 矢 ④ 目 ⑤ 心　**10** ① 尽 ② 学 ③ 聴 ④ 会　**11** ① 초래 : 어떤 결과를 가져옴 ② 위력 : 뛰어난 힘 ③ 간호 : 환자나 노약자를 보살펴 돌보아 줌 ④ 지족 : 분수를 지켜 족한 줄을 앎　**12** ②, ④, ⑤

쓰기한자 • 읽기한자 점검하기

01 열매 실	( )	19 境	( )
02 바 소	( )	20 覽	( )
03 맑을 청	( )	21 盡	( )
04 앞 전	( )	22 着	( )
05 땅 지	( )	23 暇	( )
06 놈 자	( )	24 必	( )
07 있을 유	( )	25 歸	( )
08 무거울 중	( )	26 素	( )
09 알 지	( )	27 技	( )
10 말씀 어	( )	28 勉	( )
11 팔 매	( )	29 看	( )
12 이룰 성	( )	30 得	( )
13 굳을 고	( )	31 輕	( )
14 기다릴 대	( )	32 備	( )
15 머무를 정	( )	33 辭	( )
16 이길 승	( )	34 勤	( )
17 받들 봉	( )	35 肅	( )
18 곧을 직	( )	36 義	( )

1實 2所 3淸 4前 5地 6者 7有 8重 9知 10語 11賣 12成 13固 14待 15停 16勝 17奉 18直 19지경 경 20볼 람 21다할 진 22붙을 착 23겨를/틈 가 24반드시 필 25돌아갈 귀 26본디/흴 소 27재주 기 28힘쓸 면 29볼 간 30얻을 득 31가벼울 경 32갖출 비 33말씀 사 34부지런할 근 35엄숙할 숙 36옳을 의

37 다스릴 리	(	)	57 職 (	)
38 죽을 사	(	)	58 識 (	)
39 굽을/가락 곡	(	)	59 秀 (	)
40 과실 과	(	)	60 競 (	)
41 올 래	(	)	61 招 (	)
42 볼 관	(	)	62 舉 (	)
43 옷 복	(	)	63 態 (	)
44 고를 조	(	)	64 考 (	)
45 물을 문	(	)	65 投 (	)
46 물건/만물 물	(	)	66 敗 (	)
47 움직일 동	(	)	67 鄕 (	)
48 말씀 담	(	)	68 案 (	)
49 쓸/괴로울 고	(	)	69 護 (	)
50 일 사	(	)	70 思 (	)
51 읽을 독, 구절 두	(	)	71 格 (	)
52 밝을 명	(	)	72 終 (	)
53 말씀 화	(	)	73 環 (	)
54 뜻 의	(	)	74 無 (	)
55 길 로	(	)	75 爭 (	)
56 집 가	(	)	76 聽 (	)

37 理 38 死 39 曲 40 果 41 來 42 觀 43 服 44 調 45 問 46 物 47 動 48 談 49 苦 50 事 51 讀 52 明 53 話 54 意 55 路 56 家 57 직분 직 58 알 식, 기록할 지 59 빼어날 수 60 다툴 경 61 부를 초 62 들 거 63 모습 태 64 생각할 고 65 던질 투 66 패할 패 67 시골 향 68 책상 안 69 도울 호 70 생각 사 71 격식 격 72 마칠 종 73 고리 환 74 없을 무 75 다툴 쟁 76 들을 청

	01		02			03 愛			04	05 聽
					06			07		
	08	09						10		
		11 格	12		13					
					14				15	
	16							17 東		
				18 匙	19 一					
	20							21 正		
	22 事	23		24						
				25			26			

:: 가로퍼즐

01 (달리는 말위에서 산천을 구경한다는 뜻으로) 이 것저것을 천천히 살펴볼 틈이 없이 바삐 서둘러 대강대강 보고 지나침을 이르는 말

03 어떤 노래를 즐겨 부름. 흔히 '愛○가요' 라고 함

04 눈으로 보고 귀로 들음. ○聽

06 한 나라의 전체

08 집으로 돌아가거나 돌아옴

10 만일에 대비하여 미리 모아둠. 備○

11 실제사물의 이치를 연구하여 지식을 완전하게 함. 格○○○

14 글자를 아는 것이 도리어 근심을 사게 된다는 말. 識○○○

16 처음부터 끝까지 똑같은 방침이나 태도로 나아감

17 동쪽에서 불어오는 바람. 東○

18 열 사람이 밥을 한술씩만 보태어도 한 사람이 먹을 밥은 된다는 뜻으로 여러 사람이 힘을 합하면 한 사람쯤은 구제하기 쉽다는 뜻. 즉 ○匙一○

21 한 해의 첫째 달. 正○

22 모든 잘잘못은 반드시 바른길로 돌아옴. 事○○○

25 돈으로 나타낸 상품의 값

26 도를 깨달음

:: 세로퍼즐

02 환자를 보살핌

03 나라사랑을 일깨우고 다짐하기 위하여 온 국민이 부르는 노래. 愛○○

05 방송이나 진술 등을 듣는 것. 聽○

07 준비가 있으면 근심할 것이 없음

09 그 집안대대로 이어온 품격. ○格

12 자연과 자아가 하나가 된 상태

13 사물에 관한 명료한 의식과 그것에 대한 판단

15 맑은 바람과 밝은 달이라는 뜻. 즉 결백하고 온건한 성격을 이름

18 열손가락을 이르는 말. 十○

19 한가지의 일로써 두 가지의 이득을 얻음. 一○○○

20 법인기관의 사무를 처리하며 이를 대표하여 권리를 행사하는 직위. ○事

21 거짓 없이 마음이 바르고 곧음. 이러한 사람을 '正○한 사람' 이라 흔히 말함

23 반드시 그렇게 됨

24 에누리 없는 값

정답

01走	馬	02看	山		03愛	唱		04視	05聽
	病		06全	國		07有		取	
08歸	09家				歌		10備	蓄	
	11格	12物	致	13知		無			
	我		14識	字	憂	患		15清	
16始	終	一	貫				17東	風	
	體		18十	匙	19一	飯		明	
20理			指		舉		21正	月	
22事	23必	歸	24正		兩		直		
	然		25價	格		26得	道		

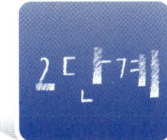

반드시 출제되는

우선순위 한자 180

남을 꾸짖을 때는 허물 속에서 허물 없음을 찾아내도록 하라.
그러면 감정이 평온해질 것이다.
자신을 꾸짖을 때는 허물 없는 속에서 허물을 찾아내도록 하라.
그러면 덕이 자랄 것이다.

責人者 原無過於有過之中 則情平 責己者 求有過於無過之內 則德進

- 채근담 중에서 -

일러두기

본 편에 수록된 한자는 180자로서 학습일은 6일입니다.
2단계에 수록된 한자는 지난 30회까지의 한자능력검정시험에서 8~10회 출제된 한자로서
시험에 합격하기 위해서는 반드시 익혀 두셔야 합니다.

학습순서

1 | 미리 확인하기를 통해 우선 본인이 음과 훈, 부수, 약자 등을 알고 있는 한자를 먼저 체크해
봅니다.

2 | 본인이 모르고 있거나 확실치 않은 한자를 중심으로 본문 순서에 따라 학습을 합니다.
이 때 단순히 한자의 음과 훈만을 위주로 기억하지 말고, 부수·유의자·반의자·약자 등을
모두 익혀두셔야 합니다.

3 | 모두 암기가 되었다면, 오늘의 단어와 관련이 있는 사자성어를 익혀 둡니다.

4 | 본문 학습이 끝난 후에는 한자 점검하기를 통해 본인의 학습정도를 체크해 봅니다. 한자 점검
하기의 문제는 실제 출제되는 문제의 유형에 따라 그날 분의 한자로 구성한 것입니다.

5 | 6일분의 학습 분량이 끝나면 각 단원의 쓰기한자, 읽기한자 연습이 있습니다. 쓰기한자와 읽기
한자 연습을 통해 다시 한번 앞에서 공부한 내용을 확인해 둡니다. 쓰기한자는 5급 위주의 문제
이고, 읽기한자는 4급과 4급Ⅱ 위주의 문제입니다(그러나 반드시 일치하지는 않습니다).

6 | 2단계의 학습이 모두 끝났습니다. 다음은 본문의 단어와 관련하여 가로세로 퍼즐을 풀어봅시다.

미리 확인하기　　O X　　　　　O X

2단계

價	價 價 價 價 價	□□	擊	擊 擊 擊 擊 擊	□□
歌	歌 歌 歌 歌 歌	□□	結	結 結 結 結 結	□□
可	可 可 可 可 可	□□	缺	缺 缺 缺 缺 缺	□□
加	加 加 加 加 加	□□	經	經 經 經 經 經	□□
街	街 街 街 街 街	□□	鏡	鏡 鏡 鏡 鏡 鏡	□□
感	感 感 感 感 感	□□	敬	敬 敬 敬 敬 敬	□□
減	減 減 減 減 減	□□	景	景 景 景 景 景	□□
強	強 強 強 強 強	□□	告	告 告 告 告 告	□□
講	講 講 講 講 講	□□	公	公 公 公 公 公	□□
開	開 開 開 開 開	□□	攻	攻 攻 攻 攻 攻	□□
改	改 改 改 改 改	□□	空	空 空 空 空 空	□□
居	居 居 居 居 居	□□	過	過 過 過 過 過	□□
據	據 據 據 據 據	□□	官	官 官 官 官 官	□□
拒	拒 拒 拒 拒 拒	□□	光	光 光 光 光 光	□□
傑	傑 傑 傑 傑 傑	□□	交	交 交 交 交 交	□□

燈火可親 □□□□　　改過遷善 □□□□
雪上加霜 □□□□　　敬天愛人 □□□□

0091 5급
價 값 가
- ⑨ 亻(人) 사람인변　⑨ 値 값 치(3급Ⅱ)　⑩ 価
- 價格(가격)　價值(가치)　原價(원가)　評價(평:가)　同價紅裳(동가홍상)

0092 7급
歌 노래 가
- ⑨ 欠 하품흠　⑨ 謠 노래 요
- 歌曲(가곡)　歌舞(가무)　歌手(가수)　歌謠(가요)　歌唱(가창)　詩歌(시가)

0093 5급
可 옳을 가:
- ⑨ 口 입구　⑨ 是 옳을 시, 義 옳을 의　⑩ 否 아닐 부, 未 아닐 미, 不 아니 불
- 可決(가:결)　可觀(가:관)　可望(가:망)　可燃(가:연)　燈火可親(등화가친)
  - 불에 탈 수 있음
- ⑳ 可決(가결) ↔ 否決(부결)

0094 5급
加 더할 가
- ⑨ 力 힘력　⑨ 增 더할 증, 益 더할 익　⑩ 減 덜 감
- 加減(가감)　加重(가중)　增加(증가)　加害者(가해자)　雪上加霜(설상가상)
- ⑳ 增加(증가) ↔ 減少(감소)

0095 4급Ⅱ
街 거리 가(:)
- ⑨ 行 다닐행　⑨ 巷 거리 항(3급)
- 街道(가:도)　街頭(가:두)　商街(상가)　市街(시:가)　街路樹(가로수)
  - 거리. 시가지의 길거리

0096 6급
感 느낄 감:
- ⑨ 心 마음심　⑨ 想 생각할 상
- 感動(감:동)　感想(감:상)　感性(감:성)　感情(감:정)　使命感(사명감)
- ⑳ 感情(감정) ↔ 理性(이성)

0097 4급Ⅱ
減 덜 감:
- ⑨ 氵(水) 삼수변　⑩ 加 더할 가, 增 더할 증
- 減少(감:소)　減速(감:속)　減數(감:수)　減員(감:원)　增減(증감)
  - (일정한 조직에 딸린) 인원을 줄임

0098 6급
強 강할 강(:)
- ⑨ 弓 활궁　⑩ 弱 약할 약
- 強盜(강:도)　強力(강력)　強雪(강:설)　強壓(강:압)　強弱(강약)　強奪(강:탈)

0099 4급Ⅱ
講 욀/익힐 강:
- ⑨ 言 말씀언
- 講究(강:구)　講師(강:사)　講義(강:의)　講座(강:좌)　閉講(폐:강)
  - 대학에서, 각 교수가 맡아 강의하는 전공 학과목

0100 6급
開 열 개
- ⑨ 門 문문　⑩ 閉 닫을 폐
- 開發(개발)　開放(개방)　開始(개시)　開場(개장)　開店(개점)　開票(개표)

0101 5급
改 고칠 개(:)
- ⑨ 攵(攴) 등글월문　⑨ 更 고칠 경
- 改刻(개:각)　改書(개:서)　改善(개:선)　改造(개:조)　改革(개:혁)

04일째 한자익히기 0102~0112

居 據 拒 傑 擊 結 缺 經 鏡 敬 景

0102
4급
居
살 거
㉘ 尸 주검시엄 ㉒ 住 살 주
居留(거류) 居室(거실) 居住(거주) 獨居(독거) 隱居(은거)
㊂ 獨居(독거) ↔ 混居(혼거)

0103
4급
據
의거할 거:
㉘ 扌(手) 재방변 ㉣ 拠
據室(거:실) 據點(거:점) 論據(논거) 依據(의거) 準據(준:거) 證據(증거)
어떤 일을 기준이나 근거로 하여 거기에 따름

0104
4급
拒
막을 거:
㉘ 扌(手) 재방변 ㉒ 抗 막을 항
拒否(거:부) 拒逆(거:역) 拒戰(거:전) 拒絕(거:절) 抗拒(항:거)
적(敵)을 막아 싸움

0105
4급
傑
뛰어날 걸
㉘ 亻(人) 사람인변 ㉒ 秀 빼어날 수
傑氣(걸기) 傑士(걸사) 傑作(걸작) 傑出(걸출) 女傑(여걸)

0106
4급
擊
칠 격
㉘ 手 손수 ㉒ 攻 칠 공, 打 칠 타 ㉝ 放 막을 방, 守 지킬 수
擊節(격절) 擊退(격퇴) 擊破(격파) 攻擊(공:격) 打擊(타:격) 爆擊(폭격)
두드려 박자를 맞춤

0107
5급
結
맺을/마칠 결
㉘ 糸 실사 ㉒ 契 맺을 계(3급Ⅱ)
結果(결과) 結論(결론) 結成(결성) 結婚(결혼) 結者解之(결자해지)
㊂ 結果(결과) ↔ 原因(원인)

0108
4급Ⅱ
缺
이지러질 결
㉘ 缶 장군부 ㉝ 出 날 출 ㉣ 欠
缺損(결손) 缺食(결식) 缺如(결여) 缺然(결연) 缺員(결원) 缺點(결점)
㊂ 缺點(결점) ↔ 長點(장점)

0109
4급Ⅱ
經
날/글 경
㉘ 糸 실사 ㉣ 経
經界(경계) 經過(경과) 經典(경전) 經濟(경제) 經驗(경험) 聖經(성:경)

0110
4급
鏡
거울 경:
㉘ 金 쇠금 ㉒ 鑑 거울 감(3급Ⅱ)
鏡面(경:면) 眼鏡(안:경) 破鏡(파:경) 望遠鏡(망원경) 明鏡止水(명경지수)
부부의 금실이 좋지 않아 이별하게 되는 일

0111
5급
敬
공경 경:
㉘ 攵(攴) 등글월문 ㉒ 恭 공손할 공(3급Ⅱ)
敬禮(경:례) 敬老(경:로) 敬意(경:의) 尊敬(존경) 敬天愛人(경천애인)

0112
5급
景
볕/경치 경(:)
㉘ 日 날일
景氣(경기) 景福(경:복) 景星(경:성) 景致(경치) 景品(경:품) 風景(풍경)

0113 5급	告 고할 고:	부 口 입구 유 報 알릴 보, 申 알릴 신

告發(고:발) 告解(고:해) 勸告(권:고) 密告(밀고) 報告(보:고) 忠告(충고)

0114 6급	公 공평할/ 공변될 공	부 八 여덟팔 반 私 사사로울 사

公理(공리) 公私(공사) 公約(공약) 公用(공용) 公衆(공중) 奉公(봉:공)
나라와 사회를 위하여 이바지함

0115 4급	攻 칠 공:	부 攵(攴) 등글월문 유 擊 칠 격 반 防 막을 방, 守 지킬 수

攻擊(공:격) 攻防(공:방) 攻勢(공:세) 專攻(전공) 遠交近攻(원교근공)
참고 攻擊(공격) ↔ 防禦(방어), 守備(수비)
먼 나라와 우호 관계를 맺고, 이웃 나라를 공략하는 일

0116 7급	空 빌 공	부 穴 구멍혈 유 虛 빌 허 반 實 열매 실

空間(공간) 空氣(공기) 空想(공상) 空席(공석) 空約(공약) 空然(공연)
참고 空想(공상) ↔ 現實(현실)

0117 5급	過 지날 과:	부 辶(辵) 책받침 유 失 잃을 실, 誤 그릇할 오

看過(간과) 過去(과:거) 過失(과:실) 過程(과:정) 改過遷善(개과천선)

0118 4급II	官 벼슬 관	부 宀 갓머리 반 民 백성 민

官能(관능) 官民(관민) 官報(관보) 官廳(관청) 官學(관학) 長官(장:관)

0119 6급	光 빛 광	부 儿 어진사람인발

光明(광명) 光線(광선) 光源(광원) 光陰(광음) 夜光(야:광) 榮光(영광)
해와 달. 즉 시간 또는 세월

0120 6급	交 사귈 교	부 亠 돼지해머리

交流(교류) 交拜(교배) 交際(교제) 交通(교통) 交友以信(교우이신)

| 오늘의사자성어 |

燈火可親 등화가친 등불을 가까이 하여 글 읽기에 좋은 시절, 곧 가을을 이르는 말
改過遷善 개과천선 잘못을 고치어 착하게 됨
雪上加霜 설상가상 어려운 일이 연거푸 일어남을 비유하여 이르는 말
敬天愛人 경천애인 하늘을 공경하고 사람을 사랑함

04

1 다음 漢字語의 讀音을 쓰시오.

① 增減	② 商街	③ 擊退	④ 光陰
⑤ 可望	⑥ 空想	⑦ 感情	⑧ 强盜
⑨ 結婚	⑩ 拒絕	⑪ 密告	⑫ 傑作
⑬ 論據	⑭ 經過	⑮ 公約	⑯ 獨居
⑰ 風景	⑱ 加減	⑲ 交流	⑳ 攻勢
㉑ 評價	㉒ 講義	㉓ 過程	㉔ 尊敬
㉕ 改刻	㉖ 官廳	㉗ 缺食	㉘ 眼鏡
㉙ 開發	㉚ 詩歌		

2 다음 漢字의 訓과 음을 쓰시오.

① 鏡   ② 居   ③ 官   ④ 傑
⑤ 拒   ⑥ 缺   ⑦ 擊   ⑧ 據

3 다음의 訓과 음을 지닌 漢字를 쓰시오.

① 값 가   ② 고칠 개   ③ 지날 과   ④ 맺을/마칠 결
⑤ 공경 경   ⑥ 더할 가   ⑦ 빛 광   ⑧ 옳을 가

4 다음 밑줄 친 漢字語는 한글로, 한글은 漢字語로 바꾸시오.

① 결과도 중요하지만 과정 또한 중요하지.

② 건강을 되찾기 위해서는 체질 개선부터 해야 합니다.

③ 그는 缺食아동들을 돕고 있어.

④ 너의 專攻은 무엇이냐?

5 다음 빈칸에 알맞은 漢字를 넣어 四字成語를 完成하시오.

① 燈火(　)親 : 등불을 가까이 하여 글 읽기에 좋은 시절, 곧 가을을 이르는 말

② 改(　)遷善 : 잘못을 고치어 착하게 됨

③ 雪上(　)霜 : 어려운 일이 연거푸 일어남을 비유하여 이르는 말

2
단
계

04

6 다음과 뜻이 反對 또는 相對되는 漢字를 ( )에 넣으시오.

① 加 ↔ ( ) ② ( ) ↔ 守 ③ ( ) ↔ 否 ④ ( ) ↔ 私 ⑤ ( ) ↔ 閉

7 다음 각 글자와 뜻이 같거나 비슷한 漢字를 ( )에 넣으시오.

① ( )虛 ② ( )値 ③ 報( ) ④ ( )想 ⑤ ( )擊

8 다음 뜻에 알맞은 漢字語를 漢字로 쓰시오.

① 개서 (글을 다시 고쳐서 씀) ② 과거 (지나간 때. 지난날)

③ 경기 (매매나 거래 따위에 나타난 경제활동의 상황)

9 다음 漢字의 部首를 쓰시오.

① 居 ② 街 ③ 攻 ④ 交 ⑤ 缺

IO 다음 漢字를 略字로 바꾸어 쓰시오.

① 經 ② 價 ③ 據 ④ 缺

II 다음 漢字語의 뜻을 쓰시오.

① 閉講 ② 街頭 ③ 官民 ④ 減員

I2 다음 漢字語 중 첫 音節이 길게 發音되는 것을 3개 골라 그 번호를 쓰시오(순서 무관).

① 强力 ② 居住 ③ 可決 ④ 缺點

⑤ 强盜 ⑥ 空氣 ⑦ 敬禮 ⑧ 傑作

정답

1 ① 증감 ② 상가 ③ 격퇴 ④ 광음 ⑤ 가망 ⑥ 공상 ⑦ 감정 ⑧ 강도 ⑨ 결혼 ⑩ 거절 ⑪ 밀고 ⑫ 걸작 ⑬ 논거 ⑭ 경과 ⑮ 공약 ⑯ 독거 ⑰ 풍경 ⑱ 가감 ⑲ 교류 ⑳ 공세 ㉑ 평가 ㉒ 강의 ㉓ 과정 ㉔ 존경 ㉕ 개각 ㉖ 관청 ㉗ 결식 ㉘ 안경 ㉙ 개발 ㉚ 시가 **2** ① 거울 경 ② 살 거 ③ 벼슬 관 ④ 뛰어날 걸 ⑤ 막을 거 ⑥ 이지러질 결 ⑦ 칠 격 ⑧ 의거할 거 **3** ① 價 ② 改 ③ 過 ④ 結 ⑤ 敬 ⑥ 加 ⑦ 光 ⑧ 可 **4** ① 結果 ② 改善 ③ 결식 ④ 전공 **5** ① 可 ② 過 ③ 加 **6** ① 減 ② 攻 ③ 可 ④ 公 ⑤ 開 **7** ① 空 ② 價 ③ 告 ④ 感 ⑤ 攻 **8** ① 改書 ② 過去 ③ 景氣 **9** ① 尸 ② 行 ③ 攵(攴) ④ 亠 ⑤ 缶 **10** ① 経 ② 価 ③ 拠 ④ 欠 **11** ① 폐강 : 하던 강의나 강좌 따위를 없앰 ② 가두 : 거리. 시가지의 길거리 ③ 관민 : 관청과 민간 ④ 감원 : 인원을 줄임 **12** ③, ⑤, ⑦

05일째 한자익히기 0121~0150

| 우선순위 급수한자 1000 |

2단계

미리 확인하기

						O	X							O	X
勸	勸	勸	勸	勸	勸	□	□	東	東	東	東	東	東	□	□
記	記	記	記	記	記	□	□	量	量	量	量	量	量	□	□
機	機	機	機	機	機	□	□	麗	麗	麗	麗	麗	麗	□	□
難	難	難	難	難	難	□	□	禮	禮	禮	禮	禮	禮	□	□
男	男	男	男	男	男	□	□	論	論	論	論	論	論	□	□
納	納	納	納	納	納	□	□	流	流	流	流	流	流	□	□
多	多	多	多	多	多	□	□	望	望	望	望	望	望	□	□
短	短	短	短	短	短	□	□	名	名	名	名	名	名	□	□
端	端	端	端	端	端	□	□	鳴	鳴	鳴	鳴	鳴	鳴	□	□
擔	擔	擔	擔	擔	擔	□	□	務	務	務	務	務	務	□	□
德	德	德	德	德	德	□	□	聞	聞	聞	聞	聞	聞	□	□
道	道	道	道	道	道	□	□	密	密	密	密	密	密	□	□
盜	盜	盜	盜	盜	盜	□	□	髮	髮	髮	髮	髮	髮	□	□
徒	徒	徒	徒	徒	徒	□	□	發	發	發	發	發	發	□	□
同	同	同	同	同	同	□	□	防	防	防	防	防	防	□	□

東奔西走 □□□□　　論功行賞 □□□□

孤掌難鳴 □□□□　　望洋之嘆 □□□□

0121 4급
勸
권할 권:
- (부)力 힘력 (유)獎 장려할 장 (약)劝
- 强勸(강:권) 勸告(권:고) 勸奬(권:장) 勸學(권:학) 勸善懲惡(권선징악)

0122 7급
記
기록할 기
- (부)言 말씀언 (유)錄 기록할 록
- 記錄(기록) 記者(기자) 記號(기호) 登記(등기) 暗記(암:기) 日記(일기)

0123 4급
機
틀 기
- (부)木 나무목 (유)械 기계 계
- 機械(기계) 機關(기관) 機器(기기) 機能(기능) 機密(기밀) 機會(기회)

0124 4급II
難
어려울 난(:)
- (부)隹 새추 (반)易 쉬울 이
- 難關(난관) 難局(난국) 難處(난:처) 難解(난해) 孤掌難鳴(고장난명)
  (처리하기가) 어려운 국면

0125 7급
男
사내 남
- (부)田 밭전 (유)郞 사내 랑(3급II) (반)女 계집 녀
- 男妹(남매) 男兒(남아) 男優(남우) 男裝(남장) 男便(남편) 得男(득남)
- (참고)男優(남우) ↔ 女優(여우)

0126 4급
納
들일 납
- (부)糸 실사 (유)入 들 입 (반)出 날 출
- 納骨(납골) 納期(납기) 納得(납득) 納稅(납세) 納品(납품) 豫納(예:납)
  남의 말이나 행동을 잘 알아차려 이해함

0127 6급
多
많을 다
- (부)夕 저녁석 (반)少 적을 소
- 多量(다량) 多少(다소) 多樣(다양) 多幸(다행) 多多益善(다다익선)

0128 6급
短
짧을 단(:)
- (부)矢 화살시 (반)長 길 장
- 短期(단:기) 短念(단:념) 短打(단:타) 短篇(단:편) 短時日(단시일)
- (참고)短期(단기) ↔ 長期(장기)
  └ 야구에서, 진루를 목적으로 배트를 짧게
    잡아 날카롭고 정확하게 치는 타격

0129 4급II
端
끝/바를 단
- (부)立 설립 (유)極 지극할 극, 末 끝 말
- 端末(단말) 端言(단언) 端午(단오) 端正(단정) 末端(말단) 異端(이:단)

0130 4급II
擔
멜 담
- (부)扌(手) 재방변 (약)担
- 加擔(가담) 擔當(담당) 擔保(담보) 擔任(담임) 擔稅者(담세자)

0131 5급
德
큰/덕 덕
- (부)彳 두인변
- 德談(덕담) 德望(덕망) 道德(도:덕) 惡德(악덕) 背恩忘德(배은망덕)
- (참고)德談(덕담) ↔ 惡談(악담)
  입은 은덕을 저버리고 배반함

05일째 한자익히기 0132~0142

道盜徒同東量麗禮論流望

0132 7급
道 길/말할 도:
- 부 辶(辵) 책받침 유 路 길 로
- 道具(도:구) 道德(도:덕) 道路(도:로) 道理(도:리) 道程(도:정)
  <u>어떤 지점에서 목적지까지의 거리</u>

0133 4급
盜 도둑 도(:)
- 부 皿 그릇명 유 賊 도둑 적
- 强盜(강:도) 盜犯(도범) 盜用(도용) 盜作(도작) 盜賊(도적) 盜取(도취)

0134 4급
徒 무리 도
- 부 彳 두인변 유 黨 무리 당, 衆 무리 중, 群 무리 군
- 徒黨(도당) 徒勞(도로) 徒配(도배) 徒費(도비) 司徒(사도) 暴徒(폭도)
  <u>헛되이 씀</u>

0135 7급
同 한가지 동
- 부 口 입구 유 共 한가지 공 반 異 다를 이, 差 다를 차 약 仝
- 同感(동감) 同居(동거) 同性(동성) 同義(동의) 同苦同樂(동고동락)
- 참고 同性(동성) ↔ 異性(이성)

0136 8급
東 동녘 동
- 부 木 나무목 반 西 서녘 서
- 東門(동문) 東風(동풍) 東學(동학) 東海(동해) 東奔西走(동분서주)

0137 5급
量 헤아릴 량(양)
- 부 里 마을리 유 料 헤아릴 료
- 計量(계:량) 度量(도:량) 量子(양자) 量刑(양형) 容量(용량) 測量(측량)
  <u>형벌의 정도를 헤아려 정함</u>

0138 4급Ⅱ
麗 고울 려
- 부 鹿 사슴록 약 麗
- 高麗(고려) 秀麗(수려) 流麗(유려) 淸麗(청려) 華麗體(화려체)

0139 6급
禮 예도 례(예)
- 부 示 보일시 약 礼
- 答禮(답례) 無禮(무례) 失禮(실례) 禮式(예식) 禮節(예절) 婚禮(혼례)

0140 4급Ⅱ
論 논할 론(논)
- 부 言 말씀언 유 議 의논할 의
- 結論(결론) 論說(논설) 論爭(논쟁) 論證(논증) 論功行賞(논공행상)
  <u>서로 다른 의견을 가진 사람이
  각각 자기의 설(設)을 주장하며 다툼</u>

0141 5급
流 흐를 류(유)
- 부 氵(水) 삼수변
- 交流(교류) 逆流(역류) 流行(유행) 流通(유통) 電流(전:류) 潮流(조류)
- 참고 交流(교류) ↔ 直流(직류)

0142 5급
望 바랄 망:
- 부 月 달월 유 希 바랄 희, 願 바랄 원
- 望間(망:간) 望百(망:백) 怨望(원:망) 希望(희망) 望洋之嘆(망양지탄)
- 참고 希望(희망) ↔ 絶望(절망)

2단계

0143 7급 **名** 이름 명
- ⊕ 口 입구
- 名聲(명성) 名所(명소) 名義(명의) 名筆(명필) 同名異人(동명이인)

0144 4급 **鳴** 울 명
- ⊕ 鳥 새조 ⊕ 泣 울 읍(3급) ⊕ 笑 웃음 소
- 鷄鳴(계명) 鳴動(명동) 悲鳴(비:명) 自鳴(자명) 孤掌難鳴(고장난명)
  - 울리어 진동함

0145 4급Ⅱ **務** 힘쓸 무:
- ⊕ 力 힘력
- 務望(무:망) 事務(사:무) 用務(용:무) 義務(의:무) 任務(임:무)
  - 꼭 이루어지기를 바람
- 상 義務(의무) ↔ 權利(권리)

0146 6급 **聞** 들을 문(:)
- ⊕ 耳 귀이 ⊕ 聽 들을 청
- 見聞(견:문) 聞風(문:풍) 所聞(소:문) 新聞(신문) 傳聞(전문)

0147 4급Ⅱ **密** 빽빽할 밀
- ⊕ 宀 갓머리
- 密告(밀고) 密度(밀도) 密接(밀접) 密集(밀집) 隱密(은밀) 精密(정밀)

0148 4급 **髮** 터럭 발
- ⊕ 髟 터럭발 ⊕ 毛 털 모
- 假髮(가:발) 頭髮(두발) 毛髮(모발) 白髮(백발) 散髮(산:발) 理髮(이:발)

0149 6급 **發** 필 발
- ⊕ 癶 필발머리 ⊕ 着 붙을 착 略 発
- 發見(발견) 發券(발권) 發散(발산) 發案(발안) 發育(발육) 發展(발전)

0150 4급Ⅱ **防** 막을 방
- ⊕ 阝(阜) 좌부변 ⊕ 攻 칠 공
- 攻防(공:방) 防圍(방위) 防衛(방위) 防音(방음) 豫防(예:방)
  - (적을) 막아서 에워쌈
  - 적이 쳐들어오는 것을 막아서 지킴

| 오 늘 의 사 자 성 어 |

東奔西走 동분서주 여기저기 분주하게 다님
論功行賞 논공행상 논공에 의하여 거기에 알맞은 상을 내림
孤掌難鳴 고장난명 혼자서는 일을 이루지 못함을 이르는 말
望洋之嘆 망양지탄 (어떤 일에) 자신의 힘이 미치지 못할 때에 하는 탄식

05

I 다음 漢字語의 讀音을 쓰시오.

① 機會	② 短念	③ 强盜	④ 名聲
⑤ 發育	⑥ 擔任	⑦ 聞風	⑧ 記錄
⑨ 暴徒	⑩ 論證	⑪ 假髮	⑫ 測量
⑬ 德談	⑭ 男兒	⑮ 難關	⑯ 端午
⑰ 流通	⑱ 多幸	⑲ 道程	⑳ 鷄鳴
㉑ 納稅	㉒ 東學	㉓ 望間	㉔ 同感
㉕ 禮節	㉖ 隱密	㉗ 秀麗	㉘ 勸告
㉙ 豫防	㉚ 事務		

2 다음 漢字의 訓과 音을 쓰시오.

① 髮	② 鳴	③ 納	④ 密
⑤ 端	⑥ 擔	⑦ 麗	⑧ 勸

3 다음의 訓과 음을 지닌 漢字를 쓰시오.

① 헤아릴 량	② 바랄 망	③ 큰/덕 덕	④ 흐를 류
⑤ 필 발	⑥ 예도 례	⑦ 짧을 단	⑧ 막을 방

4 다음 밑줄 친 漢字語는 한글로, 한글은 漢字語로 바꾸시오.

① 그는 너무 難處한 상황에 처해있다.

② 내가 納得할 수 있도록 설명을 해라.

③ 아직도 結論을 내지 못하고 있다.

④ 그의 행동은 무례하기 그지없었어.

⑤ 우유를 살 때에는 유통기한을 확인해야해.

5 다음 빈칸에 알맞은 漢字를 넣어 四字成語를 完成하시오.

① ( )奔西走 : 여기저기 분주하게 다님

② ( )功行賞 : 논공에 의하여 거기에 알맞은 상을 내림

|
05

6 다음과 뜻이 反對 또는 相對되는 漢字를 ( )에 넣으시오.

① 長 ↔ ( )　　　② ( ) ↔ 易　　③ 着 ↔ ( )　　④ 攻 ↔ ( )

7 다음 각 글자와 뜻이 같거나 비슷한 漢字를 ( )에 넣으시오.

① 料( )　　　② 聽( )　　　③ 希( )　　　④ ( )錄

8 다음 漢字語의 同音異義語를 쓰되 제시된 뜻에 맞게 쓰시오.

① 檀紀 – ( ) : 짧은 기간　　　② 冬衣 – ( ) : 뜻이 같음

③ 全文 – ( ) : 전하여 들음

9 다음 漢字의 部首를 쓰시오.

① 盜　　　② 髮　　　③ 鳴　　　④ 麗　　　⑤ 難

10 다음 漢字를 略字로 바꾸어 쓰시오.

① 擔　　② 同　　③ 發　　④ 麗　　⑤ 勸　　⑥ 禮

11 다음 漢字語의 뜻을 쓰시오.

① 密集　　　② 豫防　　　③ 盜犯　　　④ 納得

12 다음 例示한 漢字語 중에서 앞 글자가 長音으로 發音되는 것을 골라 그 번호를 쓰시오.

① ㄱ. 德談　　　ㄴ. 勸學　　　ㄷ. 同義　　　ㄹ. 流行

② ㄱ. 多量　　　ㄴ. 納得　　　ㄷ. 發育　　　ㄹ. 道德

정답

1 ① 기회 ② 단념 ③ 강도 ④ 명성 ⑤ 발육 ⑥ 담임 ⑦ 문풍 ⑧ 기록 ⑨ 폭도 ⑩ 논증 ⑪ 가발 ⑫ 측량 ⑬ 덕담 ⑭ 남아 ⑮ 난관 ⑯ 단오 ⑰ 유통 ⑱ 다행 ⑲ 도정 ⑳ 계명 ㉑ 납세 ㉒ 동학 ㉓ 망간 ㉔ 동감 ㉕ 예절 ㉖ 은밀 ㉗ 수려 ㉘ 권고 ㉙ 예방 ㉚ 사무 **2** ① 터럭 발 ② 울 명 ③ 들일 납 ④ 빽빽할 밀 ⑤ 끝/바를 단 ⑥ 멜 담 ⑦ 고울 려 ⑧ 권할 권 **3** ① 量 ② 望 ③ 德 ④ 流 ⑤ 發 ⑥ 禮 ⑦ 短 ⑧ 防 **4** ① 난처 ② 납득 ③ 결론 ④ 無禮 ⑤ 流通 **5** ① 東 ② 論 **6** ① 短 ② 難 ③ 發 ④ 防 **7** ① 量 ② 聞 ③ 望 ④ 記 **8** ① 短期 ② 同義 ③ 傳聞 **9** ① 皿 ② 髟 ③ 鳥 ④ 鹿 ⑤ 隹 **10** ① 担 ② 仝 ③ 発 ④ 麗 ⑤ 劝 ⑥ 礼 **11** ① 밀집 : 빽빽하게 모임 ② 예방 : 미리 막음 ③ 도범 : 도둑질을 한 범인 ④ 납득 : 남의 말이나 행동을 잘 알아차려 이해함 **12** ① ㄴ ② ㄹ

미리 확인하기

						O X							O X
罰	罰	罰	罰	罰	罰	☐☐	散	散	散	散	散	散	☐☐
範	範	範	範	範	範	☐☐	傷	傷	傷	傷	傷	傷	☐☐
法	法	法	法	法	法	☐☐	上	上	上	上	上	上	☐☐
變	變	變	變	變	變	☐☐	賞	賞	賞	賞	賞	賞	☐☐
步	步	步	步	步	步	☐☐	席	席	席	席	席	席	☐☐
伏	伏	伏	伏	伏	伏	☐☐	善	善	善	善	善	善	☐☐
分	分	分	分	分	分	☐☐	選	選	選	選	選	選	☐☐
負	負	負	負	負	負	☐☐	船	船	船	船	船	船	☐☐
憤	憤	憤	憤	憤	憤	☐☐	消	消	消	消	消	消	☐☐
不	不	不	不	不	不	☐☐	樹	樹	樹	樹	樹	樹	☐☐
費	費	費	費	費	費	☐☐	修	修	修	修	修	修	☐☐
祕	祕	祕	祕	祕	祕	☐☐	宿	宿	宿	宿	宿	宿	☐☐
仕	仕	仕	仕	仕	仕	☐☐	順	順	順	順	順	順	☐☐
私	私	私	私	私	私	☐☐	市	市	市	市	市	市	☐☐
産	産	産	産	産	産	☐☐	始	始	始	始	始	始	☐☐

始終一貫 ☐☐☐☐ 善供無德 ☐☐☐☐

坐不安席 ☐☐☐☐ 憤氣衝天 ☐☐☐☐

0151 4급II **罰** 벌할/죄 벌
- ⑧ 罒(网) 그물망 ⑪ 賞 상줄 상

罰金(벌금) 罰點(벌점) 罰則(벌칙) 處罰(처:벌) 體罰(체벌) 刑罰(형벌)

0152 4급 **範** 법 범:
- ⑧ 竹 대죽 ⑪ 模 법 모

規範(규범) 模範(모범) 範例(범:례) 範圍(범:위) 示範(시:범) 儀範(의범)

모범을 삼으려고 든 예

0153 5급 **法** 법 법
- ⑧ 氵(水) 삼수변 ⑪ 式 법 식, 典 법 전

法官(법관) 法規(법규) 法律(법률) 法式(법식) 法院(법원) 法典(법전)

0154 5급 **變** 변할 변:
- ⑧ 言 말씀언 ⑪ 化 될 화 ⑭ 変

變更(변:경) 變化(변:화) 變心(변:심) 變身(변:신) 變裝(변:장)

0155 4급II **步** 걸음 보:
- ⑧ 止 그칠지

步調(보:조) 步行(보:행) 進步(진:보) 初步(초보) 退步(퇴:보)

0156 4급 **伏** 엎드릴 복
- ⑧ 亻(人) 사람인변 ⑪ 屈 굽힐 굴 ⑪ 起 일어날 기

起伏(기복) 伏望(복망) 伏線(복선) 伏受(복수) 伏祝(복축) 降伏(항복)

[윗사람이 주는 것을 엎드려
받는다는 뜻으로] 공손히 받음

0157 4급 **負** 질 부:
- ⑧ 貝 조개패 ⑪ 敗 패할 패 ⑪ 勝 이길 승

負角(부:각) 負擔(부:담) 負傷(부:상) 勝負(승부) 自負(자부) 請負(청부)

자기의 재능이나 학문·직업 따위에
자신을 가지고 스스로 자랑으로 생각함

0158 6급 **分** 나눌 분(:)
- ⑧ 刀 칼도 ⑪ 區 구분할 구, 配 나눌 배 ⑭ 合 합할 합

名分(명분) 分量(분:량) 分類(분류) 分布(분포) 身分(신분) 充分(충분)

0159 4급 **憤** 분할 분:
- ⑧ 忄(心) 심방변 ⑪ 怒 성낼 노

憤激(분:격) 憤怒(분:노) 憤痛(분:통) 憤敗(분:패) 憤氣衝天(분기충천)

매우 노엽고 분하여 크게 성을 냄

0160 7급 **不** 아닐 불(부)
- ⑧ 一 한일

不當(부당) 不實(부실) 不正(부정) 不足(부족) 不盡(부진)
不可(불가) 不明(불명) 不法(불법) 不變(불변) 不治(불치) 不便(불편)

0161 5급 **費** 쓸 비:
- ⑧ 貝 조개패 ⑪ 用 쓸 용

經費(경비) 費用(비:용) 費錢(비:전) 消費(소비) 旅費(여비) 雜費(잡비)

참고 消費(소비) ↔ 生産(생산)

06일째 한자익히기 0162~0172

祕 仕 私 産 散 傷 上 賞 席 善 選

0162 4급

祕

숨길 비:

부 示 보일시

極祕(극비) 祕密(비:밀) 祕法(비:법) 祕書(비:서) 祕話(비:화)

0163 5급

仕

섬길/벼슬 사(:)

부 亻(人) 사람인변

奉仕(봉:사) 仕官(사관) 仕路(사로) 時仕(시사) 出仕(출사)
벼슬살이를 함

0164 4급

私

사사로울 사

부 禾 벼화 반 公 공변될 공

公私(공사) 私見(사견) 私禮(사례) 私務(사무) 私利私慾(사리사욕)
비공식적으로 사사로이 차리는 인사

0165 5급

産

낳을 산:

부 生 날생 유 生 날 생

家産(가산) 産苦(산:고) 産業(산:업) 生産(생산) 順産(순:산) 遺産(유산)

0166 4급

散

흩을 산:

부 攵(攴) 등글월문 유 漫 흩어질 만(3급) 반 集 모을 집

散亂(산:란) 散文(산:문) 散失(산:실) 散在(산:재) 散布(산:포)

0167 4급

傷

다칠 상

부 亻(人) 사람인변

負傷(부:상) 傷貧(상빈) 傷心(상심) 傷處(상처) 傷害(상해)
가난에 쪼들려 마음이 상함

0168 7급

上

윗 상:

부 一 한일 반 下 아래 하

上官(상:관) 上位(상:위) 上衣(상:의) 引上(인상) 向上(향:상)

0169 5급

賞

상줄 상

부 貝 조개패 반 罰 벌할 벌

賞格(상격) 賞罰(상벌) 賞品(상품) 施賞(시:상) 賞與金(상여금)
상장이나 상품 또는 상금을 줌

0170 6급

席

자리 석

부 巾 수건건

客席(객석) 席次(석차) 參席(참석) 合席(합석) 坐不安席(좌불안석)

참고 參席(참석) ↔ 不參(불참)

0171 5급

善

착할 선:

부 口 입구 반 惡 악할 악

善德(선:덕) 善意(선:의) 善政(선:정) 善行(선:행) 善供無德(선공무덕)

상고 善意(선의) ↔ 惡意(악의)

0172 5급

選

가릴 선:

부 辶(辵) 책받침 유 別 다를 별, 擇 가릴 택

選別(선:별) 選定(선:정) 選出(선:출) 選擇(선:택) 嚴選(엄선)

0173 5급 **船** 배 선
- ⓑ 舟 배선 ⓨ 舟 배 주(3급)
- 船室(선실) 船員(선원) 船長(선장) 船積(선적) 遊覽船(유람선)

0174 6급 **消** 사라질 소
- ⓑ 氵(水) 삼수변
- 消毒(소독) 消燈(소등) 消防(소방) 消費(소비) 消化(소화) 解消(해:소)
- 상 消燈(소등) ↔ 點燈(점등)

0175 6급 **樹** 나무 수
- ⓑ 木 나무목 ⓨ 林 수풀 림, 木 나무 목
- 樹果(수과) 樹林(수림) 樹立(수립) 樹種(수종) 樹木園(수목원)
  - (국가나 정부, 제도나 계획 따위를) 이룩하여 세움

0176 4급Ⅱ **修** 닦을 수
- ⓑ 亻(人) 사람인변
- 修交(수교) 修道(수도) 修身(수신) 修習(수습) 修業(수업) 修學(수학)
  - (정식으로 실무를 맡기 전에) 배워 익힘

0177 5급 **宿** 잘 숙 / 별자리 수:
- ⓑ 宀 갓머리 ⓨ 泊 머무를 박(3급), 眠 잘 면(3급Ⅱ)
- 宿泊(숙박) 宿望(숙망) 宿命(숙명) 宿願(숙원) 宿題(숙제)
- 星宿(성수) 오래전부터 품어 온 소망

0178 5급 **順** 순할 순
- ⓑ 頁 머리혈 ⓟ 逆 거스를 역
- 順産(순:산) 順序(순:서) 順應(순:응) 順調(순:조) 順從(순:종)
- 상 順産(순산) ↔ 難産(난산) / 아무 탈 없이 잘되어 가는 상태

0179 7급 **市** 저자 시:
- ⓑ 巾 수건건
- 都市(도시) 市民(시:민) 市勢(시:세) 市場(시:장) 市廳(시:청)

0180 6급 **始** 비로소 시:
- ⓑ 女 계집녀 ⓨ 初 처음 초 ⓟ 末 끝 말, 終 마칠 종
- 開始(개시) 始發(시:발) 始作(시:작) 始初(시:초) 始終一貫(시종일관)

| 오늘의 사자성어 |

始終一貫 시종일관 처음부터 끝까지 똑같은 방침이나 태도로 나감
善供無德 선공무덕 남을 위하여 힘껏 노력하였으나, 거기에 대한 아무런 보람이 없음을 이르는 말
坐不安席 좌불안석 한군데에 오래 앉아 있지 못함을 이름
憤氣衝天 분기충천 분한 마음이 하늘을 찌를 듯이 솟구쳐 오름

I 다음 漢字語의 讀音을 쓰시오.

① 開始	② 引上	③ 退步	④ 遺産
⑤ 都市	⑥ 負擔	⑦ 散文	⑧ 善德
⑨ 變更	⑩ 嚴選	⑪ 公私	⑫ 樹種
⑬ 出仕	⑭ 傷害	⑮ 法院	⑯ 修習
⑰ 不盡	⑱ 宿命	⑲ 參席	⑳ 伏線
㉑ 經費	㉒ 順從	㉓ 消費	㉔ 船員
㉕ 賞格	㉖ 分類	㉗ 罰則	㉘ 規範
㉙ 憤痛	㉚ 極祕		

2 다음 漢字의 訓과 음을 쓰시오.

① 散	② 罰	③ 傷	④ 修
⑤ 範	⑥ 私	⑦ 伏	⑧ 憤

3 다음의 訓과 음을 지닌 漢字를 쓰시오.

① 착할 선	② 순할 순	③ 변할 변	④ 낳을 산
⑤ 배 선	⑥ 쓸 비	⑦ 가릴 선	⑧ 상줄 상

4 다음 밑줄 친 漢字語는 한글로, 한글은 漢字語로 바꾸시오.

① 순서대로 줄을 서 주세요.

② 여자의 변신은 무죄다.

③ 너는 남에게 내세울 명분이 있긴 한거야?

④ 22시간의 産苦끝에 아기를 낳았다.

⑤ 야구 示範경기는 공짜래.

5 다음 빈칸에 알맞은 漢字를 넣어 四字成語를 完成하시오.

① ( )氣衝天 : 분한 마음이 하늘을 찌를 듯이 솟구쳐 오름

② ( )利私慾 : 많으면 많을수록 더욱 좋음

6 다음과 뜻이 反對 또는 相對되는 漢字를 ( )에 넣으시오.

① ( ) ↔ 罰   ② 逆 ↔ ( )   ③ ( ) ↔ 下   ④ ( ) ↔ 惡

7 다음 각 글자와 뜻이 같거나 비슷한 漢字를 ( )에 넣으시오.

① ( )泊   ② ( )式   ③ ( )化   ④ ( )別   ⑤ ( )初

8 다음 漢字語의 同音異義語를 쓰되 제시된 뜻에 맞게 쓰시오.

① 加算 - ( ) : 집안의 재산

② 善政 - ( ) : 많은 것 중에서 골라서 정함

9 다음 漢字의 部首를 쓰시오.

① 步   ② 散   ③ 産   ④ 負   ⑤ 變

10 다음 낱말 뜻에 알맞은 漢字語를 例에서 골라 그 번호를 쓰시오.

```
┌─────────────────── 例 ───────────────────┐
│  ㄱ. 開始     ㄴ. 憤敗     ㄷ. 散亂     ㄹ. 樹立  │
│  ㅁ. 傷處     ㅂ. 遺産     ㅅ. 星宿     ㅇ. 修學  │
└──────────────────────────────────────────┘
```

① 분하게 짐

② 학업을 닦음. 배움

11 다음 漢字語 중 첫 音節이 길게 發音되는 것을 3개 골라 그 번호를 쓰시오(순서 무관).

① 不明   ② 宿泊   ③ 私禮   ④ 始初

⑤ 善政   ⑥ 席次   ⑦ 順應   ⑧ 賞品

정답

1 ① 개시 ② 인상 ③ 퇴보 ④ 유산 ⑤ 도시 ⑥ 부담 ⑦ 산문 ⑧ 선덕 ⑨ 변경 ⑩ 엄선 ⑪ 공사 ⑫ 수종 ⑬ 출사 ⑭ 상해 ⑮ 법원 ⑯ 수습 ⑰ 부진 ⑱ 숙명 ⑲ 참석 ⑳ 복선 ㉑ 경비 ㉒ 순종 ㉓ 소비 ㉔ 선원 ㉕ 상격 ㉖ 분류 ㉗ 벌칙 ㉘ 규범 ㉙ 분통 ㉚ 극비 **2** ① 흙 산 ② 벌할/죄 벌 ③ 다칠 상 ④ 닦을 수 ⑤ 법 범 ⑥ 사사로울 사 ⑦ 엎드릴 복 ⑧ 분할 분 **3** ① 善 ② 順 ③ 變 ④ 産 ⑤ 船 ⑥ 費 ⑦ 選 ⑧ 賞 **4** ① 順序 ② 變身 ③ 名分 ④ 산고 ⑤ 시범 **5** ① 善 ② 私 **6** ① 賞 ② 順 ③ 上 ④ 善 **7** ① 宿 ② 法 ③ 變 ④ 選 ⑤ 始 **8** ① 家産 ② 選定 **9** ① 止 ② 攵(攴) ③ 生 ④ 貝 ⑤ 言 **10** ① ㄴ ② ㅇ **11** ④, ⑤, ⑦

미리 확인하기 　　　　　 ○ X 　　　　　　　　　 ○ X

息	息 息 息 息 息	□□	偉	偉 偉 偉 偉 偉	□□
新	新 新 新 新 新	□□	慰	慰 慰 慰 慰 慰	□□
失	失 失 失 失 失	□□	遺	遺 遺 遺 遺 遺	□□
壓	壓 壓 壓 壓 壓	□□	遊	遊 遊 遊 遊 遊	□□
弱	弱 弱 弱 弱 弱	□□	隱	隱 隱 隱 隱 隱	□□
約	約 約 約 約 約	□□	恩	恩 恩 恩 恩 恩	□□
養	養 養 養 養 養	□□	益	益 益 益 益 益	□□
嚴	嚴 嚴 嚴 嚴 嚴	□□	因	因 因 因 因 因	□□
業	業 業 業 業 業	□□	作	作 作 作 作 作	□□
演	演 演 演 演 演	□□	財	財 財 財 財 財	□□
葉	葉 葉 葉 葉 葉	□□	貯	貯 貯 貯 貯 貯	□□
豫	豫 豫 豫 豫 豫	□□	電	電 電 電 電 電	□□
友	友 友 友 友 友	□□	展	展 展 展 展 展	□□
優	優 優 優 優 優	□□	戰	戰 戰 戰 戰 戰	□□
危	危 危 危 危 危	□□	節	節 節 節 節 節	□□

電光石火 □□□□ 　　　溫故知新 □□□□

作心三日 □□□□ 　　　益者三友 □□□□

0181 4급Ⅱ

息 쉴 식

🔵心 마음심 🟢休 쉴 휴

消息(소식) 安息(안식) 子息(자식) 寢息(침:식) 歎息(탄:식) 休息(휴식)

0182 6급

新 새 신

🔵斤 날근 🟣舊 예 구, 古 예 고

更新(갱:신) 新舊(신구) 新式(신식) 革新(혁신) 溫故知新(온고지신)

參 新式(신식) ↔ 舊式(구식)

0183 6급

失 잃을 실

🔵大 큰대 🟢過 지날 과 🟣得 얻을 득

得失(득실) 失禮(실례) 失利(실리) 失望(실망) 失戀(실연) 失點(실점)

0184 4급Ⅱ

壓 누를/
억누를 압

🔵土 흙토 🟡厒

壓卷(압권) 壓力(압력) 壓迫(압박) 壓制(압제) 壓縮(압축) 壓出(압출)
권력이나 폭력으로 남의 언동(言動)을
억압하고 강제하는 일

0185 6급

弱 약할 약

🔵弓 활궁 🟣强 강할 강

弱者(약자) 弱點(약점) 弱志(약지) 虛弱(허약) 弱小國(약소국)
└ 약한 의지

參 弱者(약자) ↔ 强者(강자)

0186 5급

約 맺을 약

🔵糸 실사 🟢契 맺을 계(3급Ⅱ) 🟣解 풀 해

約定(약정) 約條(약조) 約婚(약혼) 言約(언약) 要約(요약) 縮約(축약)

0187 5급

養 기를 양:

🔵食 밥식 🟢育 기를 육

敎養(교:양) 養成(양:성) 養育(양:육) 養子(양:자) 入養(입양)

0188 4급

嚴 엄할 엄

🔵口 입구 🟢肅 엄숙할 숙

冷嚴(냉:엄) 嚴格(엄격) 嚴密(엄밀) 嚴肅(엄숙) 嚴冬雪寒(엄동설한)
(세밀한 부분까지) 빈틈이 없음

0189 6급

業 업 업

🔵木 나무목

業務(업무) 業報(업보) 業績(업적) 業體(업체) 職業(직업) 就業(취:업)

0190 4급Ⅱ

演 펼 연:

🔵氵(水) 삼수변

演劇(연:극) 演技(연:기) 演說(연:설) 演習(연:습) 演出(연:출)
관객 앞에서 연극·노래·춤·곡예 따위의
재주를 나타내 보임

0191 5급

葉 잎 엽

🔵艹(艸) 초두머리

落葉(낙엽) 葉書(엽서) 葉錢(엽전) 千葉(천엽) 葉綠素(엽록소)

07일째 한자익히기 0192~0202

豫 友 優 危 偉 慰 遺 遊 隱 恩 益

0192 4급
豫 미리 예:
부 豕 돼지시 약 予
豫見(예:견)　豫防(예:방)　豫報(예:보)　豫備(예:비)　豫算(예:산)
(탈이 나기 전에) 미리 막음

0193 5급
友 벗 우:
부 又 또우　유 朋 벗 붕(3급)
級友(급우)　友愛(우:애)　友情(우:정)　友好(우:호)　戰友(전:우)

0194 4급
優 넉넉할 우
부 亻(人) 사람인변　반 劣 못할 렬(3급)
優等(우등)　優良(우량)　優先(우선)　優性(우성)　優勝(우승)　優位(우위)

0195 4급
危 위태할 위
부 卩 병부절　반 安 편안 안
危急(위급)　危機(위기)　危害(위해)　危險(위험)　危機一髮(위기일발)
참고 危險(위험) ↔ 安全(안전)

0196 5급
偉 클 위
부 亻(人) 사람인변　유 太 클 태, 巨 클 거, 大 큰 대
偉大(위대)　偉力(위력)　偉業(위업)　偉容(위용)　偉人(위인)　偉績(위적)
위대한 공적

0197 4급
慰 위로할 위
부 心 마음심
慰樂(위락)　慰勞(위로)　慰問(위문)　慰安(위안)　慰靈曲(위령곡)
위안과 즐거움

0198 4급
遺 남길 유
부 辶(辵) 책받침
遺物(유물)　遺産(유산)　遺作(유작)　遺傳(유전)　遺族(유족)　遺風(유풍)

0199 4급
遊 놀 유
부 辶(辵) 책받침　유 戲 놀 희(3급Ⅱ)
遊覽(유람)　遊說(유세)　遊食(유식)　遊興(유흥)　遊園地(유원지)
각처로 돌아다니며 자기의 의견이나 소속 정당의
주장 따위를 설명하고 선전함

0200 4급
隱 숨을 은
부 阝(阜) 좌부변　반 見 볼 견, 現 나타날 현, 顯 나타날 현　약 隠
隱居(은거)　隱德(은덕)　隱密(은밀)　隱語(은어)　隱然(은연)　隱退(은퇴)

0201 4급Ⅱ
恩 은혜 은
부 心 마음심　유 惠 은혜 혜　반 怨 원망할 원, 恨 한할 한
背恩(배:은)　報恩(보:은)　恩功(은공)　恩德(은덕)　恩師(은사)　恩惠(은혜)

0202 4급Ⅱ
益 더할 익
부 皿 그릇명　유 加 더할 가, 增 더할 증　반 損 덜 손
無益(무익)　利益(이:익)　益友(익우)　益蟲(익충)　益者三友(익자삼우)
참고 益友(익우) ↔ 損友(손우)

0203 5급	**因** 인할 **인**	부 口 큰입구몸 ⑪ 果 열매 **과** 起因(기인) 原因(원인) 因習(인습) 因緣(인연) 因果(인과) 敗因(패:인) 이전부터 전해 내려와 몸에 익은 관습
0204 6급	**作** 지을 **작**	부 亻(人) 사람인변 ⑪ 製 지을 **제**, 造 지을 **조** 作家(작가) 作曲(작곡) 作成(작성) 創作(창:작) 作心三日(작심삼일)
0205 5급	**財** 재물 **재**	부 貝 조개패 ⑪ 貨 재화 **화** 財力(재력) 財務(재무) 財物(재물) 財産(재산) 財政(재정) 財貨(재화)
0206 5급	**貯** 쌓을 **저:**	부 貝 조개패 ⑪ 積 쌓을 **적**, 蓄 쌓을 **축** 貯金(저:금) 貯望(저:망) 貯水(저:수) 貯蓄(저:축) 貯炭(저:탄) 명망(名望)의 바탕을 기름
0207 7급	**電** 번개 **전:**	부 雨 비우 電氣(전:기) 電力(전:력) 電話(전:화) 停電(정전) 電光石火(전광석화)
0208 5급	**展** 펼 **전:**	부 尸 주검시엄 發展(발전) 展開(전:개) 展示(전:시) 進展(진:전) 展覽會(전람회)
0209 6급	**戰** 싸움 **전:**	부 戈 창과 ⑪ 競 다툴 **경**, 爭 다툴 **쟁**, 鬪 싸움 **투** ⑪ 和 화할 **화** ⑬ 战 戰亂(전:란) 戰時(전:시) 戰列(전:열) 戰爭(전:쟁) 戰鬪(전:투) 상고 戰時(전시) ↔ 平時(평시)
0210 5급	**節** 마디 **절**	부 竹 대죽 ⑪ 寸 마디 **촌** 季節(계:절) 節度(절도) 節約(절약) 節制(절제) 節次(절차) 말이나 행동 따위의 적당한 정도

| 오 늘 의 사 자 성 어 |

電光石火 전광석화 [번갯불이나 부싯돌의 불이 번쩍이는 것처럼] 몹시 짧은 시간을 비유해서 이르는 말

溫故知新 온고지신 옛것을 연구하여 거기서 새로운 지식이나 도리를 찾아내는 일

作心三日 작심삼일 [품은 마음이 사흘을 못 간다는 뜻으로] 결심이 굳지 못함을 이름

益者三友 익자삼우 사귀어 유익한 세 가지 유형의 벗. 즉 정직한 벗, 신의가 있는 벗, 지식이 많은 벗을 이름

07

I 다음 漢字語의 讀音을 쓰시오.

① 革新	② 隱密	③ 嚴肅	④ 遺族
⑤ 電話	⑥ 恩師	⑦ 業報	⑧ 豫算
⑨ 優勝	⑩ 失禮	⑪ 危險	⑫ 壓縮
⑬ 休息	⑭ 戰亂	⑮ 貯水	⑯ 落葉
⑰ 偉容	⑱ 演說	⑲ 慰問	⑳ 財政
㉑ 養育	㉒ 起因	㉓ 約婚	㉔ 益蟲
㉕ 友愛	㉖ 遊說	㉗ 發展	㉘ 弱志
㉙ 創作	㉚ 節制		

2 다음 漢字의 訓과 음을 쓰시오.

① 豫	② 遺	③ 慰	④ 演
⑤ 益	⑥ 隱	⑦ 嚴	⑧ 優

3 다음의 訓과 음을 지닌 漢字를 쓰시오.

① 쌓을 저	② 마디 절	③ 맺을 약	④ 펼 전
⑤ 잎 엽	⑥ 재물 재	⑦ 기를 양	⑧ 클 위

4 다음 밑줄 친 漢字語는 한글로, 한글은 漢字語로 바꾸시오.

① 이 저금통에는 500원짜리만 들어있어.

② 학생들은 자신들만의 隱語를 사용한다.

③ 절약을 생활화하여야 한다.

④ 그를 어떻게 慰勞하면 좋을까?

5 다음 빈칸에 알맞은 漢字를 넣어 四字成語를 完成하시오.

① ( )光石火 : [번갯불이나 부싯돌의 불이 번쩍이는 것처럼] 몹시 짧은 시간을 비
유해서 이르는 말

② 溫故知( ) : 옛것을 연구하여 거기서 새로운 지식이나 도리를 찾아내는 일

6 다음과 뜻이 反對 또는 相對 되는 漢字를 ( )에 넣으시오.

① 得 ↔ ( )　　　　② 和 ↔ ( )　　　③ ( ) ↔ 果　　　④ ( ) ↔ 舊

7 다음 각 글자와 뜻이 같거나 비슷한 漢字를 ( )에 넣으시오.

① 過( )　　② ( )爭　　③ ( )育　　④ ( )貨　　⑤ 製( )

8 다음 뜻에 알맞은 漢字語를 漢字로 쓰시오.

① 전시 ([물품 따위를] 늘어놓아 보임)

② 우정 (친구 사이의 정)

③ 양자 (입양으로 아들이 된 사람)

9 다음 漢字의 部首를 쓰시오.

① 嚴　　　② 益　　　③ 壓　　　④ 危　　　⑤ 養

10 다음 漢字를 略字로 바꾸어 쓰시오.

① 戰　　　　② 壓　　　　③ 隱　　　　④ 豫

11 다음 漢字語 중 첫 音節이 길게 發音되는 것을 3개 골라 그 번호를 쓰시오(순서 무관).

① 節約　　　② 豫見　　　③ 作成　　　④ 養成
⑤ 電力　　　⑥ 偉力　　　⑦ 遺物　　　⑧ 恩功

정답

1 ① 혁신 ② 은밀 ③ 엄숙 ④ 유족 ⑤ 전화 ⑥ 은사 ⑦ 업보 ⑧ 예산 ⑨ 우승 ⑩ 실례 ⑪ 위험 ⑫ 압축 ⑬ 휴식 ⑭ 전란 ⑮ 저수 ⑯ 낙엽 ⑰ 위용 ⑱ 연설 ⑲ 위문 ⑳ 재정 ㉑ 양육 ㉒ 기인 ㉓ 약혼 ㉔ 익충 ㉕ 우애 ㉖ 유세 ㉗ 발전 ㉘ 약지 ㉙ 창작 ㉚ 절제 2 ① 미리 예 ② 남길 유 ③ 위로할 위 ④ 펼 연 ⑤ 더할 익 ⑥ 숨은 은 ⑦ 엄할 엄 ⑧ 넉넉할 우 3 ① 貯 ② 節 ③ 約 ④ 展 ⑤ 葉 ⑥ 財 ⑦ 養 ⑧ 偉 4 ① 貯金 ② 은어 ③ 節約 ④ 위로 5 ① 電 ② 新 6 ① 失 ② 戰 ③ 因 ④ 新 7 ① 失 ② 戰 ③ 養 ④ 財 ⑤ 作 8 ① 展示 ② 友情 ③ 養子 9 ① 口 ② 皿 ③ 土 ④ 卩 ⑤ 食 10 ① 战 ② 圧 ③ 隐 ④ 予 11 ②, ④, ⑤

미리 확인하기　　　　　　　　O X　　　　　　　　　　O X

定	定 定 定 定 定	□ □	卓	卓 卓 卓 卓 卓	□ □
情	情 情 情 情 情	□ □	探	探 探 探 探 探	□ □
靜	靜 靜 靜 靜 靜	□ □	討	討 討 討 討 討	□ □
造	造 造 造 造 造	□ □	通	通 通 通 通 通	□ □
主	主 主 主 主 主	□ □	痛	痛 痛 痛 痛 痛	□ □
住	住 住 住 住 住	□ □	鬪	鬪 鬪 鬪 鬪 鬪	□ □
衆	衆 衆 衆 衆 衆	□ □	閉	閉 閉 閉 閉 閉	□ □
質	質 質 質 質 質	□ □	豊	豊 豊 豊 豊 豊	□ □
唱	唱 唱 唱 唱 唱	□ □	筆	筆 筆 筆 筆 筆	□ □
請	請 請 請 請 請	□ □	害	害 害 害 害 害	□ □
體	體 體 體 體 體	□ □	險	險 險 險 險 險	□ □
最	最 最 最 最 最	□ □	患	患 患 患 患 患	□ □
築	築 築 築 築 築	□ □	活	活 活 活 活 活	□ □
蓄	蓄 蓄 蓄 蓄 蓄	□ □	效	效 效 效 效 效	□ □
縮	縮 縮 縮 縮 縮	□ □	後	後 後 後 後 後	□ □

一脈相通 □ □ □ □　　　有備無患 □ □ □ □
卓上空論 □ □ □ □　　　百害無益 □ □ □ □

0211 6급 **定** 정할 정:
부 宀 갓머리
定規(정:규) 定論(정:론) 定律(정:률) 定意(정:의) 會者定離(회자정리)

0212 5급 **情** 뜻 정
부 忄(心) 심방변 유 心 마음 심
情景(정경) 情報(정보) 情熱(정열) 情操(정조) 情趣(정취) 情況(정황)
정감을 불러일으키는 흥취

0213 4급 **靜** 고요할 정
부 靑 푸를청 반 動 움직일 동
動靜(동:정) 安靜(안정) 靜脈(정맥) 靜物(정물) 靜肅(정숙) 平靜(평정)
멈추어 움직이지 않는 물건

0214 4급Ⅱ **造** 지을 조:
부 辶(辵) 책받침 유 作 지을 작, 製 지을 제
造成(조:성) 造作(조:작) 造形(조:형) 造化(조:화) 創造(창:조)

0215 7급 **主** 임금/주인 주
부 丶 점주 반 客 손님 객, 從 좇을 종
主客(주객) 主觀(주관) 主意(주의) 主張(주장) 主從(주종) 地主(지주)
참고 主觀(주관) ↔ 客觀(객관)
주되는 사물과 그에 딸린 사물

0216 7급 **住** 살 주:
부 亻(人) 사람인변 유 居 살 거
住居(주:거) 住民(주:민) 住所(주:소) 住持(주:지) 住宅(주:택)

0217 4급Ⅱ **衆** 무리 중:
부 血 피혈 유 徒 무리 도, 黨 무리 당, 群 무리 군
公衆(공중) 群衆(군중) 衆論(중:론) 衆生(중:생) 衆寡不敵(중과부적)

0218 5급 **質** 바탕 질
부 貝 조개패 유 本 근본 본 약 貭
物質(물질) 本質(본질) 質量(질량) 質問(질문) 質責(질책) 品質(품:질)
잘못을 따져 꾸짖음

0219 5급 **唱** 부를 창:
부 口 입구
齊唱(제창) 愛唱(애:창) 唱歌(창:가) 唱劇(창:극) 夫唱婦隨(부창부수)
판소리와 창을 중심으로 극적인 대화로
이루어지는 전통 연극

0220 4급Ⅱ **請** 청할 청
부 言 말씀언
申請(신청) 要請(요청) 請求(청구) 請願(청원) 請婚(청혼) 招請(초청)

0221 6급 **體** 몸 체
부 骨 뼈골 유 身 몸 신, 肉 고기 육 반 心 마음 심 약 体
肉體(육체) 體系(체계) 體力(체력) 體育(체육) 體重(체중) 體驗(체험)
참고 肉體(육체) ↔ 精神(정신)

08일째 한자익히기 0222~0232

最築蓄縮卓探討通痛鬪閉

0222 5급
最 가장 최:
㉟日 가로왈
最高(최:고) 最近(최:근) 最上(최:상) 最善(최:선) 最新(최:신)

0223 4급Ⅱ
築 쌓을 축
㉟竹 대죽
建築(건:축) 構築(구축) 新築(신축) 增築(증축) 築造(축조) 築土(축토)

0224 4급Ⅱ
蓄 모을 축
㉟艹(艸) 초두머리 ㉤貯 쌓을 저, 積 쌓을 적
備蓄(비:축) 貯蓄(저:축) 電蓄(전:축) 蓄髮(축발) 蓄財(축재) 蓄積(축적)

0225 4급
縮 줄일 축
㉟糸 실사 ㉫伸 펼 신(3급)
減縮(감:축) 壓縮(압축) 縮圖(축도) 縮約(축약) 縮地(축지) 縮合(축합)
(그림이나 대상의) 본디 모양을 줄여서 그림

0226 5급
卓 높을 탁
㉟十 열십
食卓(식탁) 卓球(탁구) 卓論(탁론) 卓異(탁이) 卓上空論(탁상공론)
탁월한 이론이나 논지

0227 4급
探 찾을 탐
㉟扌(手) 재방변
探究(탐구) 探問(탐문) 探査(탐사) 探索(탐색) 探知(탐지) 探險(탐험)

0228 4급
討 칠 토(:)
㉟言 말씀언 ㉤伐 칠 벌
檢討(검:토) 討論(토:론) 討伐(토벌) 討議(토:의) 討破(토파)

0229 6급
通 통할 통
㉟辶(辵) 책받침 ㉤貫 꿸 관(3급Ⅱ)
交通(교통) 通過(통과) 通關(통관) 通路(통로) 通常(통상) 通信(통신)
세관을 통과하는 일
一脈相通(일맥상통) 通過儀禮(통과의례)

0230 4급
痛 아플 통:
㉟疒 병질엄
頭痛(두통) 悲痛(비:통) 齒痛(치통) 痛烈(통:렬) 痛切(통:절) 痛快(통:쾌)
몹시 절실함

0231 4급
鬪 싸움 투
㉟鬥 싸울투 ㉤競 다툴 경, 爭 다툴 쟁, 戰 싸울 전
鬪病(투병) 鬪士(투사) 鬪牛(투우) 鬪爭(투쟁) 泥田鬪狗(이전투구)
상대편을 이기려고 다툼

0232 4급
閉 닫을 폐:
㉟門 문문 ㉫開 열 개
閉講(폐:강) 閉門(폐:문) 閉業(폐:업) 閉場(폐:장) 閉會(폐:회)
상 閉業(폐업) ↔ 開業(개업)

0233 4급Ⅱ **豊** 풍년/풍성할 풍
부 豆 콩두 반 凶 흉할 흉
豊年(풍년) 豊富(풍부) 豊盛(풍성) 豊裕(풍유) 豊足(풍족)
상 豊年(풍년) ↔ 凶年(흉년)

0234 5급 **筆** 붓 필
부 竹 대죽
名筆(명필) 鉛筆(연필) 筆記(필기) 筆答(필답) 一筆揮之(일필휘지)
　　　　　　　　　　　　　　　　글로 써서 대답함

0235 5급 **害** 해할 해:
부 宀 갓머리 반 利 이로울 리
加害(가해) 障害(장해) 害惡(해:악) 害蟲(해:충) 百害無益(백해무익)
　　　　　　　　　　　　　　　사람이나 농작물에 해가 되는
　　　　　　　　　　　　　　　벌레를 통틀어 이르는 말

0236 4급 **險** 험할 험:
부 阝(阜) 좌부변 약 険
危險(위험) 險難(험:난) 險談(험:담) 險相(험:상) 險惡(험:악)
상 危險(위험) ↔ 安全(안전)

0237 5급 **患** 근심 환:
부 心 마음심 유 憂 근심 우(3급Ⅱ)
憂患(우환) 患苦(환:고) 患難(환:난) 患部(환:부) 有備無患(유비무환)

0238 7급 **活** 살 활
부 氵(水) 삼수변 유 生 날 생 반 死 죽을 사
復活(부:활) 活氣(활기) 活動(활동) 活力(활력) 活用(활용) 活字(활자)
　　　　　　　　　　　　　　　살아 움직이는 힘. 생명 또는 생활의 힘

0239 5급 **效** 본받을 효:
부 攵(攴) 등글월문
藥效(약효) 效果(효:과) 效力(효:력) 效用(효:용) 效驗(효:험)

0240 7급 **後** 뒤 후:
부 彳 두인변 반 前 앞 전, 先 먼저 선
後代(후:대) 後略(후:략) 後發(후:발) 後續(후:속) 後進(후:진)
상 後進(후진) ↔ 先進(선진), 前進(전진)

| 오늘의사자성어 |

一脈相通 일맥상통 [처지·성질·생각 등이] 어떤 면에서 한 가지로 서로 통함
有備無患 유비무환 준비가 있으면 근심할 것이 없음을 이르는 말
卓上空論 탁상공론 현실성이 없는 헛된 공론
百害無益 백해무익 해롭기만 하고 조금도 이로울 것이 없음

08

I 다음 漢字語의 讀音을 쓰시오.

① 障害	② 建築	③ 情報	④ 探究
⑤ 唱劇	⑥ 要請	⑦ 險難	⑧ 靜肅
⑨ 食卓	⑩ 定規	⑪ 質責	⑫ 創造
⑬ 憂患	⑭ 閉講	⑮ 最新	⑯ 主觀
⑰ 體育	⑱ 活動	⑲ 縮圖	⑳ 通過
㉑ 蓄積	㉒ 豊盛	㉓ 住宅	㉔ 效驗
㉕ 鬪病	㉖ 鉛筆	㉗ 討議	㉘ 衆論
㉙ 齒痛	㉚ 後續		

2 다음 漢字의 訓과 音을 쓰시오.

① 痛	② 探	③ 縮	④ 鬪
⑤ 築	⑥ 靜	⑦ 討	⑧ 險

3 다음의 訓과 音을 지닌 漢字를 쓰시오.

① 본받을 효	② 바탕 질	③ 해할 해	④ 높을 탁
⑤ 부를 창	⑥ 가장 최	⑦ 정할 정	⑧ 뜻 정

4 다음 밑줄 친 漢字語는 한글로, 한글은 漢字語로 바꾸시오.

① 이 약은 효과가 뛰어나다.

② 그의 노트필기는 매우 깔끔해.

③ 新築아파트를 분양받았다.

④ 어제 그에게 請婚을 받았어.

5 다음 빈칸에 알맞은 漢字를 넣어 四字成語를 完成하시오.

① 有備無( ) : 준비가 있으면 근심할 것이 없음을 이르는 말

② 會者( )離 : 인생의 무상함을 이르는 말

③ ( )上空論 : 현실성이 없는 헛된 공론

6 다음과 뜻이 反對 또는 相對되는 漢字를 ( )에 넣으시오.

① ( ) ↔ 從   ② 心 ↔ ( )   ③ 死 ↔ ( )   ④ 先 ↔ ( )   ⑤ 利 ↔ ( )

7 다음 각 글자와 뜻이 같거나 비슷한 漢字를 ( )에 넣으시오.

① 心 - ( )   ② 生 - ( )   ③ 身 - ( )   ④ ( ) - 居   ⑤ ( ) - 作

8 다음 漢字語의 同音異義語를 쓰되 제시된 뜻에 맞게 쓰시오.

① 厚待 - ( ) : 뒤의 세대
② 主管 - ( ) : 자기만의 생각

9 다음 漢字의 部首를 쓰시오.

① 痛   ② 豊   ③ 閉   ④ 卓   ⑤ 衆

10 다음 漢字를 略字로 바꾸어 쓰시오.

① 險   ② 體   ③ 質

11 다음 漢字語의 뜻을 쓰시오.

① 鬪爭   ② 痛切   ③ 靜物   ④ 筆答

12 다음 漢字語 중 첫 音節이 길게 發音되는 것을 3개 골라 그 번호를 쓰시오(순서 무관).

① 討論   ② 豊裕   ③ 卓異   ④ 靜脈
⑤ 鬪病   ⑥ 通過   ⑦ 痛快   ⑧ 效果

정답

1 ① 장해 ② 건축 ③ 정보 ④ 탐구 ⑤ 창극 ⑥ 요청 ⑦ 험난 ⑧ 정숙 ⑨ 식탁 ⑩ 정규 ⑪ 질책 ⑫ 창조 ⑬ 우환 ⑭ 폐강 ⑮ 최신 ⑯ 주관 ⑰ 체육 ⑱ 활동 ⑲ 축도 ⑳ 통과 ㉑ 축적 ㉒ 풍성 ㉓ 주택 ㉔ 효험 ㉕ 투병 ㉖ 연필 ㉗ 토의 ㉘ 중론 ㉙ 치통 ㉚ 후속   **2** ① 아플 통 ② 찾을 탐 ③ 줄일 축 ④ 싸움 투 ⑤ 쌀 축 ⑥ 고요할 정 ⑦ 칠 토 ⑧ 험할 험   **3** ① 效 ② 質 ③ 害 ④ 卓 ⑤ 唱 ⑥ 最 ⑦ 定 ⑧ 情   **4** ① 效果 ② 筆記 ③ 신축 ④ 청혼   **5** ① 患 ② 定 ③ 卓   **6** ① 主 ② 體 ③ 活 ④ 後 ⑤ 害   **7** ① 情 ② 活 ③ 體 ④ 住 ⑤ 造   **8** ① 後代 ② 主觀   **9** ① 广 ② 豆 ③ 門 ④ 十 ⑤ 血   **10** ① 険 ② 体 ③ 貭   **11** ① 투쟁 : 상대편을 이기려고 다툼 ② 통절 : 몹시 절실함 ③ 정물 : 멈추어 움직이지 않는 물건 ④ 필답 : 글로 써서 대답함   **12** ①, ⑦, ⑧

미리확인하기　　　　　　　　ㅇ ✕　　　　　　　　　　ㅇ ✕

揮	揮 揮 揮 揮 揮	□□	心	心 心 心 心 心	□□
休	休 休 休 休 休	□□	戶	戶 戶 戶 戶 戶	□□
凶	凶 凶 凶 凶 凶	□□	手	手 手 手 手 手	□□
土	土 土 土 土 土	□□	支	支 支 支 支 支	□□
士	士 士 士 士 士	□□	文	文 文 文 文 文	□□
夕	夕 夕 夕 夕 夕	□□	斗	斗 斗 斗 斗 斗	□□
大	大 大 大 大 大	□□	方	方 方 方 方 方	□□
女	女 女 女 女 女	□□	日	日 日 日 日 日	□□
子	子 子 子 子 子	□□	月	月 月 月 月 月	□□
寸	寸 寸 寸 寸 寸	□□	木	木 木 木 木 木	□□
小	小 小 小 小 小	□□	止	止 止 止 止 止	□□
山	山 山 山 山 山	□□	比	比 比 比 比 比	□□
工	工 工 工 工 工	□□	毛	毛 毛 毛 毛 毛	□□
己	己 己 己 己 己	□□	氏	氏 氏 氏 氏 氏	□□
干	干 干 干 干 干	□□	水	水 水 水 水 水	□□

吉凶禍福 □□□□　　　一魚濁水 □□□□

一片丹心 □□□□　　　明鏡止水 □□□□

0241 4급 **揮** 휘두를 휘
- 부 扌(手) 재방변
- 發揮(발휘) 指揮(지휘) 揮發(휘발) 揮帳(휘장) 一筆揮之(일필휘지)

0242 7급 **休** 쉴 휴
- 부 亻(人) 사람인변　유 息 쉴 식
- 休暇(휴가) 休講(휴강) 休校(휴교) 休息(휴식) 休養(휴양) 休學(휴학)

0243 5급 **凶** 흉할 흉
- 부 凵 위튼입구몸　반 吉 길할 길, 豊 풍성할 풍
- 凶家(흉가) 凶器(흉기) 凶聞(흉문) 凶作(흉작) 吉凶禍福(길흉화복)

0244 8급 **土** 흙 토
- 부 土 흙토　유 地 땅 지
- 領土(영토) 土房(토방) 土種(토종) 土地(토지) 土質(토질) 土着(토착)
  - 土種(토종): 본디 그 땅에서 나는 종자

0245 5급 **士** 선비 사:
- 부 士 선비사
- 博士(박사) 兵士(병사) 士氣(사:기) 士道(사:도) 士兵(사:병) 演士(연:사)

0246 7급 **夕** 저녁 석
- 부 夕 저녁석　반 朝 아침 조
- 夕陽(석양) 夕月(석월) 朝夕(조석) 秋夕(추석) 朝變夕改(조변석개)

0247 8급 **大** 큰 대(:)
- 부 大 큰대　유 巨 클 거　반 小 작을 소
- 大家(대:가) 大計(대:계) 大口(대구) 大氣(대:기) 大佛(대불)

0248 8급 **女** 계집 녀(여)
- 부 女 계집녀　반 男 사내 남
- 女傑(여걸) 女權(여권) 女服(여복) 女士(여사) 女性(여성) 女裝(여장)
  - 女裝(여장): 남성이 여성의 옷차림을 함
  - 상 女裝(여장) ↔ 男裝(남장)

0249 7급 **子** 아들 자
- 부 子 아들자　반 女 계집 녀
- 男子(남자) 養子(양:자) 女子(여자) 子宮(자궁) 子女(자녀) 子息(자식)
  - 養子(양:자): 입양으로 아들이 된 사람

0250 8급 **寸** 마디 촌:
- 부 寸 마디촌
- 寸劇(촌:극) 寸數(촌:수) 寸志(촌:지) 寸評(촌:평) 一寸光陰(일촌광음)
  - 一寸光陰(일촌광음): 매우 짧은 시간

0251 8급 **小** 작을 소:
- 부 小 작을소　반 大 큰 대, 巨 클 거
- 小家(소:가) 小局(소:국) 小賣(소:매) 小作(소:작) 小包(소:포)
  - 상 小賣(소매) ↔ 都賣(도매)

09일째 한자익히기 0252~0262

山 工 己 干 心 戸 手 支 文 斗 方

0252
8급
山
메 산

부 山 메산 반 海 바다 해, 川 내 천, 河 물 하

山林(산림) 山脈(산맥) 山賊(산적) 山積(산적) 他山之石(타산지석)

물건이나 일이 산더미같이 쌓임

0253
7급
工
장인 공

부 工 장인공

工期(공기) 工事(공사) 工業(공업) 工藝(공예) 工作(공작) 工場(공장)

0254
5급
己
몸 기

부 己 몸기 유 身 몸 신

己出(기출) 修己(수기) 利己(이:기) 自己(자기) 自己本位(자기본위)

참고 利己(이기) ↔ 利他(이타)

0255
4급
干
방패 간

부 干 방패간

干求(간구) 干滿(간만) 干潮(간조) 干證(간증) 干支(간지)

0256
7급
心
마음 심

부 心 마음심 유 情 뜻 정 반 身 몸 신

苦心(고심) 心讀(심독) 心慮(심려) 心身(심신) 一片丹心(일편단심)

마음으로 근심함

0257
4급Ⅱ
戸
집/지게 호:

부 戸 지게호

戸當(호:당) 戸房(호:방) 戸別(호:별) 戸數(호:수) 戸籍(호:적)

한집안의 호주를 중심으로 그 가족
들의 본적지·성명·생년월일 등
신분에 관한 것을 적은 공문서

0258
7급
手
손 수(:)

부 手 손수 반 足 발 족

手記(수기) 手段(수단) 手動(수동) 手法(수법) 手足(수족) 手話(수화)

주로 농아자끼리
손짓으로 하는 말

0259
4급Ⅱ
支
지탱할 지

부 支 지탱할지 반 收 거둘 수

支給(지급) 支待(지대) 支援(지원) 支柱(지주) 支持(지지) 支出(지출)

참고 支出(지출) ↔ 收入(수입)

0260
7급
文
글월 문

부 文 글월문 유 章 글월 장 반 武 호반 무

文句(문구) 文壇(문단) 文書(문서) 文章(문장) 文集(문집) 文體(문체)

시문을 한데 모아서 엮은 책

0261
4급Ⅱ
斗
말 두

부 斗 말두

斗穀(두곡) 斗落(두락) 斗量(두량) 斗護(두호) 北斗七星(북두칠성)

0262
7급
方
모 방

부 方 모방 반 圓 둥글 원

方席(방석) 方法(방법) 方言(방언) 方圓(방원) 方便(방편) 方向(방향)

0263 8급 日 날 일
동 日 날일 반 月 달 월
吉日(길일) 日常(일상) 日照(일조) 日誌(일지) 日就月將(일취월장)
햇볕이 내리쬠

0264 8급 月 달 월
동 月 달월 반 日 날 일
月刊(월간) 月給(월급) 月末(월말) 月食(월식) 月夜(월야) 風月(풍월)

0265 8급 木 나무 목
동 木 나무목 유 林 수풀 림, 樹 나무 수
木刻(목각) 木器(목기) 木佛(목불) 木材(목재) 緣木求魚(연목구어)

0266 5급 止 그칠 지
동 止 그칠지 유 停 머무를 정, 終 마칠 종
拒止(거:지) 禁止(금:지) 停止(정지) 止血(지혈) 明鏡止水(명경지수)
흘러나오는 피를 멎게 함

0267 5급 比 견줄 비:
동 比 견줄비 유 較 견줄 교(3급Ⅱ)
比年(비:년) 比等(비:등) 比例(비:례) 比熱(비:열) 比重(비:중)
물질 1g의 온도를 섭씨 1도 높이는 데 필요한 열량

0268 4급Ⅱ 毛 털 모
동 毛 터럭모 유 髮 터럭 발
毛根(모근) 毛髮(모발) 毛布(모포) 脫毛(탈모) 九牛一毛(구우일모)

0269 4급 氏 각시/성씨 씨
동 氏 각시씨 유 姓 성 성
姓氏(성:씨) 氏名(씨명) 氏族(씨족) 咸氏(함씨)
남을 높이어 그의 조카를 이르는 말

0270 8급 水 물 수
동 水 물수 반 火 불 화
水力(수력) 水面(수면) 水分(수분) 水壓(수압) 水質(수질) 水害(수해)
一魚濁水(일어탁수) 水魚之交(수어지교)

| 오 늘 의 사 자 성 어 |

吉凶禍福 길흉화복 길함과 흉함과 재앙과 행복, 곧 사람의 운수를 이르는 말
一魚濁水 일어탁수 한 사람의 악행으로 인하여 여러 사람이 피해를 본다는 뜻
一片丹心 일편단심 한 조각의 붉은 마음이라는 뜻. 즉 변치 않는 참된 마음을 뜻함
明鏡止水 명경지수 맑은 거울과 고요한 물이라는 뜻. 즉 맑고 고요한 심경을 이르는 말

I 다음 漢字語의 讀音을 쓰시오.

① 領土	② 休養	③ 大計	④ 手話
⑤ 心慮	⑥ 戶籍	⑦ 禁止	⑧ 子宮
⑨ 水害	⑩ 干證	⑪ 斗護	⑫ 木器
⑬ 女服	⑭ 方向	⑮ 自己	⑯ 文章
⑰ 風月	⑱ 寸志	⑲ 姓氏	⑳ 發揮
㉑ 凶家	㉒ 日誌	㉓ 夕陽	㉔ 毛髮
㉕ 工期	㉖ 士道	㉗ 支持	㉘ 小局
㉙ 比等	㉚ 山脈		

2 다음 漢字의 訓과 音을 쓰시오.

① 戶   ② 斗   ③ 氏   ④ 揮
⑤ 支   ⑥ 干   ⑦ 毛   ⑧ 止

3 다음의 訓과 音을 지닌 漢字를 쓰시오.

① 선비 사   ② 몸 기   ③ 흉할 흉   ④ 견줄 비

4 다음 밑줄 친 漢字語는 한글로, 한글은 漢字語로 바꾸시오.

① 올 벼농사는 흉작이야.
② 이번 일에서 너의 비중이 몹시 커.
③ 올 여름 休暇는 해수욕장으로 가면 좋을 것 같아.

5 다음 빈칸에 알맞은 漢字를 넣어 四字成語를 完成하시오.

① 一片丹( ) : 한 조각의 붉은 마음이라는 뜻으로 변치 않는 참된 마음을 뜻함
② 明鏡( )水 : 맑은 거울과 고요한 물이라는 뜻으로 맑고 고요한 심경을 이르는 말
③ 吉( )禍福 : 길함과 흉함과 재앙과 행복, 곧 사람의 운수를 이르는 말
④ 緣( )求魚 : 나무에 올라가 물고기를 구한다는 뜻. 즉 되지도 않는 일을 열심히
　　　　　　　하고 있을 때를 이르는 말

|
09

6 다음과 뜻이 反對 또는 相對되는 漢字를 ( )에 넣으시오.

① ( ) ↔ 身   ② 朝 ↔ ( )   ③ ( ) ↔ 武   ④ 吉 ↔ ( )   ⑤ ( ) ↔ 圓

7 다음 각 글자와 뜻이 같거나 비슷한 漢字를 ( )에 넣으시오.

① ( ) - 息   ② 巨 - ( )   ③ ( ) - 章   ④ ( ) - 髮   ⑤ 停 - ( )

8 다음 뜻에 알맞은 漢字語를 漢字로 쓰시오.

① 비례 (예를 들어 견주어 봄)

② 공사 (토목이나 건축 등에 관한 일)

③ 사기 (싸우려 하는 병사들의 씩씩한 기개)

9 다음 漢字의 部首를 쓰시오.

① 凶   ② 比   ③ 揮   ④ 戶

10 다음 漢字語의 뜻을 쓰시오.

① 凶聞   ② 支援   ③ 指揮   ④ 止血

11 다음 漢字語 중 첫 音節이 길게 發音되는 것을 3개 골라 그 번호를 쓰시오(순서 무관).

① 夕陽   ② 寸數   ③ 休學   ④ 小賣
⑤ 心讀   ⑥ 女權   ⑦ 凶作   ⑧ 大家

정답

1 ① 영토 ② 휴양 ③ 대계 ④ 수화 ⑤ 심려 ⑥ 호적 ⑦ 금지 ⑧ 자궁 ⑨ 수해 ⑩ 간증 ⑪ 두호 ⑫ 목기 ⑬ 여복 ⑭ 방향 ⑮ 자기 ⑯ 문장 ⑰ 풍월 ⑱ 촌지 ⑲ 성씨 ⑳ 발휘 ㉑ 흉가 ㉒ 일지 ㉓ 석양 ㉔ 모발 ㉕ 공기 ㉖ 사도 ㉗ 지지 ㉘ 소국 ㉙ 비등 ㉚ 산맥 **2** ① 집/지게 호 ② 말 두 ③ 각시/성씨 씨 ④ 휘두를 휘 ⑤ 지탱할 지 ⑥ 방패 간 ⑦ 털 모 ⑧ 그칠 지 **3** ① 士 ② 己 ③ 凶 ④ 比 **4** ① 凶作 ② 比重 ③ 휴가 **5** ① 心 ② 止 ③ 凶 ④ 木 **6** ① 心 ② 夕 ③ 文 ④ 凶 ⑤ 方 **7** ① 休 ② 大 ③ 文 ④ 毛 ⑤ 止 **8** ① 比例 ② 工事 ③ 士氣 **9** ① 凵 ② 比 ③ 扌(手) ④ 戶 **10** ① 흉문 : 좋지 못한 소식 ② 지원 : 뒷받침하거나 편들어서 도움 ③ 지휘 : 명령하여 사람들을 움직임 ④ 지혈 : 흘러나오는 피를 멎게 함 **11** ②, ④, ⑧

쓰기한자 · 읽기한자 점검하기

01 더할 가 　(　　)　　19 缺(　　)

02 큰/덕 덕 　(　　)　　20 密(　　)

03 흐를 류 　(　　)　　21 徒(　　)

04 순할 순 　(　　)　　22 髮(　　)

05 바랄 망 　(　　)　　23 罰(　　)

06 법 법 　(　　)　　24 鳴(　　)

07 옳을 가 　(　　)　　25 街(　　)

08 낳을 산 　(　　)　　26 痛(　　)

09 착할 선 　(　　)　　27 務(　　)

10 값 가 　(　　)　　28 難(　　)

11 배 선 　(　　)　　29 擊(　　)

12 공경 경 　(　　)　　30 論(　　)

13 잘 숙, 별자리 수 　(　　)　　31 經(　　)

14 맺을 약 　(　　)　　32 防(　　)

15 기를 양 　(　　)　　33 端(　　)

16 정할 정 　(　　)　　34 勸(　　)

17 맺을/마칠 결 　(　　)　　35 麗(　　)

18 필 발 　(　　)　　36 擔(　　)

1加　2德　3流　4順　5望　6法　7可　8産　9善　10價　11船　12敬　13宿　14約　15養　16定　17結　18發　19이지러질 결　20빽빽할 밀　21무리 도　22터럭 발　23벌할/죄벌　24울 명　25거리 가　26아플 통　27힘쓸 무　28어려울 난　29칠 격　30논할 론　31날/글 경　32막을 방　33끝/바를 단　34권할 권　35고울 려　36멜 담

37	잎 엽	( )	57	盜 ( )
38	섬길/벼슬 사	( )	58	官 ( )
39	볕/경치 경	( )	59	傑 ( )
40	본받을 효	( )	60	戶 ( )
41	쓸 비	( )	61	支 ( )
42	쌓을 저	( )	62	息 ( )
43	헤아릴 량	( )	63	憤 ( )
44	고할 고	( )	64	氏 ( )
45	바탕 질	( )	65	壓 ( )
46	고칠 개	( )	66	範 ( )
47	펼 전	( )	67	機 ( )
48	공평할/공변될 공	( )	68	演 ( )
49	마디 절	( )	69	鬪 ( )
50	상줄 상	( )	70	豊 ( )
51	근심 환	( )	71	據 ( )
52	부를 창	( )	72	揮 ( )
53	가장 최	( )	73	嚴 ( )
54	붓 필	( )	74	閉 ( )
55	해할 해	( )	75	講 ( )
56	벗 우	( )	76	慰 ( )

37 葉 38 仕 39 景 40 效 41 費 42 貯 43 量 44 告 45 質 46 改 47 展 48 公 49 節 50 賞 51 患 52 唱 53 最 54 筆 55 害 56 友 57 도둑 도 58 벼슬 관 59 뛰어날 걸 60 집/지게 호 61 지탱할 지 62 쉴 식 63 분할 분 64 각시/성씨 씨 65 누를/억누를 압 66 법 범 67 틀 기 68 펼 연 69 싸움 투 70 풍년/풍성할 풍 71 의거할 거 72 휘두를 휘 73 엄할 엄 74 닫을 폐 75 욀/익힐 강 76 위로할 위

2단계 쓰기한자 · 읽기한자 점검하기

77 클 위	( )	97 減 ( )
78 인할 인	( )	98 豫 ( )
79 흉할 흉	( )	99 築 ( )
80 지날 과	( )	100 討 ( )
81 그칠 지	( )	101 散 ( )
82 털 모	( )	102 危 ( )
83 견줄 비	( )	103 遺 ( )
84 가릴 선	( )	104 蓄 ( )
85 몸 기	( )	105 遊 ( )
86 선비 사	( )	106 鏡 ( )
87 뜻 정	( )	107 隱 ( )
88 은혜 은	( )	108 險 ( )
89 싸움 전	( )	109 探 ( )
90 변할 변	( )	110 優 ( )
91 막을 거	( )	111 請 ( )
92 높을 탁	( )	112 修 ( )
93 재물 재	( )	113 納 ( )
94 사사로울 사	( )	114 靜 ( )
95 엎드릴 복	( )	115 縮 ( )
96 자리 석	( )	116 傷 ( )

77 偉 78 因 79 凶 80 過 81 止 82 毛 83 比 84 選 85 己 86 士 87 情 88 恩 89 戰 90 變 91 拒 92 卓 93 財 94 私 95 伏 96 席 97 덜 감 98 미리 예 99 쌓을 축 100 칠 토 101 흩을 산 102 위태할 위 103 남길 유 104 모을 축 105 놀 유 106 거울 경 107 숨을 은 108 험할 험 109 찾을 탐 110 넉넉할 우 111 청할 청 112 닦을 수 113 들일 납 114 고요할 정 115 줄일 축 116 다칠 상

117 살 활   (   )   137 空 (   )

118 비로소 시   (   )   138 負 (   )

119 빛 광   (   )   139 業 (   )

120 몸 체   (   )   140 步 (   )

121 번개 전   (   )   141 居 (   )

122 강할 강   (   )   142 感 (   )

123 길/말할 도   (   )   143 干 (   )

124 잃을 실   (   )   144 量 (   )

125 약할 약   (   )   145 樹 (   )

126 살 주   (   )   146 祕 (   )

127 기록할 기   (   )   147 通 (   )

128 한가지 동   (   )   148 攻 (   )

129 짧을 단   (   )   149 開 (   )

130 사귈 교   (   )   150 衆 (   )

131 사라질 소   (   )   151 德 (   )

132 나눌 분   (   )   152 斗 (   )

133 많을 다   (   )   153 禮 (   )

134 노래 가   (   )   154 聞 (   )

135 새 신   (   )   155 造 (   )

136 지을 작   (   )   156 益 (   )

---

117 活   118 始   119 光   120 體   121 電   122 强   123 道   124 失   125 弱   126 住   127 記   128 同
129 短   130 交   131 消   132 分   133 多   134 歌   135 新   136 作   137 빌 공   138 질 부   139 업 업
140 걸음 보   141 살 거   142 느낄 감   143 방패 간   144 헤아릴 량   145 나무 수   146 숨길 비   147
통할 통   148 칠 공   149 열 개   150 무리 중   151 큰/덕 덕   152 말 두   153 예도 례   154 들을 문
155 지을 조   156 더할 익

한자퍼즐

01	02 樹	03	04		05
	06			07	期
08					
09 害	10	11			12
13				14 休	
鏡	15 交	以	16		
			17 賞	18	
19 20	21 22		23 拒		
24	25 識				

:: 가로퍼즐

01 (거리의 미관과 주민의 보건을 위하여) 큰 길의 양 쪽가에 줄지어 심은 나무. ○○樹

03 아홉 마리의 소 가운데 박힌 하나의 털이란 뜻으 로 썩 많은 가운데 섞인 아주 적은 것을 비유하여 이름

06 건축이나 가구 제조에 쓰이는 나무로 된 재료

07 짧은 기간. ○期

09 해롭기만 하고 조금도 이로울 것이 없음. ○害○○

11 품은 마음이 사흘을 못 간다는 뜻으로 결심이 굳 지 못할 때를 빗대어 이름

14 계속되는 강의를 한때 쉼. 休○

15 세속오계의 하나로 벗은 믿음으로써 사귀어야 한 다는 계율. 交○以○

16 혈연관계가 아닌 일반인 사이에 양친과 양자로서 의 법적인 친자관계를 맺는 일

17 상장이나 상품 또는 상금을 줌. ○賞

19 홍수로 말미암은 재해

21 가장 좋거나 훌륭함. ○○을 다하다

23 항거하여 막음. 拒○

24 도리에 어긋나는 나쁜 마음

25 스스로 그런 줄 알면서 일부로 하는 것. ○識○행동

:: 세로퍼즐

01 거리. 시가지의 길거리. 街○

02 살아있는 나무. 樹○

04 한 조각의 붉은 마음이라는 뜻으로 변치 않는 참 된 마음을 이름

05 세금이나 공과금 따위를 바치는 시기나 기한. ○期

07 짧은 시간을 이름. 이와 반대되는 말은 장시일이 라 함

08 남에게 손해나 상처를 입힌 사람. ○害○

10 사귀어 유익한 세 가지 유형의 벗

11 악곡을 지음. 作○

12 하던 강의나 강좌 따위를 없앰

13 맑은 거울과 고요한 물이라는 뜻으로 맑고 고요한 심경을 이름. ○鏡○○

14 편히 쉬면서 몸과 마음을 건강하게 함. 休○

15 탈 것을 이용하여 사람이나 짐이 한곳에서 다른 곳으로 오가는 일. 交○

16 상을 타게 되는 등수에 듦

18 말리어서 못하게 함. 出入○○

20 해가 되는 나쁜 영향

22 좋은 뜻. ○○의 경쟁

23 남의 제의나 요구 따위를 받아들이지 아니하고 물리침. 拒○

083

정답

01街	路	02樹		03九	牛	04一	毛		05納
頭		06木	材			片		07短	期
	08加					丹		時	
09百	害	無	10益		11作	心	三	日	
	者		者		曲				12閉
13明			三					14休	講
鏡		15交	友	以	信		16入	養	
止		通			17施	賞		18禁
19水	20害		21最	22善				23拒	止
	24惡	德		25意	識	的		絕	

084

합격을 좌우하는
우선순위 한자 270

길고 짧음은 생각에 달려 있고,
넓고 좁음은 마음에 달려 있다.
그러므로 마음이 한가한 사람은 하루가 천고보다 멀고,
뜻이 넓은 사람은 단칸방이 하늘과 땅 사이만큼 넓다.

延促 由於一念 寬窄 係之寸心 姑 機開者 一日 於千古 意廣者 斗室 寬若兩間

– 채근담 중에서 –

본 편에 수록된 한자는 270자로서 학습일은 9일입니다.

3단계에 수록된 한자는 지난 30회까지의 한자능력검정시험에서 5~7회 출제된 한자로서 시험에 합격하기 위해서는 반드시 익혀 두셔야 합니다.

학습순서

1. 미리 확인하기를 통해 우선 본인이 음과 훈, 부수, 약자 등을 알고 있는 한자를 먼저 체크해 봅니다.

2. 본인이 모르고 있거나 확실치 않은 한자를 중심으로 본문 순서에 따라 학습을 합니다.
   이 때 단순히 한자의 음과 훈만을 위주로 기억하지 말고, 부수 · 유의자 · 반의자 · 약자 등을 모두 익혀두셔야 합니다.

3. 모두 암기가 되었다면, 오늘의 단어와 관련이 있는 사자성어를 익혀 둡니다.

4. 본문 학습이 끝난 후에는 한자 검검하기를 통해 본인의 학습정도를 체크해 봅니다. 한자 점검하기의 문제는 실제 출제되는 문제의 유형에 따라 그날 분의 한자로 구성한 것입니다.

5. 9일분의 학습 분량이 끝나면 각 단원의 쓰기한자, 읽기한자 연습이 있습니다. 쓰기한자와 읽기한자 연습을 통해 다시 한번 앞에서 공부한 내용을 확인해 둡니다. 쓰기한자는 5급 위주의 문제이고, 읽기한자는 4급과 4급 II 위주의 문제입니다(그러나 반드시 일치하지는 않습니다).

6. 3단계의 학습이 모두 끝났습니다. 다음은 본문의 단어와 관련하여 가로세로 퍼즐을 풀어봅시다.

미리 확인하기　　　　　　　　　o x　　　　　　　　　o x

覺	覺	覺	覺	覺	覺	□ □	計	計	計	計	計	計	□ □
刻	刻	刻	刻	刻	刻	□ □	繼	繼	繼	繼	繼	繼	□ □
簡	簡	簡	簡	簡	簡	□ □	古	古	古	古	古	古	□ □
敢	敢	敢	敢	敢	敢	□ □	故	故	故	故	故	故	□ □
監	監	監	監	監	監	□ □	穀	穀	穀	穀	穀	穀	□ □
康	康	康	康	康	康	□ □	管	管	管	管	管	管	□ □
客	客	客	客	客	客	□ □	廣	廣	廣	廣	廣	廣	□ □
去	去	去	去	去	去	□ □	教	教	教	教	教	教	□ □
健	健	健	健	健	健	□ □	校	校	校	校	校	校	□ □
激	激	激	激	激	激	□ □	構	構	構	構	構	構	□ □
堅	堅	堅	堅	堅	堅	□ □	救	救	救	救	救	救	□ □
決	決	決	決	決	決	□ □	群	群	群	群	群	群	□ □
潔	潔	潔	潔	潔	潔	□ □	券	券	券	券	券	券	□ □
傾	傾	傾	傾	傾	傾	□ □	貴	貴	貴	貴	貴	貴	□ □
鷄	鷄	鷄	鷄	鷄	鷄	□ □	規	規	規	規	規	規	□ □

3단계

百年大計 □ □ □ □　　群鷄一鶴 □ □ □ □

傾國之色 □ □ □ □　　群雄割據 □ □ □ □

0271 4급 **覺** 깨달을 각
- ㉕見 볼견 ㉚覚
- 覺得(각득) 覺書(각서) 感覺(감:각) 視覺(시:각) 自覺(자각) 知覺(지각)

0272 4급 **刻** 새길 각
- ㉕刂(刀) 선칼도방
- 刻苦(각고) 刻印(각인) 陰刻(음각) 寸刻(촌:각) 刻舟求劍(각주구검)

0273 4급 **簡** 대쪽/간략할/편지 간(:)
- ㉕竹 대죽 ㉂略 간략할 략
- 簡素(간소) 簡易(간:이) 簡紙(간:지) 簡擇(간:택) 簡便(간편)
  - 간단하고 쉬움

0274 4급 **敢** 감히/구태여 감:
- ㉕攵(攴) 등글월문
- 敢戰(감:전) 敢行(감:행) 果敢(과:감) 勇敢(용:감) 敢不生心(감불생심)
  - 감히 엄두를 내지 못함

0275 4급Ⅱ **監** 볼 감
- ㉕皿 그릇명 ㉂視 볼 시 ㉚监
- 監禁(감금) 監督(감독) 監房(감방) 監事(감사) 監視(감시) 收監(수감)

0276 4급Ⅱ **康** 편안/튼튼할 강
- ㉕广 엄호 ㉂健 굳셀 건, 安 편안 안
- 康健(강건) 康樂(강락) 康福(강복) 萬康(만:강) 小康(소:강) 安康(안강)
  - 병세가 조금 좋아지는 일

0277 5급 **客** 손 객
- ㉕宀 갓머리 ㉝主 주인 주
- 客觀(객관) 客席(객석) 客員(객원) 客地(객지) 旅客(여객) 主客(주객)
- 客觀(객관) ↔ 主觀(주관)

0278 5급 **去** 갈 거:
- ㉕厶 마늘모 ㉂往 갈 왕, 過 지날 과, 退 물러날 퇴 ㉝來 올 래
- 去來(거:래) 去處(거:처) 過去(과:거) 除去(제거) 退去(퇴:거)

0279 5급 **健** 굳셀 건:
- ㉕亻(人) 사람인변 ㉂康 편안할 강
- 健康(건:강) 健勝(건:승) 健兒(건:아) 健在(건:재) 保健(보:건)

0280 4급 **激** 격할 격
- ㉕氵(水) 삼수변
- 激烈(격렬) 激論(격론) 激情(격정) 激鬪(격투) 激波(격파) 過激(과:격)
  - 격렬히 논쟁함

0281 4급 **堅** 굳을 견
- ㉕土 흙토 ㉂固 굳을 고 ㉚坚
- 堅甲(견갑) 堅固(견고) 堅果(견과) 堅守(견수) 堅實(견실) 堅持(견지)

10일째 한자익히기 0282~0292

決 潔 傾 鷄 計 繼 古 故 穀 管 廣

0282 5급 **決** 결단할 **결**

(부) 氵(水) 삼수변

可決(가:결) 決斷(결단) 決算(결산) 決鬪(결투) 判決(판결) 解決(해:결)

(참고) 可決(가결) ↔ 否決(부결)

0283 4급Ⅱ **潔** 깨끗할 **결**

(부) 氵(水) 삼수변 (유) 純 순수할 순, 淸 맑을 청

潔白(결백) 高潔(고결) 不潔(불결) 純潔(순결) 淨潔(정결) 淸潔(청결)

0284 4급 **傾** 기울 **경**

(부) 亻(人) 사람인변 (유) 斜 비낄 사(3급Ⅱ)

傾角(경각) 傾度(경도) 傾聽(경청) 傾向(경향) 傾國之色(경국지색)

일정한 기준 방향에서 다른 방향으로의 기울기를 나타내는 각도

0285 4급 **鷄** 닭 **계**

(부) 鳥 새조

鷄林(계림) 鷄鳴(계명) 鷄卵有骨(계란유골) 群鷄一鶴(군계일학)

0286 6급 **計** 셀 **계:**

(부) 言 말씀언 (유) 算 셈 산

計略(계:략) 計算(계:산) 設計(설계) 會計(회:계) 百年大計(백년대계)

0287 4급 **繼** 이을 **계:**

(부) 糸 실사 (유) 承 이을 승, 續 이을 속, 連 이을 련 (반) 斷 끊을 단 (약) 継

繼起(계:기) 繼續(계:속) 繼承(계:승) 繼走(계:주) 繼統(계:통)

〈이어 달리기〉의 준말

0288 6급 **古** 예 **고:**

(부) 口 입구 (유) 舊 예 구 (반) 新 새 신, 今 이제 금

古宮(고:궁) 古典(고:전) 古語(고:어) 復古(복고) 考古學(고고학)

0289 4급Ⅱ **故** 연고 **고(:)**

(부) 攵(攴) 등글월문

故意(고:의) 故鄕(고향) 緣故(연고) 有故(유:고) 溫故知新(온고지신)

탈이나 사고가 있음

(참고) 故意(고의) ↔ 過失(과실)

0290 4급 **穀** 곡식 **곡**

(부) 禾 벼화

穀物(곡물) 穀食(곡식) 糧穀(양곡) 五穀(오:곡) 雜穀(잡곡) 脫穀(탈곡)

0291 4급 **管** 대롱/주관할/ 피리 **관**

(부) 竹 대죽

管理(관리) 管制(관제) 汽管(기관) 保管(보:관) 氣管支(기관지)

관할하여 통제함

0292 5급 **廣** 넓을 **광:**

(부) 广 엄호 (약) 広

廣告(광:고) 廣野(광:야) 廣場(광:장) 廣範圍(광범위) 廣域市(광역시)

0293 8급
教 가르칠 교
⊕ 攵(攴) 등글월문 ㊀ 訓 가르칠 훈 ㊀ 學 배울 학
教養(교:양) 教室(교:실) 教育(교:육) 教材(교:재) 說教(설교) 宗教(종교)
여러 말로 타일러 가르침

0294 8급
校 학교 교
⊕ 木 나무목
校歌(교:가) 校監(교:감) 校庭(교:정) 校則(교:칙) 校訓(교:훈)

0295 4급
構 얽을 구
⊕ 木 나무목
構圖(구도) 構想(구상) 構造(구조) 構築(구축) 機構(기구) 虛構(허구)
큰 구조물이나 진지 등을 쌓아 올려 만듦

0296 5급
救 구원할 구
⊕ 攵(攴) 등글월문 ㊀ 濟 구제할 제
救命(구:명) 救援(구:원) 救濟(구:제) 救助(구:조) 救護(구:호)

0297 4급
群 무리 군
⊕ 羊 양양 ㊀ 黨 무리 당, 衆 무리 중, 徒 무리 도
群落(군락) 群舞(군무) 群臣(군신) 群衆(군중) 群集(군집)
群鷄一鶴(군계일학) 群雄割據(군웅할거)

0298 4급
券 문서 권
⊕ 刀 칼도 ㊀ 狀 문서 장
發券(발권) 食券(식권) 旅券(여권) 證券(증권) 入場券(입장권)

0299 5급
貴 귀할 귀:
⊕ 貝 조개패 ㊀ 賤 천할 천(3급Ⅱ)
貴骨(귀:골) 貴族(귀:족) 貴品(귀:품) 貴下(귀:하) 富貴榮華(부귀영화)
재산이 많고 지위가 높으며 영화로움
🔵상대 貴骨(귀골) ↔ 賤骨(천골)

0300 5급
規 법 규
⊕ 見 볼견 ㊀ 律 법칙 률, 法 법 법, 則 법칙 칙
規格(규격) 規範(규범) 規約(규약) 規律(규율) 規定(규정) 規制(규제)

| 오늘의사자성어 |

百年大計 백년대계 먼 장래를 내다보고 세우는 계획

群鷄一鶴 군계일학 [닭의 무리 속에 있는 한 마리의 학이라는 뜻으로] 평범한 여러 사람 가운데의 뛰어난 한 사람을 비유하여 이르는 말

傾國之色 경국지색 임금이 혹하여 국정을 게을리하여 나라를 위태롭게 할 정도의] 썩 뛰어난 미녀

群雄割據 군웅할거 많은 영웅들이 각지에 자리 잡고 세력을 떨치며 서로 맞서는 일

10

I 다음 漢字語의 讀音을 쓰시오.

① 群集	② 潔白	③ 果敢	④ 解決
⑤ 虛構	⑥ 校庭	⑦ 傾向	⑧ 簡素
⑨ 堅實	⑩ 保管	⑪ 監禁	⑫ 鷄鳴
⑬ 刻苦	⑭ 健勝	⑮ 規約	⑯ 計略
⑰ 證券	⑱ 除去	⑲ 繼續	⑳ 激鬪
㉑ 宗敎	㉒ 復古	㉓ 客觀	㉔ 雜穀
㉕ 廣告	㉖ 視覺	㉗ 救援	㉘ 故意
㉙ 康樂	㉚ 貴族		

2 다음 漢字의 訓과 음을 쓰시오.

① 群	② 穀	③ 傾	④ 覺
⑤ 鷄	⑥ 堅	⑦ 繼	⑧ 激

3 다음의 訓과 음을 지닌 漢字를 쓰시오.

① 구원할 구	② 귀할 귀	③ 굳셀 건	④ 넓을 광
⑤ 법 규	⑥ 갈 거	⑦ 셀 계	⑧ 손 객

4 다음 밑줄 친 漢字語는 한글로, 한글은 漢字語로 바꾸시오.

① 해외여행을 가기 위해 旅券을 신청했다.

② 雜穀밥이 몸에 좋다더라.

③ 3시에 서울역 광장에서 모이자.

④ 그는 유명한 영화監督이야.

5 다음 빈칸에 알맞은 漢字를 넣어 四字成語를 完成하시오.

① 百年大( ) : 먼 장래를 내다보고 세우는 계획

②( )舟求劍 : 어리석고 미련하여 융통성이 없음을 이름

③ 富( )榮華 : 재산이 많고 지위가 높으며 영화로움

3
단
계

091

|
10

6 다음과 뜻이 反對 또는 相對되는 漢字를 ( )에 넣으시오.

① 學 ↔ ( )　　　　② 主 ↔ ( )　　　③ ( ) ↔ 來　　　④ ( ) ↔ 新

7 다음 각 글자와 뜻이 같거나 비슷한 漢字를 ( )에 넣으시오.

① ( )算　　　　　② ( )康　　　　③ ( )濟　　　　④ ( )訓

8 다음 漢字語의 同音異義語를 쓰되 제시된 뜻에 맞게 쓰시오.

① 建材 – ( )：아무 탈 없이 잘 있음
② 科擧 – ( )：지나간 때. 지난날

9 다음 漢字의 部首를 쓰시오.

① 故　　　② 群　　　③ 規　　　④ 鷄　　　⑤ 穀

IO 다음 漢字를 略字로 바꾸어 쓰시오.

① 堅　　　② 廣　　　③ 覺　　　④ 繼　　　⑤ 監

II 다음 漢字語의 뜻을 쓰시오.

① 故意　　　　② 簡易　　　　③ 保管　　　　④ 堅固

I2 다음 漢字語 중 첫 音節이 길게 發音되는 것을 3개 골라 그 번호를 쓰시오(순서 무관).

① 簡紙　　　　② 故鄕　　　　③ 健勝　　　　④ 簡便
⑤ 潔白　　　　⑥ 繼承　　　　⑦ 監視　　　　⑧ 刻苦

정답

1 ① 군집 ② 결백 ③ 과감 ④ 해결 ⑤ 허구 ⑥ 교정 ⑦ 경향 ⑧ 간소 ⑨ 견실 ⑩ 보관 ⑪ 감금 ⑫ 계명 ⑬ 각고 ⑭ 건승 ⑮ 규약 ⑯ 계략 ⑰ 증권 ⑱ 제거 ⑲ 계속 ⑳ 격투 ㉑ 종교 ㉒ 복고 ㉓ 객관 ㉔ 잡곡 ㉕ 광고 ㉖ 시각 ㉗ 구원 ㉘ 고의 ㉙ 강락 ㉚ 귀족 **2** ① 무리 군 ② 곡식 곡 ③ 기울 경 ④ 깨달을 각 ⑤ 닭 계 ⑥ 굳을 견 ⑦ 이을 계 ⑧ 격할 격 **3** ① 救 ② 貴 ③ 健 ④ 廣 ⑤ 規 ⑥ 去 ⑦ 計 ⑧ 客 **4** ① 여권 ② 잡곡 ③ 廣場 ④ 감독 **5** ① 計 ② 刻 ③ 貴 **6** ① 敎 ② 客 ③ 去 ④ 古 **7** ① 計 ② 健 ③ 救 ④ 敎 **8** ① 健在 ② 過去 **9** ① 攵(攴) ② 羊 ③ 見 ④ 鳥 ⑤ 禾 **10** ① 坚 ② 広 ③ 覚 ④ 継 ⑤ 监 **11** ① 고의 : 일부러 하는 생각이나 태도 ② 간이 : 간단하고 쓰기 쉬움 ③ 보관 : 맡아서 관리함 ④ 견고 : 굳고 튼튼함 **12** ①, ③, ⑥

미리 확인하기   ○ X   ○ X

3단계

劇	劇 劇 劇 劇 劇	□ □	帶	帶 帶 帶 帶 帶	□ □
極	極 極 極 極 極	□ □	逃	逃 逃 逃 逃 逃	□ □
禁	禁 禁 禁 禁 禁	□ □	島	島 島 島 島 島	□ □
今	今 今 今 今 今	□ □	圖	圖 圖 圖 圖 圖	□ □
氣	氣 氣 氣 氣 氣	□ □	度	度 度 度 度 度	□ □
期	期 期 期 期 期	□ □	到	到 到 到 到 到	□ □
吉	吉 吉 吉 吉 吉	□ □	都	都 都 都 都 都	□ □
暖	暖 暖 暖 暖 暖	□ □	獨	獨 獨 獨 獨 獨	□ □
念	念 念 念 念 念	□ □	頭	頭 頭 頭 頭 頭	□ □
農	農 農 農 農 農	□ □	冷	冷 冷 冷 冷 冷	□ □
團	團 團 團 團 團	□ □	良	良 良 良 良 良	□ □
斷	斷 斷 斷 斷 斷	□ □	糧	糧 糧 糧 糧 糧	□ □
達	達 達 達 達 達	□ □	慮	慮 慮 慮 慮 慮	□ □
當	當 當 當 當 當	□ □	留	留 留 留 留 留	□ □
代	代 代 代 代 代	□ □	類	類 類 類 類 類	□ □

今時初聞 □ □ □ □   類萬不同 □ □ □ □

斷金之交 □ □ □ □   稀代未聞 □ □ □ □

0301 4급
劇
심할 극
⊕ 刂(刀) 선칼도방　⊛ 甚 심할 심(3급Ⅱ)
劇團(극단)　劇本(극본)　劇場(극장)　悲劇(비:극)　史劇(사:극)

0302 4급Ⅱ
極
극진할/
다할 극
⊕ 木 나무목　⊛ 端 끝 단, 至 이를 지, 盡 다할 진
極端(극단)　極度(극도)　極貧(극빈)　極盡(극진)　極讚(극찬)　極致(극치)
더할 수 없이 극심한 정도

0303 4급Ⅱ
禁
금할 금:
⊕ 示 보일시
禁斷(금:단)　禁書(금:서)　禁煙(금:연)　禁酒(금:주)　禁止(금:지)

0304 6급
今
이제 금
⊕ 人 사람인　⊛ 昨 어제 작, 古 예 고
古今(고:금)　今年(금년)　今週(금주)　昨今(작금)　今時初聞(금시초문)

0305 7급
氣
기운 기
⊕ 气 기운기엄　⊛ 気
氣力(기력)　氣流(기류)　氣勢(기세)　氣壓(기압)　氣溫(기온)　氣質(기질)
대기 중에서 일어나는 공기의 흐름

0306 5급
期
기약할 기
⊕ 月 달월
期間(기간)　期待(기대)　期末(기말)　期約(기약)　期限(기한)　延期(연기)
정해 놓은 기한을 물림

0307 5급
吉
길할 길
⊕ 口 입구　⊛ 凶 흉할 흉
吉運(길운)　吉日(길일)　吉鳥(길조)　吉凶(길흉)　不吉(불길)

0308 4급Ⅱ
暖
따뜻할 난:
⊕ 日 날일　⊛ 溫 따뜻할 온　⊛ 冷 찰 랭, 寒 찰 한
暖帶(난:대)　暖冬(난:동)　暖流(난:류)　暖房(난:방)　溫暖(온난)
(상) 暖房(난방) ↔ 冷房(냉방)

0309 5급
念
생각 념(염):
⊕ 心 마음심　⊛ 思 생각 사, 慮 생각할 려, 想 생각 상
觀念(관념)　思念(사념)　想念(상:념)　信念(신:념)　念力(염:력)
신념이 가져다 주는 힘

0310 7급
農
농사 농
⊕ 辰 별신
農民(농민)　農夫(농부)　農事(농사)　農樂(농악)　農藥(농약)　農場(농장)

0311 5급
團
둥글 단
⊕ 囗 큰입구몸　⊛ 圓 둥글 원　⊛ 団
團結(단결)　團束(단속)　團體(단체)　團合(단합)　樂團(악단)　集團(집단)

11일째 한자익히기 0312~0322

斷達當代帶逃島圖度到都

0312 4급II
斷
끊을 단:

뿌 斤 날근　윤 絕 끊을 절　반 續 이을 속　약 断

斷決(단:결)　斷念(단:념)　斷食(단:식)　斷熱(단:열)　斷金之交(단금지교)

0313 4급II
達
통달할 달

뿌 辶(辵) 책받침　윤 通 통할 통

達觀(달관)　達成(달성)　達人(달인)　到達(도:달)　發達(발달)　通達(통달)

0314 5급
當
마땅 당

뿌 田 밭전　윤 宜 마땅할 의(3급)　약 当

當面(당면)　當選(당선)　當時(당시)　當然(당연)　當爲(당위)　當場(당장)
　　　　　　　　　　　　　　　　　　　　반드시 해야 할 일이라고 요구되는 것

0315 6급
代
대신 대:

뿌 亻(人) 사람인변

代價(대:가)　代理(대:리)　代案(대:안)　代用(대:용)　稀代未聞(희대미문)
물건을 값으로 치르는 돈

0316 4급II
帶
띠 대(:)

뿌 巾 수건건

暖帶(난:대)　帶同(대:동)　帶率(대솔)　連帶(연대)　熱帶(열대)　革帶(혁대)

0317 4급
逃
도망할 도

뿌 辶(辵) 책받침　윤 亡 망할 망, 避 피할 피

逃去(도거)　逃亡(도망)　逃散(도산)　逃走(도주)　逃避(도피)
　　　　　　　　　뿔뿔이 달아나서 흩어짐

0318 5급
島
섬 도

뿌 山 메산

孤島(고도)　群島(군도)　島民(도민)　半島(반:도)　無人島(무인도)

0319 6급
圖
그림 도

뿌 囗 큰입구몸　윤 畫 그림 화　약 図

圖面(도면)　圖書(도서)　圖案(도안)　圖表(도표)　圖形(도형)　圖畫(도화)
　　　　　　　　　　　　　　　　　　　　　　　　　도면과 그림. 그림 그리기

0320 6급
度
법도 도(:)
헤아릴 탁

뿌 广 엄호

高度(고도)　度量(도:량)　度數(도:수)　密度(밀도)　來年度(내년도)
度地(탁지)　度支部(탁지부)

0321 5급
到
이를 도:

뿌 刂(刀) 선칼도방　윤 達 통달할 달, 着 붙을 착

到達(도:달)　到來(도:래)　到着(도:착)　到處(도:처)　殺到(쇄:도)

참고 到着(도착) ↔ 出發(출발)

0322 5급
都
도읍 도

뿌 阝(邑) 우부방

都監(도감)　都給(도급)　都市(도시)　都邑(도읍)　都合(도합)　都會(도회)

3단계

0323 5급 **獨** 홀로 독
⊕ 犭(犬) 개사슴록변 ⑪ 孤 외로울 고 ⑭ 独
獨立(독립) 獨白(독백) 獨步(독보) 獨食(독식) 獨身(독신) 獨占(독점)
(어떤 분야에서) 남이 따를 수 없도록 앞서 감

0324 6급 **頭** 머리 두
⊕ 頁 머리혈 ⑪ 首 머리 수 ⑫ 尾 꼬리 미(3급Ⅱ)
頭角(두각) 頭目(두목) 頭髮(두발) 頭書(두서) 頭痛(두통) 序頭(서:두)

0325 5급 **冷** 찰 랭(냉):
⊕ 冫 이수변 ⑪ 寒 찰 한 ⑫ 暖 따뜻할 난, 溫 따뜻할 온
冷待(냉:대) 冷笑(냉:소) 冷戰(냉:전) 冷情(냉:정) 冷血(냉:혈)
⑫ 冷戰(냉전) ↔ 熱戰(열전)

0326 5급 **良** 어질 량(양)
⊕ 艮 괘이름간 ⑪ 賢 어질 현, 仁 어질 인
善良(선:량) 良家(양가) 良穀(양곡) 良心(양심) 良人(양인) 良好(양호)
지체가 있는 집안, 또는 교양이 있고
생활이 중류 이상인 집안

0327 4급 **糧** 양식 량(양)
⊕ 米 쌀미
繼糧(계:량) 糧穀(양곡) 糧食(양식) 運糧(운:량) 軍糧米(군량미)

0328 4급 **慮** 생각할 려(여)
⊕ 心 마음심 ⑪ 考 헤아릴 고, 思 생각 사, 想 생각 상, 念 생각할 념
無慮(무려) 思慮(사려) 心慮(심려) 念慮(염:려) 千慮一得(천려일득)

0329 4급Ⅱ **留** 머무를 류(유)
⊕ 田 밭전 ⑪ 停 머무를 정
留念(유념) 留意(유의) 留置(유치) 留學(유학) 停留場(정류장)
(남의 물건을) 맡아 둠

0330 5급 **類** 무리 류(유):
⊕ 頁 머리혈 ⑪ 群 무리 군, 衆 무리 중
類例(유:례) 類推(유:추) 類型(유:형) 類概念(유개념) 類義語(유의어)
類萬不同(유만부동) 類類相從(유유상종)

| 오 늘 의 사 자 성 어 |

今時初聞 금시초문 이제야 비로소 처음 들음
類萬不同 유만부동 많은 것이 서로 같지 않고 다름
斷金之交 단금지교 매우 친밀한 우정이나 교제
稀代未聞 희대미문 매우 드물어 좀처럼 듣지 못하는 일

11

I 다음 漢字語의 讀音을 쓰시오.

① 通達	② 圖案	③ 密度	④ 吉運
⑤ 史劇	⑥ 到處	⑦ 極貧	⑧ 當選
⑨ 暖流	⑩ 都監	⑪ 今週	⑫ 留念
⑬ 信念	⑭ 類例	⑮ 代理	⑯ 思念
⑰ 農藥	⑱ 禁煙	⑲ 革帶	⑳ 糧穀
㉑ 善良	㉒ 逃走	㉓ 氣力	㉔ 冷笑
㉕ 團束	㉖ 期限	㉗ 頭痛	㉘ 群島
㉙ 斷決	㉚ 獨占		

2 다음 漢字의 訓과 음을 쓰시오.

① 慮	② 糧	③ 逃	④ 劇
⑤ 禁	⑥ 斷	⑦ 極	⑧ 留

3 다음의 訓과 음을 지닌 漢字를 쓰시오.

① 무리 류	② 도읍 도	③ 생각 념	④ 홀로 독
⑤ 기약할 기	⑥ 둥글 단	⑦ 섬 도	⑧ 마땅 당

4 다음 밑줄 친 漢字語는 한글로, 한글은 漢字語로 바꾸시오.

① 담배를 끊으니 禁斷현상이 나타났어.

② 그는 몹시 냉정하게 거절했다.

③ 그는 미국에서 2년째 留學중이다.

④ 기대가 크면 실망이 큰 법이다.

5 다음 빈칸에 알맞은 漢字를 넣어 四字成語를 完成하시오.

① ( )時初聞 : 이제야 비로소 처음 들음

② ( )萬不同 : 많은 것이 서로 같지 않고 다름

③ 稀( )未聞 : 매우 드물어 좀처럼 듣지 못하는 일

|
11

6 다음 漢字와 뜻이 反對 또는 相對되는 漢字, 漢字語를 ( )에 넣으시오.

① ( ) ↔ 凶   ② 昨 ↔ ( )   ③ 出發 ↔ ( )   ④ 熱戰 ↔ ( )

7 다음 각 글자와 뜻이 같거나 비슷한 漢字를 ( )에 넣으시오.

① 想( )   ② 孤( )   ③ ( )畫   ④ ( )達

8 다음 漢字의 部首를 쓰시오.

① 慮   ② 留   ③ 帶   ④ 禁   ⑤ 吉

9 다음 漢字를 略字로 바꾸어 쓰시오.

① 團   ② 獨   ③ 氣   ④ 斷   ⑤ 當   ⑥ 圖

IO 다음 낱말 뜻에 알맞은 漢字語를 例에서 골라 그 번호를 쓰시오.

┌─────────── 例 ───────────┐
| ㄱ. 禁酒   ㄴ. 斷熱   ㄷ. 留念   ㄹ. 當選 |
└──────────────────────────┘

① 마음에 새기고 생각함

② 술을 끊음

II 다음 例示한 漢字語 중에서 앞 글자가 長音으로 發音되는 것을 골라 그 번호를 쓰시오.

① ㄱ. 留念   ㄴ. 極致   ㄷ. 團結   ㄹ. 帶同
② ㄱ. 良心   ㄴ. 達成   ㄷ. 斷食   ㄹ. 糧食

정답

1 ① 통달 ② 도안 ③ 밀도 ④ 길운 ⑤ 사극 ⑥ 도처 ⑦ 극빈 ⑧ 당선 ⑨ 난류 ⑩ 도감 ⑪ 금주 ⑫ 유념 ⑬ 신념 ⑭ 유례 ⑮ 대리 ⑯ 사념 ⑰ 농약 ⑱ 금연 ⑲ 혁대 ⑳ 양곡 ㉑ 선량 ㉒ 도주 ㉓ 기력 ㉔ 냉소 ㉕ 단속 ㉖ 기한 ㉗ 두통 ㉘ 군도 ㉙ 단결 ㉚ 독점 **2** ① 생각할 려 ② 양식 량 ③ 도망할 도 ④ 심할 극 ⑤ 금할 금 ⑥ 끊을 단 ⑦ 극진할/다할 극 ⑧ 머무를 류 **3** ① 類 ② 都 ③ 念 ④ 獨 ⑤ 期 ⑥ 團 ⑦ 島 ⑧ 當 **4** ① 금단 ② 冷情 ③ 유학 ④ 期待 **5** ① 今 ② 類 ③ 代 **6** ① 吉 ② 今 ③ 到着 ④ 冷戰 **7** ① 念 ② 獨 ③ 圖 ④ 到 **8** ① 心 ② 田 ③ 巾 ④ 示 ⑤ 口 **9** ① 団 ② 独 ③ 気 ④ 断 ⑤ 当 ⑥ 図 **10** ① ㄷ ② ㄱ **11** ① ㄹ ② ㄷ

미리 확인하기

O X

O X

利	利 利 利 利 利	□ □	辯	辯 辯 辯 辯 辯	□ □
離	離 離 離 離 離	□ □	別	別 別 別 別 別	□ □
滿	滿 滿 滿 滿 滿	□ □	普	普 普 普 普 普	□ □
萬	萬 萬 萬 萬 萬	□ □	寶	寶 寶 寶 寶 寶	□ □
亡	亡 亡 亡 亡 亡	□ □	保	保 保 保 保 保	□ □
買	買 買 買 買 買	□ □	福	福 福 福 福 福	□ □
妹	妹 妹 妹 妹 妹	□ □	本	本 本 本 本 本	□ □
脈	脈 脈 脈 脈 脈	□ □	否	否 否 否 否 否	□ □
模	模 模 模 模 模	□ □	富	富 富 富 富 富	□ □
味	味 味 味 味 味	□ □	北	北 北 北 北 北	□ □
美	美 美 美 美 美	□ □	悲	悲 悲 悲 悲 悲	□ □
民	民 民 民 民 民	□ □	貧	貧 貧 貧 貧 貧	□ □
拍	拍 拍 拍 拍 拍	□ □	社	社 社 社 社 社	□ □
放	放 放 放 放 放	□ □	寫	寫 寫 寫 寫 寫	□ □
訪	訪 訪 訪 訪 訪	□ □	查	查 查 查 查 查	□ □

甘言利說 □ □ □ □   會者定離 □ □ □ □

亡國之恨 □ □ □ □   轉禍爲福 □ □ □ □

0331 **利** 6급 이로울 리(이):
부 刂(刀) 선칼도방　반 害 해로울 해
利文(이:문)　利益(이:익)　利子(이:자)　利點(이:점)　甘言利說(감언이설)
남에게 금전을 꾸어 쓴 대가로 치르는
일정한 비율의 금전

0332 **離** 4급 떠날 리(이):
부 隹 새추　반 合 합할 합
離農(이:농)　離別(이:별)　離散(이:산)　離婚(이:혼)　會者定離(회자정리)

0333 **滿** 4급Ⅱ 찰/가득찰 만(:)
부 氵(水) 삼수변　유 虛 빌 허　약 満
滿了(만료)　滿面(만:면)　滿發(만:발)　滿足(만족)　滿場一致(만장일치)
많은 꽃이 한꺼번에 활짝 핌

0334 **萬** 8급 일만 만:
부 艹(艸) 초두머리　약 万
萬康(만:강)　萬能(만:능)　萬物(만:물)　萬歲(만:세)　萬里長城(만리장성)

0335 **亡** 5급 망할/달아날 망
부 亠 돼지해머리　유 逃 달아날 도　반 興 일어날 흥
逃亡(도망)　亡命(망명)　亡身(망신)　敗亡(패:망)　亡國之恨(망국지한)

0335 **買** 5급 살 매:
부 貝 조개패　반 賣 팔 매
賣買(매매)　買收(매:수)　買入(매:입)　買占(매:점)　買票(매:표)

0337 **妹** 4급 누이 매
부 女 계집녀　반 姉 손윗누이 자
男妹(남매)　妹家(매가)　妹夫(매부)　妹弟(매제)　妹兄(매형)　姉妹(자매)

0338 **脈** 4급Ⅱ 줄기 맥
부 月(肉) 육달월　약 脉
動脈(동:맥)　脈盡(맥진)　命脈(명:맥)　山脈(산맥)　人脈(인맥)　靜脈(정맥)
생명

0339 **模** 4급 법/본뜰 모
부 木 나무목　유 範 법 범
模範(모범)　模寫(모사)　模樣(모양)　模作(모작)　模造(모조)　模唱(모창)
참고 模作(모작) ↔ 創作(창작)　　남의 작품을 그대로 본떠서 만듦

0340 **味** 4급Ⅱ 맛 미
부 口 입구
妙味(묘:미)　味覺(미각)　別味(별미)　意味(의:미)　趣味(취:미)

0341 **美** 6급 아름다울 미(:)
부 羊 양양　유 佳 아름다울 가(3급Ⅱ)　반 醜 추할 추(3급)
美觀(미:관)　美談(미:담)　美德(미:덕)　美術(미:술)　美風良俗(미풍양속)
참고 美人(미:인) – 얼굴이 아름다운 여자, 美人(미인) – 미국 사람

12일째 한자익히기 0342~0352

民拍放訪辯別普寶保福本

0342 民 8급 백성 민
- 부 氏 각시씨 반 君 임금 군
- 民間(민간) 民謠(민요) 民願(민원) 民族(민족) 訓民正音(훈민정음)

0343 拍 4급 칠 박
- 부 扌(手) 재방변 유 打 칠 타
- 拍手(박수) 拍子(박자) 拍車(박차) 半拍(반:박) 節拍(절박)
  - 아악(雅樂)의 곡조에서, 한 곡마다 박자를 쳐서 음조의 마디를 지음

0344 放 6급 놓을 방(:)
- 부 攵(攴) 등글월문 유 釋 풀 석(3급Ⅱ)
- 放談(방:담) 放流(방:류) 放送(방:송) 放學(방학) 放聲痛哭(방성통곡)

0345 訪 4급Ⅱ 찾을 방:
- 부 言 말씀언 유 探 찾을 탐
- 答訪(답방) 訪問(방:문) 訪韓(방:한) 探訪(채:방) 探訪(탐방)

0346 辯 4급 말씀 변:
- 부 辛 매울신 유 言 말씀 언
- 達辯(달변) 答辯(답변) 辯論(변:론) 辯護(변:호) 熱辯(열변)
  - 막히는 데 없이 말을 술술 잘함

0347 別 6급 다를/나눌 별
- 부 刂(刀) 선칼도방 유 選 뽑을 선, 擇 가릴 택
- 別個(별개) 別紙(별지) 選別(선:별) 識別(식별) 差別(차별) 特別(특별)
- 참교 特別(특별) ↔ 普通(보통)

0348 普 4급 넓을 보:
- 부 日 날일
- 普及(보:급) 普選(보:선) 普世(보:세) 普通(보:통) 普遍(보:편)
  - 온 세상

0349 寶 4급Ⅱ 보배 보:
- 부 宀 갓머리 유 珍 보배 진 약 宝
- 家寶(가보) 國寶(국보) 寶物(보:물) 寶石(보:석) 珍寶(진보)

0350 保 4급Ⅱ 지킬 보(:)
- 부 亻(人) 사람인변 유 守 지킬 수
- 保管(보:관) 保守(보:수) 保育(보:육) 保證(보증) 保險(보:험)
- 참교 保守(보수) ↔ 革新(혁신)

0351 福 5급 복 복
- 부 示 보일시 유 幸 다행 행 반 禍 재앙 화(3급Ⅱ)
- 福券(복권) 福運(복운) 福音(복음) 幸福(행:복) 轉禍爲福(전화위복)
- 참교 幸福(행복) ↔ 不幸(불행)
  - 반가운 소식

0352 本 6급 근본 본
- 부 木 나무목 유 根 뿌리 근 반 末 끝 말
- 本能(본능) 本分(본분) 本性(본성) 本籍(본적) 本質(본질) 本體(본체)

0353 4급

否

아닐 **부:**
막힐 **비:**

(부) 口 입구 (유) 非 아닐 비, 不 아니 불 (반) 可 옳을 가

拒否(거:부) 當否(당부) 否決(부:결) 否認(부:인) 否定(부:정)

否塞(비:색) 否運(비:운)

0354 4급Ⅱ

富

부자 **부:**

(부) 宀 갓머리 (반) 貧 가난할 빈

富強(부:강) 富國(부:국) 富貴(부:귀) 富農(부:농) 富者(부:자)

0355 8급

北

북녘 **북**
패할 **배**

(부) 匕 비수비 (유) 敗 패할 패 (반) 南 남녘 남

北方(북방) 北伐(북벌) 北魚(북어) 北進(북진) 北韓(북한)

敗北(패배) 북방(北方)의 지역을 정벌함

0356 4급Ⅱ

悲

슬플 **비:**

(부) 心 마음심 (유) 哀 슬플 애(3급Ⅱ) (반) 喜 기쁠 희, 歡 기뻐할 환

悲觀(비:관) 悲劇(비:극) 悲鳴(비:명) 悲痛(비:통) 喜悲(희비)

(상대) 悲劇(비극) ↔ 喜劇(희극)

0357 4급Ⅱ

貧

가난할 **빈**

(부) 貝 조개패 (유) 窮 다할 궁 (반) 富 부자 부

貧困(빈곤) 貧窮(빈궁) 貧民(빈민) 貧富(빈부) 貧弱(빈약) 貧血(빈혈)
가난하여 생활이 몹시 어려움

0358 6급

社

모일 **사**

(부) 示 보일시 (유) 會 모일 회

社交(사교) 社內(사내) 社團(사단) 社說(사설) 社長(사장) 社會(사회)

0359 5급

寫

베낄 **사**

(부) 宀 갓머리 (약) 写, 写

模寫(모사) 複寫(복사) 寫本(사본) 寫眞(사진) 映寫(영사) 筆寫(필사)

0360 5급

査

조사할/
사실할 **사**

(부) 木 나무목

檢査(검:사) 査實(사실) 査案(사안) 査察(사찰) 調査(조사) 探査(탐사)
(규정에 따라 처리되고 있는지를) 조사하여 살핌

| 오늘의사자성어 |

甘言利說 감언이설 남의 비위를 맞추는 달콤한 말과 이로운 조건만 들어 그럴듯하게 꾸미는 말

會者定離 회자정리 [불교에서, 만난 사람은 반드시 헤어진다는 뜻으로] 인생 무상함을 이르는 말

亡國之恨 망국지한 나라가 망한 데 대한 한탄

轉禍爲福 전화위복 화(禍)가 바뀌어 오히려 복(福)이 됨

12

I 다음 漢字語의 讀音을 쓰시오.

① 買收	② 拍子	③ 逃亡	④ 寫本
⑤ 探訪	⑥ 熱辯	⑦ 貧富	⑧ 福券
⑨ 民謠	⑩ 萬能	⑪ 模唱	⑫ 放送
⑬ 滿足	⑭ 珍寶	⑮ 保證	⑯ 離婚
⑰ 靜脈	⑱ 悲鳴	⑲ 社說	⑳ 妙味
㉑ 拒否	㉒ 利子	㉓ 美談	㉔ 敗北
㉕ 普通	㉖ 姉妹	㉗ 檢査	㉘ 貧窮
㉙ 識別	㉚ 筆寫		

2 다음 漢字의 訓과 音을 쓰시오.

① 辯	② 離	③ 模	④ 拍
⑤ 否	⑥ 普	⑦ 妹	⑧ 脈

3 다음의 訓과 音을 지닌 漢字를 쓰시오.

① 베낄 사	② 복 복	③ 망할 망	④ 살 매
⑤ 조사할/사실할 사	⑥ 근본 본	⑦ 이로울 리	⑧ 모일 사

4 다음 밑줄 친 漢字語는 한글로, 한글은 漢字語로 바꾸시오.

① 대단한 人脈을 가지셨군요.

② 離婚으로 인한 가정해체가 심각하다.

③ 여름방학 동안에 있었던 가장 즐거웠던 일을 적으시오.

④ 등본 사본 1장과 사진 2장을 제출하세요.

5 다음 빈칸에 알맞은 漢字를 넣어 四字成語를 完成하시오.

① (　)風良俗 : 아름답고 좋은 풍속

② 轉禍爲(　) : 화가 바뀌어 오히려 복이 됨

③ (　)國之恨 : 나라가 망한 데 대한 한탄

|
12

6 다음 漢字와 뜻이 反對 또는 相對되는 漢字를 ( )에 넣으시오.

① ( ) ↔ 害　　　② 興 ↔ ( )　　　③ 賣 ↔ ( )　　　④ ( ) ↔ 末

7 다음 각 글자와 뜻이 같거나 비슷한 漢字를 ( )에 넣으시오.

① 逃( )　　　② 根( )　　　③ 幸( )　　　④ 選( )

8 다음 뜻에 알맞은 漢字語를 漢字로 쓰시오.

① 사교 (사회생활에서의 사람끼리의 사귐)

② 매입 (사들임)

③ 특별 (보통과 아주 다름)

9 다음 漢字의 部首를 쓰시오.

① 辯　　　② 否　　　③ 普　　　④ 査　　　⑤ 貧

10 다음 漢字를 略字로 바꾸어 쓰시오.

① 滿　　　② 脈　　　③ 寫　　　④ 寶

11 다음 例示한 漢字語 중에서 앞 글자가 長音으로 發音되는 것을 골라 그 번호를 쓰시오.

① ㄱ. 滿發　　　ㄴ. 亡身　　　ㄷ. 亡命　　　ㄹ. 滿足

② ㄱ. 保育　　　ㄴ. 保證　　　ㄷ. 本能　　　ㄹ. 本質

③ ㄱ. 拍手　　　ㄴ. 悲痛　　　ㄷ. 北方　　　ㄹ. 妹夫

정답

1 ① 매수 ② 박자 ③ 도망 ④ 사본 ⑤ 탐방 ⑥ 열변 ⑦ 빈부 ⑧ 복권 ⑨ 민요 ⑩ 만능 ⑪ 모창 ⑫ 방송 ⑬ 만족 ⑭ 진보 ⑮ 보증 ⑯ 이혼 ⑰ 정맥 ⑱ 비명 ⑲ 사설 ⑳ 묘미 ㉑ 거부 ㉒ 이자 ㉓ 미담 ㉔ 패배 ㉕ 보통 ㉖ 자매 ㉗ 검사 ㉘ 빈궁 ㉙ 식별 ㉚ 필사 **2** ① 말씀 변 ② 떠날 리 ③ 법/본뜰 모 ④ 칠 박 ⑤ 아닐 부, 막힐 비 ⑥ 넓을 보 ⑦ 누이 매 ⑧ 줄기 맥 **3** ① 寫 ② 福 ③ 亡 ④ 買 ⑤ 査 ⑥ 本 ⑦ 利 ⑧ 社 **4** ① 인맥 ② 이혼 ③ 放學 ④ 寫本 **5** ① 美 ② 福 ③ 亡 **6** ① 利 ② 亡 ③ 買 ④ 本 **7** ① 亡 ② 本 ③ 福 ④ 別 **8** ① 社交 ② 買入 ③ 特別 **9** ① 辛 ② 口 ③ 日 ④ 木 ⑤ 貝 **10** ① 満 ② 脉 ③ 写,写 ④ 宝 **11** ① ㄱ ② ㄱ ③ ㄴ

미리 확인하기　　　　　o x　　　　　o x

謝	謝 謝 謝 謝 謝 □□	歲	歲 歲 歲 歲 歲 □□
寺	寺 寺 寺 寺 寺 □□	洗	洗 洗 洗 洗 洗 □□
史	史 史 史 史 史 □□	掃	掃 掃 掃 掃 掃 □□
殺	殺 殺 殺 殺 殺 □□	速	速 速 速 速 速 □□
商	商 商 商 商 商 □□	損	損 損 損 損 損 □□
想	想 想 想 想 想 □□	數	數 數 數 數 數 □□
狀	狀 狀 狀 狀 狀 □□	授	授 授 授 授 授 □□
常	常 常 常 常 常 □□	守	守 守 守 守 守 □□
相	相 相 相 相 相 □□	術	術 術 術 術 術 □□
象	象 象 象 象 象 □□	崇	崇 崇 崇 崇 崇 □□
書	書 書 書 書 書 □□	時	時 時 時 時 時 □□
先	先 先 先 先 先 □□	施	施 施 施 施 施 □□
鮮	鮮 鮮 鮮 鮮 鮮 □□	式	式 式 式 式 式 □□
說	說 說 說 說 說 □□	植	植 植 植 植 植 □□
性	性 性 性 性 性 □□	信	信 信 信 信 信 □□

信賞必罰 □□□□　　空言無施 □□□□
白面書生 □□□□　　人之常情 □□□□

0361 4급II
謝
사례할 사:
부 言 말씀언
謝過(사:과)　謝禮(사:례)　謝辭(사:사)　謝恩(사:은)　謝罪(사:죄)
고마움을 나타내는 말

0362 4급II
寺
절 사
부 寸 마디촌　유 佛 부처 불
寺基(사기)　寺內(사내)　寺務(사무)　寺院(사원)　寺田(사전)

0363 5급
史
사기/역사 사:
부 口 입구
史劇(사:극)　史記(사:기)　史料(사:료)　史書(사:서)　史學(사:학)

0364 4급II
殺
죽일 살
감할 쇄:
부 殳 갖은등글월문　유 死 죽을 사　生 날 생, 活 살 활
殺生(살생)　殺人(살인)　殺蟲(살충)　殺害(살해)　殺身成仁(살신성인)
減殺(감:쇄)　相殺(상쇄)　殺到(쇄:도)
셈을 서로 비김

0365 5급
商
장사 상
부 口 입구
商街(상가)　商術(상술)　商人(상인)　商店(상점)　士農工商(사농공상)

0366 4급II
想
생각 상:
부 心 마음심　유 思 생각 사, 念 생각 념, 考 헤아릴 고, 慮 생각할 려
感想(감:상)　空想(공상)　想起(상:기)　想念(상:념)　豫想(예:상)

0367 4급II
狀
형상 상
문서 장:
부 犬 개견　유 券 문서 권　약 状
狀態(상태)　狀況(상황)　實狀(실상)　心狀(심상)　現狀(현:상)　形狀(형상)
賞狀(상장)　狀頭(장:두)　狀請(장:청)　案內狀(안내장)　招請狀(초청장)
지난날, 글발을 올려 주청(奏請)하던 일

0368 4급II
常
떳떳할/항상 상
부 巾 수건건　유 恒 항상 항　반 班 나눌 반
常規(상규)　常例(상례)　常識(상식)　常用(상용)　人之常情(인지상정)

0369 5급
相
서로 상
부 目 눈목　유 互 서로 호(3급)
相計(상계)　相談(상담)　相殺(상쇄)　相當數(상당수)　相對的(상대적)
상교 相對的(상대적) ↔ 絶對的(절대적)

0370 4급
象
코끼리/모양 상
부 豕 돼지시　유 形 모양 형
假象(가:상)　象形(상형)　印象(인상)　表象(표상)　現象(현:상)
대표적인 상징

0371 6급
書
글 서
부 曰 가로왈　유 文 글월 문
書庫(서고)　書記(서기)　書頭(서두)　書類(서류)　白面書生(백면서생)

13일째 한자익히기 0372~0382

先 鮮 說 性 歲 洗 掃 速 損 數 授

0372 8급
先
먼저 선
부 儿 어진사람인발 유 前 앞 전 반 後 뒤 후
先決(선결) 先物(선물) 先生(선생) 先占(선점) 先見之明(선견지명)

0373 5급
鮮
고울 선
부 魚 물고기어
鮮明(선명) 鮮妙(선묘) 鮮魚(선어) 鮮血(선혈) 新鮮(신선) 朝鮮(조선)
산뜻하고 미묘함

0374 5급
說
말씀 설
달랠 세:
부 言 말씀언 유 辭 말씀 사, 言 말씀 언, 話 말씀 화
說敎(설교) 說得(설득) 說明(설명) 說話(설화) 說往說來(설왕설래)
說客(세:객) 遊說(유세)
능란한 말솜씨로 유세(遊說)하며 다니는 사람

0375 5급
性
성품/성 성:
부 忄(心) 심방변
性格(성:격) 性能(성:능) 性別(성:별) 性品(성:품) 性理學(성리학)

0376 5급
歲
해 세:
부 止 그칠지 유 年 해 년
萬歲(만:세) 歲拜(세:배) 歲月(세:월) 迎歲(영세) 歲寒三友(세한삼우)
새해를 맞이함

0377 5급
洗
씻을 세:
부 氵(水) 삼수변
洗禮(세:례) 洗面(세:면) 洗手(세:수) 洗足(세:족) 洗車(세:차)

0378 4급Ⅱ
掃
쓸 소(:)
부 扌(手) 재방변
掃滅(소:멸) 掃除(소:제) 掃地(소:지) 一掃(일소) 淸掃(청소)
먼지나 더러운 것 따위를 떨고 쓸고 닦아서 깨끗이 함

0379 6급
速
빠를 속
부 辶(辵) 책받침 유 急 급할 급 반 徐 천천할 서(3급Ⅱ)
速達(속달) 速度(속도) 速力(속력) 速行(속행) 速戰速決(속전속결)

0380 4급
損
덜 손:
부 扌(手) 재방변 유 減 덜 감 반 益 더할 익
減損(감:손) 損傷(손:상) 損失(손:실) 損益(손:익) 損害(손:해)
상고 損失(손실) ↔ 利益(이익)

0381 7급
數
셈 수:
자주 삭
부 攵(攴) 등글월문 유 算 셈 산, 計 셀 계 약 数
數年(수:년) 數量(수:량) 數種(수:종) 數板(수:판) 數學(수:학)
數數(삭삭) 數遞(삭체)
벼슬아치를 자주 갊

0382 4급Ⅱ
授
줄 수
부 扌(手) 재방변 반 受 받을 수
授賞(수상) 授受(수수) 授業(수업) 授與(수여) 授乳(수유) 傳授(전수)

0383 守 4급II 지킬 수
- ㈗ 宀 갓머리 ㈀ 保 보전할 보, 衛 지킬 위 ㈁ 攻 칠 공
- 守備(수비) 守衛(수위) 守節(수절) 守護(수호) 保守的(보수적)
- (상)守備(수비) ↔ 攻擊(공격)

0384 術 6급 재주 술
- ㈗ 行 다닐행 ㈀ 藝 재주 예, 技 재주 기
- 技術(기술) 美術(미:술) 術數(술수) 藝術(예:술) 戰術(전:술) 學術(학술)

0385 崇 4급 높을 숭
- ㈗ 山 메산 ㈀ 高 높을 고
- 崇高(숭고) 崇文(숭문) 崇拜(숭배) 崇尙(숭상) 崇神(숭신)
  - 훌륭히 여겨 마음으로부터 우러러 공경함

0386 時 7급 때 시
- ㈗ 日 날일
- 時間(시간) 時急(시급) 時代(시대) 時世(시세) 時節(시절) 時調(시조)

0387 施 4급II 베풀 시:
- ㈗ 方 모방 ㈀ 設 베풀 설
- 施賞(시:상) 施設(시:설) 施術(시:술) 施行(시:행) 空言無施(공언무시)

0388 式 6급 법 식
- ㈗ 弋 주살익 ㈀ 法 법 법, 典 법 전
- 式科(식과) 式順(식순) 式典(식전) 形式(형식) 方程式(방정식)
- (상)形式(형식) ↔ 實質(실질)

0389 植 7급 심을 식
- ㈗ 木 나무목 ㈀ 栽 심을 재(3급II)
- 植物(식물) 植生(식생) 植樹(식수) 植木日(식목일) 植民地(식민지)
  - 나무를 심음

0390 信 6급 믿을 신:
- ㈗ 亻(人) 사람인변
- 信念(신:념) 信望(신:망) 信奉(신:봉) 信號(신:호) 信賞必罰(신상필벌)
  - 믿고 바람

| 오 늘 의 사 자 성 어 |

信賞必罰 신상필벌 상벌을 규정대로 분명하게 함을 이르는 말
空言無施 공언무시 빈말만하고 실행이 따르지 아니함
白面書生 백면서생 글만 읽고 세상일에 경험이 없는 사람
人之常情 인지상정 사람이라면 누구나 가지는 보통의 마음, 또는 생각

13

Ⅰ 다음 漢字語의 讀音을 쓰시오.

① 史劇	② 常規	③ 性能	④ 信奉
⑤ 植生	⑥ 空想	⑦ 先物	⑧ 授與
⑨ 施術	⑩ 守備	⑪ 殺到	⑫ 新鮮
⑬ 速達	⑭ 現象	⑮ 洗禮	⑯ 謝過
⑰ 書類	⑱ 損傷	⑲ 時急	⑳ 崇神
㉑ 商街	㉒ 說話	㉓ 數種	㉔ 式順
㉕ 戰術	㉖ 寺院	㉗ 相計	㉘ 迎歲
㉙ 守護	㉚ 案內狀		

2 다음 漢字의 訓과 音을 쓰시오.

① 損	② 謝	③ 崇	④ 授
⑤ 寺	⑥ 掃	⑦ 施	⑧ 象

3 다음의 訓과 音을 지닌 漢字를 쓰시오.

① 씻을 세　　　② 장사 상　　　③ 고울 선　　　④ 서로 상

⑤ 해 세　　　　⑥ 말씀 설, 달랠 세

4 다음 밑줄 친 漢字語는 한글로, 한글은 漢字語로 바꾸시오.

① 부모님과 상담은 해 보았니?

② 현재 진행되고 있는 狀況이 어떠하냐?

③ 고등어가 매우 신선해 보인다.

④ 그의 취미는 영화感想이다.

5 다음 빈칸에 알맞은 漢字를 넣어 四字成語를 完成하시오.

① (　)見之明 : 닥쳐올 일을 미리 아는 슬기로움

② 白面(　)生 : 글만 읽고 세상일에 경험이 없는 사람

③ (　)賞必罰 : 상벌을 규정대로 분명하게 함을 이르는 말

13

6 다음 漢字와 뜻이 反對 또는 相對되는 漢字, 漢字語를 ( )에 넣으시오.

① ( ) ↔ 後   ② 實質 ↔ ( )   ③ 絶對的 ↔ (   )

7 다음 각 글자와 뜻이 같거나 비슷한 漢字를 ( )에 넣으시오.

① 法( )   ② 年( )   ③ 急( )   ④ 技( )

8 다음 漢字語의 同音異義語를 쓰되 제시된 뜻에 맞게 쓰시오.

① 上述 - ( ) : 장사하는 솜씨
② 異姓 - ( ) : 사물의 이치를 논리적으로 생각하고 판단하는 마음의 작용

9 다음 漢字의 部首를 쓰시오.

① 象   ② 崇   ③ 狀   ④ 寺   ⑤ 常

10 다음 漢字를 略字로 바꾸어 쓰시오.

① 數   ② 狀

11 다음 漢字語의 뜻을 쓰시오.

① 守備   ② 授乳   ③ 殺生   ④ 謝恩

12 다음 例示한 漢字語 중에서 앞 글자가 長音으로 發音되는 것을 골라 그 번호를 쓰시오.

① ㄱ. 鮮明   ㄴ. 鮮血   ㄷ. 掃除   ㄹ. 說明
② ㄱ. 史書   ㄴ. 寺田   ㄷ. 殺人   ㄹ. 商人

정답

1 ① 사극 ② 상규 ③ 성능 ④ 신봉 ⑤ 식생 ⑥ 공상 ⑦ 선물 ⑧ 수여 ⑨ 시술 ⑩ 수비 ⑪ 쇄도 ⑫ 신선 ⑬ 속달 ⑭ 현상 ⑮ 세례 ⑯ 사과 ⑰ 서류 ⑱ 손상 ⑲ 시급 ⑳ 숭신 ㉑ 상가 ㉒ 설화 ㉓ 수종 ㉔ 식순 ㉕ 전술 ㉖ 사원 ㉗ 상계 ㉘ 영세 ㉙ 수호 ㉚ 안내장 **2** ① 덜 손 ② 사례할 사 ③ 높을 숭 ④ 줄 수 ⑤ 절 사 ⑥ 쓸 소 ⑦ 베풀 시 ⑧ 코끼리/모양 상 **3** ① 洗 ② 商 ③ 鮮 ④ 相 ⑤ 歲 ⑥ 說 **4** ① 相談 ② 상황 ③ 新鮮 ④ 감상 **5** ① 先 ② 書 ③ 信 **6** ① 先 ② 形式 ③ 相對的 **7** ① 式 ② 歲 ③ 速 ④ 術 **8** ① 商術 ② 理性 **9** ① 豕 ② 山 ③ 犬 ④ 寸 ⑤ 巾 **10** ① 数 ② 状 **11** ① 수비 : 지키어 막음 ② 수유 : 젖먹이에게 젖을 먹임 ③ 살생 : 산 것을 죽임 ④ 사은 : 입은 은혜에 대하여 감사함 **12** ① ㄷ ② ㄱ

14일째 한자익히기 0391~0420

| 우선순위 급수한자 1000 |

미리 확인하기

						O	X							O	X
兒	兒	兒	兒	兒	兒	□	□	往	往	往	往	往	往	□	□
惡	惡	惡	惡	惡	惡	□	□	曜	曜	曜	曜	曜	曜	□	□
安	安	安	安	安	安	□	□	謠	謠	謠	謠	謠	謠	□	□
眼	眼	眼	眼	眼	眼	□	□	郵	郵	郵	郵	郵	郵	□	□
暗	暗	暗	暗	暗	暗	□	□	願	願	願	願	願	願	□	□
額	額	額	額	額	額	□	□	原	原	原	原	原	原	□	□
夜	夜	夜	夜	夜	夜	□	□	員	員	員	員	員	員	□	□
漁	漁	漁	漁	漁	漁	□	□	援	援	援	援	援	援	□	□
餘	餘	餘	餘	餘	餘	□	□	源	源	源	源	源	源	□	□
逆	逆	逆	逆	逆	逆	□	□	威	威	威	威	威	威	□	□
緣	緣	緣	緣	緣	緣	□	□	儒	儒	儒	儒	儒	儒	□	□
煙	煙	煙	煙	煙	煙	□	□	飮	飮	飮	飮	飮	飮	□	□
營	營	營	營	營	營	□	□	應	應	應	應	應	應	□	□
屋	屋	屋	屋	屋	屋	□	□	議	議	議	議	議	議	□	□
溫	溫	溫	溫	溫	溫	□	□	醫	醫	醫	醫	醫	醫	□	□

屋上架屋 □□□□　緣木求魚 □□□□

漁父之利 □□□□　眼下無人 □□□□

0391 兒
5급
아이 아

부 儿 어진사람인발　유 童 아이 동　반 丈 어른 장　약 児

孤兒(고아)　男兒(남아)　小兒(소:아)　兒童(아동)　乳兒(유아)　育兒(육아)

0392 惡
5급
악할 악
미워할 오

부 心 마음심　반 善 착할 선　약 悪

惡名(악명)　惡性(악성)　惡緣(악연)　惡用(악용)　惡意(악의)　惡質(악질)

憎惡(증오)　羞惡之心(수오지심)

0393 安
7급
편안할 안

부 宀 갓머리　유 便 편할 편　반 危 위태할 위

安保(안보)　安否(안부)　安危(안위)　安易(안이)　安分知足(안분지족)
　　　　　　　　　　　편안함과 위태함

0394 眼
4급II
눈 안:

부 目 눈목　유 目 눈 목

眼鏡(안:경)　眼科(안:과)　眼球(안:구)　眼藥(안:약)　眼下無人(안하무인)

0395 暗
4급II
어두울 암:

부 日 날일　반 明 밝을 명

暗記(암:기)　暗示(암:시)　暗鬪(암:투)　暗號(암:호)　暗黑(암:흑)

상对 暗黑(암흑) ↔ 光明(광명)

0396 額
4급
이마 액

부 頁 머리혈

稅額(세:액)　少額(소:액)　額面(액면)　額數(액수)　額子(액자)　增額(증액)
　　　　　　　　　　　　　　　　말이나 글의 표현된 그대로의 것을 비유하여 이르는 말

0397 夜
6급
밤 야:

부 夕 저녁석　반 午 낮 오, 晝 낮 주

夜間(야:간)　夜市(야:시)　夜食(야:식)　夜深(야:심)　夜學(야:학)

0398 漁
5급
고기잡을 어

부 氵(水) 삼수변

漁民(어민)　漁船(어선)　漁場(어장)　漁村(어촌)　漁父之利(어부지리)

0399 餘
4급II
남을 여

부 食 밥식　유 殘 남을 잔　약 余

餘暇(여가)　餘力(여력)　餘分(여분)　餘生(여생)　餘罪(여죄)　餘地(여지)
　　　　　　　　　　　　　　　　　　　　　　　들어설 수 있거나
　　　　　　　　　　　　　　　　　　　　　　　이용할 수 있는 땅
　　　　　　　　　　　　　　　　　　　　　　　또는 공간

0400 逆
4급II
거스를 역

부 辶(辵) 책받침　반 順 순할 순

逆境(역경)　逆流(역류)　逆順(역순)　逆轉(역전)　逆風(역풍)　逆行(역행)
일이 뜻대로 되지 않는 불운한 처지

0401 緣
4급
인연 연

부 糸 실사

緣故(연고)　緣分(연분)　緣由(연유)　因緣(인연)　緣木求魚(연목구어)

14일째 한자익히기 0402~0412

煙營屋溫往曜謠郵願原員

0402 4급Ⅱ **煙** 연기 연
㈜火 불화
禁煙(금:연) 煙氣(연기) 煙草(연초) 吸煙(흡연) 愛煙家(애연가)

0403 4급 **營** 경영할 영
㈜火 불화 ㈎営
經營(경영) 營農(영농) 營利(영리) 營養(영양) 營業(영업) 營造(영조)
규모가 큰 토목 공사나
건축 공사를 하는 일

0404 5급 **屋** 집 옥
㈜尸 주검시엄 ㈜舍 집 사, 家 집 가, 室 집 실, 宅 집 택
家屋(가옥) 社屋(사옥) 屋上(옥상) 屋外(옥외) 屋上架屋(옥상가옥)

0405 6급 **溫** 따뜻할 온
㈜氵(水) 삼수변 ㈜暖 따뜻할 난 ㈝冷 찰 냉
溫暖(온난) 溫度(온도) 溫情(온정) 溫和(온화) 溫故知新(온고지신)

0406 4급Ⅱ **往** 갈 왕:
㈜彳 두인변 ㈜去 갈 거 ㈝來 올 래
往來(왕:래) 往復(왕:복) 極樂往生(극락왕생) 說往說來(설왕설래)
무슨 일의 시비를 따지느라고 말로 옥신각신함

0407 5급 **曜** 빛날 요
㈜日 날일 ㈜華 빛날 화
曜日(요일) 水曜日(수요일) 月曜病(월요병) 日曜日(일요일)

0408 4급Ⅱ **謠** 노래 요
㈜言 말씀언 ㈜歌 노래 가, 曲 굽을 곡
歌謠(가요) 童謠(동:요) 民謠(민요) 俗謠(속요) 勞動謠(노동요)

0409 4급 **郵** 우편 우
㈜阝(邑) 우부방
郵書(우서) 郵送(우송) 郵傳(우전) 郵政(우정) 郵便(우편) 郵票(우표)

0410 5급 **願** 원할 원:
㈜頁 머리혈 ㈜望 바랄 망, 希 바랄 희
所願(소:원) 哀願(애원) 念願(염:원) 願望(원:망) 願書(원:서)
늘 생각하고 간절히 바람

0411 5급 **原** 언덕 원
㈜厂 민엄호
原價(원가) 原理(원리) 原因(원인) 原子(원자) 原作(원작) 原則(원칙)
㊣原因(원인) ↔ 結果(결과)

0412 4급Ⅱ **員** 인원 원
㈜口 입구 ㈎員
委員(위원) 人員(인원) 一員(일원) 任員(임:원) 全員(전원) 職員(직원)
특정한 사항의 처리나 심의를 위임받은 자로서
임명되거나 선출된 사람

0413
4급
援
도울 원:

⊕ 扌(手) 재방변 ㉤ 救 구원할 구, 助 도울 조, 護 도울 호

救援(구:원) 援助(원:조) 應援(응:원) 支援(지원) 後援(후:원)
뒷받침하거나 편들어서 도움

0414
4급
源
근원 원

⊕ 氵(水) 삼수변 ㉤ 根 뿌리 근

根源(근원) 起源(기원) 源流(원류) 源泉(원천) 資源(자원) 電源(전:원)

0415
4급
威
위엄 위

⊕ 女 계집녀 ㉤ 嚴 엄할 엄

威力(위력) 威勢(위세) 威信(위신) 威壓(위압) 威嚴(위엄) 威容(위용)

0416
4급
儒
선비 유

⊕ 亻(人) 사람인변 ㉤ 士 선비 사

老儒(노:유) 儒敎(유교) 儒林(유림) 儒生(유생) 儒學(유학)
유도(儒道)를 닦는 학자들

0417
6급
飮
마실 음:

⊕ 食 밥식

食飮(식음) 飮福(음:복) 飮用(음:용) 飮酒(음:주) 飮料水(음료수)

0418
4급Ⅱ
應
응할 응:

⊕ 心 마음심 ㉤ 諾 허락할 낙(3급Ⅱ) ㉣ 応

應答(응:답) 應試(응:시) 應用(응:용) 應戰(응:전) 應接(응:접)

0419
4급Ⅱ
議
의논할 의

⊕ 言 말씀언 ㉤ 論 의논할 론

議決(의결) 議員(의원) 討議(토:의) 抗議(항:의) 不可思議(불가사의)
어떤 일을 부당하다고 여겨 따지거나
반대하는 뜻을 주장함

0420
6급
醫
의원 의

⊕ 酉 닭유 ㉣ 医

醫科(의과) 醫官(의관) 醫女(의녀) 醫師(의사) 醫術(의술) 醫院(의원)
專門醫(전문의) 主治醫(주치의)

| 오 늘 의 사 자 성 어 |

屋上架屋 옥상가옥 부질없이 덧보태어 하는 일

緣木求魚 연목구어 [나무 위에 올라가 물고기를 구한다는 뜻으로] 되지도 않을 일을 굳이 하려 함
을 비유하여 이르는 말

漁父之利 어부지리 둘이 다투고 있는 사이에 엉뚱한 사람이 이익을 얻게 됨

眼下無人 안하무인 [눈 아래에 사람이 없다는 뜻으로] 사람됨이 교만하여 남을 업신여김을 이르는 말

14

I 다음 漢字語의 讀音을 쓰시오.

① 所願	② 童謠	③ 漁船	④ 原則
⑤ 安保	⑥ 儒林	⑦ 營利	⑧ 往復
⑨ 郵送	⑩ 後援	⑪ 飮福	⑫ 應試
⑬ 逆轉	⑭ 夜學	⑮ 餘罪	⑯ 醫術
⑰ 議員	⑱ 溫和	⑲ 惡意	⑳ 乳兒
㉑ 委員	㉒ 增額	㉓ 因緣	㉔ 暗示
㉕ 威嚴	㉖ 原價	㉗ 屋上	㉘ 眼鏡
㉙ 月曜病	㉚ 愛煙家		

2 다음 漢字의 訓과 음을 쓰시오.

① 額 ② 儒 ③ 威 ④ 緣
⑤ 源 ⑥ 營 ⑦ 援 ⑧ 郵

3 다음의 訓과 음을 지닌 漢字를 쓰시오.

① 집 옥 ② 고기잡을 어 ③ 언덕 원 ④ 빛날 요
⑤ 원할 원 ⑥ 아이 아 ⑦ 악할 악, 미워할 오

4 다음 밑줄 친 漢字語는 한글로, 한글은 漢字語로 바꾸시오.

① 친구들의 <u>應援</u>덕분에 이긴 것 같아.
② 이 영화는 <u>원작</u>을 잘 살리지 못했어.
③ <u>營業</u>을 방해하지 마세요.
④ <u>악의</u>를 갖고 했던 행동은 아니었어요.

5 다음 빈칸에 알맞은 漢字를 넣어 四字成語를 完成하시오.

① ( )故知新 : 옛것을 연구하여 거기서 새로운 지식이나 도리를 찾아내는 일
② ( )父之利 : 둘이 다투고 있는 사이에 엉뚱한 사람이 이익을 얻게 됨
③ ( )分知足 : 제 분수를 지키며 만족할 줄을 앎

6 다음 漢字와 뜻이 反對 또는 相對되는 漢字를 ( )에 넣으시오.

① ( ) ↔ 危   ② 晝 ↔ ( )   ③ 善 ↔ ( )

7 다음 각 글자와 뜻이 같거나 비슷한 漢字를 ( )에 넣으시오.

① ( )暖   ② 家( )   ③ 希( )   ④ ( )論

8 다음 뜻에 알맞은 漢字語를 漢字로 쓰시오.

① 어선 (고기잡이를 하는 데 쓰는 배)

② 원가 (처음 사들일 때의 값)

9 다음 漢字의 部首를 쓰시오.

① 應   ② 兒   ③ 夜   ④ 屋   ⑤ 威

10 다음 漢字를 略字로 바꾸어 쓰시오.

① 惡   ② 營   ③ 應   ④ 醫   ⑤ 兒   ⑥ 員   ⑦ 餘

11 다음 漢字語의 뜻을 쓰시오.

① 逆順   ② 禁煙   ③ 餘生   ④ 安危

12 다음 漢字語 중 첫 音節이 길게 發音되는 것을 3개 골라 그 번호를 쓰시오(순서 무관).

① 應答   ② 威容   ③ 援助   ④ 郵便

⑤ 往復   ⑥ 逆流   ⑦ 緣由   ⑧ 額面

정답

1 ① 소원 ② 동요 ③ 어선 ④ 원칙 ⑤ 안보 ⑥ 유림 ⑦ 영리 ⑧ 왕복 ⑨ 우송 ⑩ 후원 ⑪ 음복 ⑫ 응시 ⑬ 역전 ⑭ 야학 ⑮ 여죄 ⑯ 의술 ⑰ 의원 ⑱ 온화 ⑲ 악의 ⑳ 유아 ㉑ 위원 ㉒ 증액 ㉓ 인연 ㉔ 암시 ㉕ 위엄 ㉖ 원가 ㉗ 옥상 ㉘ 안경 ㉙ 월요병 ㉚ 애연가 **2** ① 이마 액 ② 선비 유 ③ 위엄 위 ④ 인연 연 ⑤ 근원 원 ⑥ 경영할 영 ⑦ 도울 원 ⑧ 우편 우 **3** ① 屋 ② 漁 ③ 原 ④ 曜 ⑤ 願 ⑥ 兒 ⑦ 惡 **4** ① 응원 ② 原作 ③ 영업 ④ 惡意 **5** ① 溫 ② 漁 ③ 安 **6** ① 安 ② 夜 ③ 惡 **7** ① 溫 ② 屋 ③ 願 ④ 議 **8** ① 漁船 ② 原價 **9** ① 心 ② 儿 ③ 夕 ④ 尸 ⑤ 女 **10** ① 悪 ② 営 ③ 応 ④ 医 ⑤ 児 ⑥ 貝 ⑦ 余 **11** ① 역순 : 거꾸로 된 순서 ② 금연 : 담배 피우는 것을 금함 ③ 여생 : 앞으로 남은 삶 ④ 안위 : 편안함과 위태함 **12** ①, ③, ⑤

미리 확인하기　　　　　　　　　o x　　　　　　　　　　　o x

異	異 異 異 異 異	□ □	的	的 的 的 的 的	□ □
移	移 移 移 移 移	□ □	適	適 適 適 適 適	□ □
認	認 認 認 認 認	□ □	賊	賊 賊 賊 賊 賊	□ □
仁	仁 仁 仁 仁 仁	□ □	傳	傳 傳 傳 傳 傳	□ □
任	任 任 任 任 任	□ □	轉	轉 轉 轉 轉 轉	□ □
字	字 字 字 字 字	□ □	典	典 典 典 典 典	□ □
姿	姿 姿 姿 姿 姿	□ □	絕	絕 絕 絕 絕 絕	□ □
姉	姉 姉 姉 姉 姉	□ □	切	切 切 切 切 切	□ □
資	資 資 資 資 資	□ □	折	折 折 折 折 折	□ □
昨	昨 昨 昨 昨 昨	□ □	點	點 點 點 點 點	□ □
殘	殘 殘 殘 殘 殘	□ □	店	店 店 店 店 店	□ □
裝	裝 裝 裝 裝 裝	□ □	接	接 接 接 接 接	□ □
將	將 將 將 將 將	□ □	庭	庭 庭 庭 庭 庭	□ □
場	場 場 場 場 場	□ □	整	整 整 整 整 整	□ □
在	在 在 在 在 在	□ □	濟	濟 濟 濟 濟 濟	□ □

絕海孤島 □□□□　　　　適材適所 □□□□

骨肉相殘 □□□□　　　　日就月將 □□□□

0421 異 4급 다를 이:
- ⊕田 밭전 ⊕差 다를 차 ⊕同 같을 동
- 異端(이:단) 異論(이:론) 異象(이:상) 異性(이:성) 異義(이:의)
- 參고 異義(이의) ↔ 同義(동의)

0422 移 4급Ⅱ 옮길 이
- ⊕禾 벼화 ⊕轉 구를 전
- 移動(이동) 移民(이민) 移送(이송) 移植(이식) 移住(이주) 推移(추이)
  - 농작물이나 나무를 다른 데로 옮겨 심는 일

0423 認 4급Ⅱ 알/인정할 인
- ⊕言 말씀언 ⊕識 알 식, 知 알 지
- 認可(인가) 認識(인식) 認容(인용) 認定(인정) 認證(인증) 認知(인지)

0424 仁 4급 어질 인
- ⊕亻(人) 사람인변 ⊕賢 어질 현
- 仁德(인덕) 仁術(인술) 仁義(인의) 仁厚(인후) 仁者樂山(인자요산)
  - 마음이 어질고 무던함

0425 任 5급 맡길 임(:)
- ⊕亻(人) 사람인변 ⊕委 맡길 위
- 擔任(담임) 委任(위임) 任期(임:기) 任命(임:명) 任用(임:용)

0426 字 7급 글자 자
- ⊕子 아들자
- 文字(문자) 字句(자구) 字典(자전) 字解(자해) 正字(정:자) 漢字(한:자)

0427 姿 4급 모양 자
- ⊕女 계집녀 ⊕態 모양 태, 樣 모양 양
- 雄姿(웅자) 姿色(자색) 姿勢(자세) 姿容(자용) 姿體(자체) 姿態(자태)
  - 모습. 모양

0428 姉 4급 손위누이 자
- ⊕女 계집녀 ⊕妹 손아랫누이 매
- 母姉(모:자) 姉妹(자매) 姉夫(자부) 姉氏(자씨) 姉兄(자형)

0429 資 4급 재물 자
- ⊕貝 조개패 ⊕財 재물 재, 貨 재물 화
- 資格(자격) 資金(자금) 資本(자본) 資産(자산) 資源(자원) 資材(자재)
  - 생산의 바탕이 되는 여러 가지 물자

0430 昨 6급 어제 작
- ⊕日 날일 ⊕今 이제 금
- 昨今(작금) 昨年(작년) 昨夜(작야) 昨日(작일) 昨朝(작조)
- 參고 昨日(작일) ↔ 來日(내일)

0431 殘 4급 남을 잔
- ⊕歹 죽을사변 ⊕餘 남을 여 ⊕殘
- 殘高(잔고) 殘留(잔류) 殘額(잔액) 殘存(잔존) 骨肉相殘(골육상잔)

118

15일째 한자익히기 0432~0442

裝將場在的適賊傳轉典絕

0432 裝 4급
꾸밀 장
(부)衣 옷의 (유)飾 꾸밀 식(3급II) (약)裝
男裝(남장) 變裝(변:장) 裝甲(장갑) 裝備(장비) 裝着(장착) 裝置(장치)

0433 將 4급II
장수 장(:)
(부)寸 마디촌 (유)帥 장수 수(3급) (반)兵 군사 병, 卒 마칠 졸 (약)将
將軍(장군) 將來(장래) 將兵(장:병) 將卒(장:졸) 日就月將(일취월장)
　　　　　　　　　　　　　　　　장수와 병졸

0434 場 7급
마당 장
(부)土 흙토
廣場(광:장) 劇場(극장) 場面(장면) 場所(장소) 場外(장외) 閉場(폐:장)

0435 在 6급
있을 재:
(부)土 흙토 (유)有 있을 유, 存 있을 존 (반)無 없을 무
在庫(재:고) 在任(재:임) 在職(재:직) 在學(재:학) 在所者(재소자)
　　　　　　　어떤 직무나 임지에 있음

0436 的 5급
과녁 적
(부)白 흰백
目的(목적) 量的(양:적) 的否(적부) 的然(적연) 的中(적중) 的知(적지)

0437 適 4급
맞을 적
(부)辶(辵) 책받침
適格(적격) 適期(적기) 適當(적당) 適法(적법) 適材適所(적재적소)
(참고)適格(적격) ↔ 缺格(결격)

0438 賊 4급
도둑 적
(부)貝 조개패 (유)盜 도둑 도
盜賊(도적) 山賊(산적) 逆賊(역적) 賊難(적난) 賊將(적장) 海賊(해:적)
　　　　　　　　　　　　　도둑에게 재난을 당함

0439 傳 5급
전할 전
(부)亻(人) 사람인변 (약)伝
宣傳(선전) 傳達(전달) 傳說(전설) 傳授(전수) 傳承(전승) 傳統(전통)
사람들에게 설명하고 이해와 공감을 얻기 위해 널리 알림

0440 轉 4급
구를 전:
(부)車 수레거 (약)転
轉機(전:기) 轉用(전:용) 轉移(전:이) 轉入(전:입) 轉學(전:학)

0441 典 5급
법 전:
(부)八 여덟팔 (유)法 법 법, 式 법 식
經典(경전) 古典(고:전) 法典(법전) 辭典(사전) 典當(전:당) 典範(전:범)

0442 絕 4급II
끊을 절
(부)糸 실사 (유)斷 끊을 단, 切 끊을 절
絕斷(절단) 絕望(절망) 絕妙(절묘) 絕壁(절벽) 絕海孤島(절해고도)
(참고)絕望(절망) ↔ 希望(희망)

0443
5급
切
끊을 **절**
온통 **체**

图刀 칼도 ⊕斷 끊을 **단**, 絶 끊을 **절**

嚴切(엄절) 一切(일절) 切感(절감) 切斷(절단) 切實(절실) 切除(절제)

一切(일체) 〈사물을 부인하거나 금하는 말과 어울려서〉 전혀, 도무지, 결코

└──────── 모든 것, 온갖 것

참고 一切 독음 주의!

0444
4급
折
꺾을 **절**

图扌(手) 재방변 ⊕曲 굽을 **곡**, 屈 굽힐 **굴**

曲折(곡절) 骨折(골절) 屈折(굴절) 斷折(단:절) 折半(절반) 折線(절선)
　　　　　뼈가 부러짐

0445
4급
點
점 **점(:)**

图黑 검을흑 약 点

觀點(관점) 點檢(점검) 點線(점선) 點數(점수) 點心(점:심) 點火(점화)
　　　　낱낱이 검사함

0446
5급
店
가게 **점:**

图广 엄호

商店(상점) 店房(점:방) 店員(점:원) 店主(점:주) 百貨店(백화점)

0447
4급II
接
이을 **접**

图扌(手) 재방변 ⊕續 이을 **속**

接見(접견) 接近(접근) 接線(접선) 接續(접속) 接着(접착) 接合(접합)

0448
6급
庭
뜰 **정**

图广 엄호

家庭(가정) 校庭(교:정) 內庭(내:정) 庭球(정구) 庭園(정원) 親庭(친정)
　　　　　　　　　경기장 바닥에 네트를 가로질러 치고 그 양쪽에서
　　　　　　　　　라켓으로 공을 주고받아 승패를 겨루는 경기

0449
4급
整
가지런할 **정:**

图攵(攴) 등글월문

整列(정:렬) 整理(정:리) 整備(정:비) 整然(정:연) 整形(정:형)

0450
4급II
濟
건널 **제:**

图氵(水) 삼수변 ⊕救 구원할 **구** 약 済

經濟(경제) 救濟(구:제) 百濟(백제) 濟度(제:도) 濟民(제:민)

| 오 늘 의 사 자 성 어 |

絶海孤島 절해고도 뭍에서 멀리 떨어진 외딴 섬
適材適所 적재적소 어떤 일에 알맞은 재능을 가진 사람에게 알맞은 임무를 맡기는 일
骨肉相殘 골육상잔 혈연관계에 있는 사람끼리 서로 해치며 싸우는 일
日就月將 일취월장 날로 달로 자라거나 나아감

15

I 다음 漢字語의 讀音을 쓰시오.

① 接線	② 將軍	③ 適格	④ 男裝
⑤ 逆賊	⑥ 場面	⑦ 字解	⑧ 親庭
⑨ 的中	⑩ 異端	⑪ 昨朝	⑫ 任用
⑬ 資源	⑭ 在庫	⑮ 經濟	⑯ 整列
⑰ 仁術	⑱ 轉移	⑲ 屈折	⑳ 姉妹
㉑ 觀點	㉒ 絶妙	㉓ 認證	㉔ 姿體
㉕ 傳統	㉖ 辭典	㉗ 殘額	㉘ 切實
㉙ 移動	㉚ 百貨店		

2 다음 漢字의 訓과 音을 쓰시오.

① 裝	② 殘	③ 折	④ 整
⑤ 適	⑥ 資	⑦ 轉	⑧ 賊

3 다음의 訓과 音을 지닌 漢字를 쓰시오.

① 과녁 적	② 가게 점	③ 맡길 임	④ 법 전
⑤ 전할 전	⑥ 뜰 정		

4 다음 밑줄 친 漢字語는 한글로, 한글은 漢字語로 바꾸시오.

① 네가 이곳에 온 목적이 무엇이냐?

② 이제서야 당신의 필요성을 절감하고 있습니다.

③ 통장에 남은 殘額이 얼마야?

④ 適法한 영업행위를 처벌할 수는 없죠.

5 다음 빈칸에 알맞은 漢字를 넣어 四字成語를 完成하시오.

① (　)口同聲 : 여러 사람의 말이 한결같이 같음

② (　)海孤島 : (뭍에서 멀리 떨어진 외딴 섬)

③ 日就月(　) : (날로 달로 자라거나 나아감)

15

6 다음 각 글자와 뜻이 같거나 비슷한 漢字를 ( )에 넣으시오.

① 委( )　　　② 法( )　　　③ 存( )　　　④ ( )斷

7 다음 漢字語의 同音異義語를 쓰되 제시된 뜻에 맞게 쓰시오.

① 苦戰 - ( )：옛날의 법식이나 의식

② 假定 - ( )：가족이 함께 생활하는, 사회의 가장 작은 집단

③ 定員 - ( )：잘 가꾸어 놓은 넓은 뜰

8 다음 漢字의 部首를 쓰시오.

① 姿　　　② 異　　　③ 字　　　④ 將　　　⑤ 整

9 다음 漢字를 略字로 바꾸어 쓰시오.

① 濟　　　② 傳　　　③ 裝　　　④ 殘

⑤ 轉　　　⑥ 將　　　⑦ 點

10 다음 漢字語의 뜻을 쓰시오.

① 異論　　　② 切感　　　③ 裝着　　　④ 骨折

11 다음 例示한 漢字語 중에서 앞 글자가 長音으로 發音되는 것을 골라 그 번호를 쓰시오.

① ㄱ. 將軍　　ㄴ. 將來　　ㄷ. 將兵　　ㄹ. 場所

② ㄱ. 點數　　ㄴ. 點心　　ㄷ. 點線　　ㄹ. 點火

정답

1 ① 접선 ② 장군 ③ 적격 ④ 남장 ⑤ 역적 ⑥ 장면 ⑦ 자해 ⑧ 친정 ⑨ 적중 ⑩ 이단 ⑪ 작조 ⑫ 임용 ⑬ 자원 ⑭ 재고 ⑮ 경제 ⑯ 정렬 ⑰ 인술 ⑱ 전이 ⑲ 굴절 ⑳ 자매 ㉑ 관점 ㉒ 절묘 ㉓ 인증 ㉔ 자체 ㉕ 전통 ㉖ 사전 ㉗ 잔액 ㉘ 절실 ㉙ 이동 ㉚ 백화점 **2** ① 꾸밀 장 ② 남을 잔 ③ 꺾을 절 ④ 가지런할 정 ⑤ 맞을 적 ⑥ 재물 자 ⑦ 구를 전 ⑧ 도둑 적 **3** ① 的 ② 店 ③ 任 ④ 典 ⑤ 傳 ⑥ 庭 **4** ① 目的 ② 切感 ③ 잔액 ④ 적법 **5** ① 異 ② 絶 ③ 將 **6** ① 任 ② 典 ③ 在 ④ 切, 絶 **7** ① 古典 ② 家庭 ③ 庭園 **8** ① 女 ② 田 ③ 子 ④ 寸 ⑤ 攵(攴) **9** ① 済 ② 伝 ③ 装 ④ 残 ⑤ 転 ⑥ 将 ⑦ 点 **10** ① 이론 : 다른 의견 ② 절감 : 절실히 느낌, 깊이 느낌 ③ 장착 : 부착함 ④ 골절 : 뼈가 부러짐 **11** ① ㄷ ② ㄴ

미리 확인하기　　　　　　　　　ο χ　　　　　　　　　ο χ

弟	弟 弟 弟 弟 弟	□ □	證	證 證 證 證 證	□ □
題	題 題 題 題 題	□ □	指	指 指 指 指 指	□ □
除	除 除 除 除 除	□ □	織	織 織 織 織 織	□ □
朝	朝 朝 朝 朝 朝	□ □	進	進 進 進 進 進	□ □
操	操 操 操 操 操	□ □	眞	眞 眞 眞 眞 眞	□ □
組	組 組 組 組 組	□ □	差	差 差 差 差 差	□ □
條	條 條 條 條 條	□ □	讚	讚 讚 讚 讚 讚	□ □
族	族 族 族 族 族	□ □	察	察 察 察 察 察	□ □
存	存 存 存 存 存	□ □	創	創 創 創 創 創	□ □
種	種 種 種 種 種	□ □	責	責 責 責 責 責	□ □
晝	晝 晝 晝 晝 晝	□ □	處	處 處 處 處 處	□ □
周	周 周 周 周 周	□ □	泉	泉 泉 泉 泉 泉	□ □
準	準 準 準 準 準	□ □	初	初 初 初 初 初	□ □
中	中 中 中 中 中	□ □	推	推 推 推 推 推	□ □
增	增 增 增 增 增	□ □	充	充 充 充 充 充	□ □

首丘初心 □□□□　　　　自晝自讚 □□□□

晝夜不息 □□□□　　　　天壤之差 □□□□

0451
8급

弟
아우 제:

⊕弓 활궁　⊕師 스승 사, 兄 형 형

妹弟(매제)　師弟(사제)　義弟(의:제)　弟夫(제:부)　弟子(제:자)　兄弟(형제)
　　　　　　　　　　　　의로 맺은 아우

0452
6급

題
제목 제

⊕頁 머리혈

問題(문:제)　題名(제명)　題目(제목)　主題(주제)　出題(출제)　話題(화제)

0453
4급Ⅱ

除
덜 제

⊕阝(阜) 좌부변　⊕減 덜 감　⊕加 더할 가

除去(제거)　除隊(제대)　除名(제명)　除雪(제설)　除外(제외)　除籍(제적)

0454
6급

朝
아침 조

⊕月 달월　⊕夕 저녁 석, 野 들 야

朝夕(조석)　朝鮮(조선)　朝野(조야)　朝會(조회)　朝令暮改(조령모개)
　　　　　　　　　　　　조정과 재야

0455
5급

操
잡을 조(:)

⊕扌(手) 재방변

操鍊(조:련)　操心(조:심)　操縱(조종)　志操(지조)　體操(체조)

0456
4급

組
짤 조

⊕糸 실사　⊕織 짤 직

勞組(노조)　組立(조립)　組成(조성)　組長(조장)　組織(조직)　組合(조합)

0457
4급

條
가지 조

⊕木 나무목　⊕条

條件(조건)　條例(조례)　條理(조리)　條目(조목)　條文(조문)　條約(조약)
　　　　　　　　조목조목 적어 놓은 규칙

0458
6급

族
겨레 족

⊕方 모방

貴族(귀:족)　同族(동족)　氏族(씨족)　遺族(유족)　族屬(족속)　族長(족장)

🔵相 貴族(귀족) ↔ 平民(평민)

0459
4급

存
있을 존

⊕子 아들자　⊕在 있을 재, 有 있을 유　⊕亡 망할 망

共存(공:존)　依存(의존)　殘存(잔존)　存亡(존망)　存續(존속)　存在(존재)
　　　　　남에게 의지하여 있음

0460
5급

種
씨 종(:)

⊕禾 벼화

種類(종:류)　種目(종:목)　種別(종:별)　種子(종자)　種族(종족)

0461
6급

晝
낮 주

⊕日 날일　⊕午 낮 오　⊕夜 밤 야　⊕昼

晝間(주간)　晝夜(주야)　晝耕夜讀(주경야독)　晝夜不息(주야불식)

🔵相 晝間(주간) ↔ 夜間(야간)

16일째 한자익히기 0462~0472

周準中增證指織進眞差讚

0462 4급 周 두루 주
- 🔵 口 입구
- 圓周(원주)　一周(일주)　周到(주도)　周密(주밀)　周邊(주변)　周圍(주위)
- 주의(注意)가 두루 미쳐서 빈틈이 없음

0463 4급Ⅱ 準 준할 준:
- 🔵 氵(水) 삼수변
- 基準(기준)　水準(수준)　準據(준:거)　準備(준:비)　準用(준:용)　準則(준:칙)

0464 8급 中 가운데 중
- 🔵 丨 뚫을곤 　 🔵 央 가운데 앙(3급Ⅱ)
- 中間(중간)　中道(중도)　中心(중심)　中絕(중절)　中止(중지)　中退(중퇴)

0465 4급Ⅱ 增 더할 증
- 🔵 土 흙토 　 🔵 加 더할 가, 益 더할 익 　 🔵 減 덜 감
- 增加(증가)　增減(증감)　增設(증설)　增額(증액)　增員(증원)　增資(증자)
- 🔵참고 增額(증액) ↔ 減額(감액)

0466 4급 證 증거 증
- 🔵 言 말씀언 　 🔵 據 근거 거 　 🔵 証
- 證據(증거)　證券(증권)　證明(증명)　證言(증언)　證人(증인)　證票(증표)
- 재산에 관한 권리나 의무를 나타내는 문서

0467 4급Ⅱ 指 가리킬 지
- 🔵 扌(手) 재방변
- 指導(지도)　指示(지시)　指壓(지압)　指點(지점)　指定(지정)　指揮(지휘)
- (어느 한 곳을) 손가락으로 가리켜 보임

0468 4급 織 짤 직
- 🔵 糸 실사 　 🔵 組 짤 조
- 組織(조직)　織工(직공)　織機(직기)　織女(직녀)　織物(직물)　織造(직조)

0469 4급Ⅱ 進 나아갈 진:
- 🔵 辶(辵) 책받침 　 🔵 就 나아갈 취 　 🔵 退 물러날 퇴
- 進路(진:로)　進步(진:보)　進入(진:입)　進出(진:출)　進退兩難(진퇴양난)

0470 4급Ⅱ 眞 참 진
- 🔵 目 눈목 　 🔵 假 거짓 가, 僞 거짓 위
- 眞價(진가)　眞談(진담)　眞理(진리)　眞實(진실)　眞意(진의)　眞正(진정)

0471 4급 差 다를 차 / 어긋날 치
- 🔵 工 장인공 　 🔵 異 다를 이, 別 다를 별
- 差別(차별)　差額(차액)　差異(차이)　差益(차익)　天壤之差(천양지차)
- 비용을 빼고 남은 이익
- 差勝(치승)　差池(치지)

0472 4급 讚 기릴 찬:
- 🔵 言 말씀언 　 🔵 頌 기릴 송, 稱 일컬을 칭
- 讚歌(찬:가)　讚辭(찬:사)　讚頌(찬:송)　稱讚(칭찬)　自畵自讚(자화자찬)

0473 4급II **察** 살필 **찰**
부 宀 갓머리 유 省 살필 성
警察(경:찰) 考察(고찰) 觀察(관찰) 査察(사찰) 省察(성찰) 察知(찰지)
사물을 뚜렷이 밝히기 위하여, 깊이 생각하여 살핌

0474 4급II **創** 비롯할 **창:**
부 刂(刀) 선칼도방
創案(창:안) 創作(창:작) 創製(창:제) 創造(창:조) 創出(창:출)

0475 5급 **責** 꾸짖을 **책**
부 貝 조개패
自責(자책) 職責(직책) 責望(책망) 責務(책무) 責問(책문) 責任(책임)

0476 4급II **處** 곳 **처:**
부 虍 범호엄 유 所 바 소 약 処
傷處(상처) 處斷(처:단) 處理(처:리) 處方(처:방) 處分(처:분)
증세에 따라 약을 짓는 방법

0477 4급 **泉** 샘 **천**
부 水 물수
玉泉(옥천) 溫泉(온천) 源泉(원천) 泉脈(천맥) 泉下(천하) 黃泉(황천)

0478 5급 **初** 처음 **초**
부 刀 칼도 유 始 처음 시 반 終 마칠 종
正初(정초) 初等(초등) 初行(초행) 初婚(초혼) 首丘初心(수구초심)

0479 4급 **推** 밀 **추** / 밀 **퇴**
부 扌(手) 재방변 반 引 끌 인
推計(추계) 推理(추리) 推算(추산) 推移(추이) 推定(추정) 推測(추측)
推戶(퇴호)
지게문이나 사립문을 밀어서 엶

0480 5급 **充** 채울 **충**
부 儿 어진사람인발 유 滿 찰 만
充當(충당) 充滿(충만) 充分(충분) 充實(충실) 充電(충전) 充足(충족)
참 充電(충전) ↔ 放電(방전)

| 오 늘 의 사 자 성 어 |

首丘初心 수구초심 [여우가 죽을 때, 머리를 제 살던 굴 쪽으로 두고 죽음] 고향을 그리워하는 마음
自畫自讚 자화자찬 자기가 한 일을 자기 스스로 칭찬함
晝夜不息 주야불식 밤낮으로 쉬지 않음
天壤之差 천양지차 하늘과 땅 사이와 같이 엄청난 차이

16

Ⅰ 다음 漢字語의 讀音을 쓰시오.

① 組成	② 種類	③ 準據	④ 眞實
⑤ 中絶	⑥ 志操	⑦ 晝間	⑧ 證券
⑨ 責務	⑩ 傷處	⑪ 朝會	⑫ 周邊
⑬ 進步	⑭ 觀察	⑮ 初婚	⑯ 師弟
⑰ 殘存	⑱ 織機	⑲ 黃泉	⑳ 推移
㉑ 除雪	㉒ 種族	㉓ 指定	㉔ 讚歌
㉕ 充滿	㉖ 話題	㉗ 條約	㉘ 增設
㉙ 差益	㉚ 創出		

2 다음 漢字의 訓과 音을 쓰시오.

① 組	② 周	③ 泉	④ 讚
⑤ 織	⑥ 條	⑦ 存	⑧ 證

3 다음의 訓과 音을 지닌 漢字를 쓰시오.

① 꾸짖을 책 ② 잡을 조 ③ 씨 종 ④ 채울 충 ⑤ 처음 초

4 다음 밑줄 친 漢字語는 한글로, 한글은 漢字語로 바꾸시오.

① 모든 일에 충실하게 임해야 한다.
② 도둑의 뒤를 警察이 쫓고 있다.
③ 저도 이 길은 초행이라 잘 모르겠네요.
④ 그는 證據불충분으로 풀려났다.
⑤ 이번 일로 책임을 면할 수는 없을 것이다.

5 다음 빈칸에 알맞은 漢字를 넣어 四字成語를 完成하시오.

① 首丘(　)心 : 고향을 그리워하는 마음
② (　)夜不息 : 밤낮으로 쉬지 않음
③ (　)令暮改 : 법이나 명령이 자주 뒤바뀜

127

16

6 다음 漢字와 뜻이 反對 또는 相對되는 漢字, 漢字語를 ( )에 넣으시오.

① 兄 ↔ (   )   ② (   ) ↔ 夜   ③ (   ) ↔ 放電   ④ (   ) ↔ 平民

7 다음 각 글자와 뜻이 같거나 비슷한 漢字를 ( )에 넣으시오.

① ( )滿   ② ( )所   ③ 始( )   ④ ( )就

8 다음 漢字語의 同音異義語를 쓰되 제시된 뜻에 맞게 쓰시오.

① 從者 – (   ) : 씨

② 造船 – (   ) : 상고(上古) 때부터 써 오던 우리나라의 나라 이름

9 다음 漢字의 部首를 쓰시오.

① 眞   ② 初   ③ 差   ④ 處   ⑤ 準

10 다음 漢字를 略字로 바꾸어 쓰시오.

① 處   ② 條   ③ 證   ④ 畫

11 다음 漢字語의 뜻을 쓰시오.

① 出題   ② 進出   ③ 差別   ④ 指點

12 다음 例示한 漢字語 중에서 앞 글자가 長音으로 發音되는 것을 골라 그 번호를 쓰시오.

① ㄱ. 種族   ㄴ. 種別   ㄷ. 種子   ㄹ. 周圍

② ㄱ. 處理   ㄴ. 差異   ㄷ. 織工   ㄹ. 指壓

정답

1 ① 조성 ② 종류 ③ 준거 ④ 진실 ⑤ 중절 ⑥ 지조 ⑦ 주간 ⑧ 증권 ⑨ 책무 ⑩ 상처 ⑪ 조회 ⑫ 주변 ⑬ 진보 ⑭ 관찰 ⑮ 초혼 ⑯ 사제 ⑰ 잔존 ⑱ 직기 ⑲ 황천 ⑳ 추이 ㉑ 제설 ㉒ 종족 ㉓ 지정 ㉔ 찬가 ㉕ 충만 ㉖ 화제 ㉗ 조약 ㉘ 증설 ㉙ 차익 ㉚ 창출 **2** ① 짤 조 ② 두루 주 ③ 샘 천 ④ 기릴 찬 ⑤ 짤 직 ⑥ 가지 조 ⑦ 있을 존 ⑧ 증거 증 **3** ① 責 ② 操 ③ 種 ④ 充 ⑤ 初 **4** ① 充實 ② 경찰 ③ 初行 ④ 증거 ⑤ 責任 **5** ① 初 ② 晝 ③ 朝 **6** ① 弟 ② 晝 ③ 充電 ④ 貴族 **7** ① 充 ② 處 ③ 初 ④ 進 **8** ① 種子 ② 朝鮮 **9** ① 目 ② 刀 ③ 工 ④ 虍 ⑤ 氵(水) **10** ① 処 ② 条 ③ 証 ④ 昼 **11** ① 출제 : 시험문제를 냄 ② 진출 : 앞으로 나아감 ③ 차별 : 차가 있게 구별함 ④ 지점 : (어느 한 곳을) 손가락으로 가리켜 보임 **12** ① ㄴ ② ㄱ

128

미리 확인하기　　　　　　o x　　　　　　　　　o x

就	就	就	就	就	就	□□	退	退	退	退	退	退	□□
趣	趣	趣	趣	趣	趣	□□	派	派	派	派	派	派	□□
測	測	測	測	測	測	□□	布	布	布	布	布	布	□□
致	致	致	致	致	致	□□	品	品	品	品	品	品	□□
置	置	置	置	置	置	□□	疲	疲	疲	疲	疲	疲	□□
親	親	親	親	親	親	□□	避	避	避	避	避	避	□□
寢	寢	寢	寢	寢	寢	□□	寒	寒	寒	寒	寒	寒	□□
稱	稱	稱	稱	稱	稱	□□	閑	閑	閑	閑	閑	閑	□□
打	打	打	打	打	打	□□	抗	抗	抗	抗	抗	抗	□□
他	他	他	他	他	他	□□	核	核	核	核	核	核	□□
歎	歎	歎	歎	歎	歎	□□	幸	幸	幸	幸	幸	幸	□□
炭	炭	炭	炭	炭	炭	□□	憲	憲	憲	憲	憲	憲	□□
彈	彈	彈	彈	彈	彈	□□	現	現	現	現	現	現	□□
脫	脫	脫	脫	脫	脫	□□	形	形	形	形	形	形	□□
擇	擇	擇	擇	擇	擇	□□	湖	湖	湖	湖	湖	湖	□□

風樹之歎 □□□□　　利害打算 □□□□

他山之石 □□□□　　日就月將 □□□□

0481 4급 就 나아갈 취:
(부)尤 절름발이왕 (유)進 나아갈 진 (반)退 물러날 퇴
成就(성취) 就業(취:업) 就任(취:임) 就職(취:직) 日就月將(일취월장)
상대 就職(취직) ↔ 失職(실직)

0482 4급 趣 뜻 취:
(부)走 달릴주 (유)意 뜻 의, 志 뜻 지
情趣(정취) 趣味(취:미) 趣意(취:의) 趣向(취:향) 風趣(풍취)
(어떤 일의) 근본 목적이나 의도

0483 4급II 測 헤아릴/잴 측
(부)氵(水) 삼수변 (유)量 헤아릴 량
豫測(예:측) 推測(추측) 測量(측량) 測定(측정) 測雨器(측우기)

0484 5급 致 이를 치:
(부)至 이를지 (유)至 이를 지
致命(치:명) 致死(치:사) 致謝(치:사) 致誠(치:성) 格物致知(격물치지)
고맙다는 뜻을 나타냄

0485 4급II 置 둘 치:
(부)罒(网) 그물망
代置(대:치) 配置(배:치) 位置(위치) 置重(치:중) 置換(치:환)
바꿔 놓음

0486 6급 親 친할 친
(부)見 볼견
親交(친교) 親舊(친구) 親密(친밀) 親分(친분) 親善(친선) 親族(친족)

0487 4급 寢 잘 침:
(부)宀 갓머리 (유)宿 잘 숙 (반)起 일어날 기
起寢(기침) 就寢(취:침) 寢所(침:소) 寢食(침:식) 寢室(침:실)
사람이 자는 곳

0488 4급 稱 일컬을 칭
(부)禾 벼화 (유)頌 기릴 송 (약)称
名稱(명칭) 俗稱(속칭) 人稱(인칭) 稱讚(칭찬) 稱號(칭호)

0489 5급 打 칠 타:
(부)扌(手) 재방변 (유)擊 칠 격
打開(타:개) 打擊(타:격) 打席(타:석) 打破(타:파) 利害打算(이해타산)

0490 5급 他 다를 타
(부)亻(人) 사람인변 (반)自 스스로 자
他國(타국) 他殺(타살) 他意(타의) 他人(타인) 他山之石(타산지석)
상대 他殺(타살) ↔ 自殺(자살)

0491 4급 歎 탄식할 탄:
(부)欠 하품흠
感歎(감:탄) 歎聲(탄:성) 歎息(탄:식) 恨歎(한:탄) 風樹之歎(풍수지탄)

17일째 한자익히기 0492~0502

炭彈脫擇退派布品疲避寒

0492 5급
炭
숯 탄:
- 부 火 불화　반 氷 얼음 빙
炭鑛(탄:광)　炭脈(탄:맥)　炭素(탄:소)　炭化(탄:화)　炭水化物(탄수화물)
석탄의 광맥

0493 4급
彈
탄알 탄:
- 부 弓 활궁　약 弾
彈道(탄:도)　彈力(탄:력)　彈性(탄:성)　彈壓(탄:압)　彈藥(탄:약)

0494 4급
脫
벗을 탈
- 부 月(肉) 육달월
離脫(이:탈)　脫營(탈영)　脫衣(탈의)　脫盡(탈진)　脫出(탈출)　脫退(탈퇴)
상대 脫退(탈퇴) ↔ 加入(가입)

0495 4급
擇
가릴 택
- 부 扌(手) 재방변　유 選 가릴 선　약 択
選擇(선:택)　採擇(채:택)　擇用(택용)　擇日(택일)　兩者擇一(양자택일)

0496 4급Ⅱ
退
물러날 퇴:
- 부 辶(辵) 책받침　유 去 갈 거　반 進 나아갈 진, 就 나아갈 취
退去(퇴:거)　退步(퇴:보)　退職(퇴:직)　退陣(퇴:진)　退出(퇴:출)
군사의 진지를 뒤로 물림

0497 4급
派
갈래 파
- 부 氵(水) 삼수변
急派(급파)　宗派(종파)　特派(특파)　派生(파생)　派出所(파출소)

0498 4급Ⅱ
布
베 포(:)
보시 보:
- 부 巾 수건건
布告(포:고)　布教(포:교)　布木(포목)　布石(포:석)　布陣(포:진)
布施(보:시)　종교를 널리 폄

0499 5급
品
물건 품:
- 부 口 입구　유 物 물건 물, 件 물건 건
品名(품:명)　品切(품:절)　品種(품:종)　品質(품:질)　品評(품:평)

0500 4급
疲
피곤할 피
- 부 疒 병질엄　유 困 곤할 곤
疲困(피곤)　疲勞(피로)　疲弊(피폐)
지치고 쇠약해짐

0501 4급
避
피할 피:
- 부 辶(辵) 책받침　유 逃 도망할 도
逃避(도피)　避球(피:구)　避難(피:난)　避亂(피:란)　回避(회피)

0502 5급
寒
찰 한
- 부 宀 갓머리　유 冷 찰 랭　반 暖 따뜻할 난, 溫 따뜻할 온
極寒(극한)　寒氣(한기)　寒冷(한랭)　寒流(한류)　寒食(한식)　寒波(한파)

0503 4급 **閑** 한가할 한
- ㈜ 門 문문
- 閑暇(한가) 閑談(한담) 閑良(한량) 閑散(한산) 閑職(한직)

0504 4급 **抗** 겨룰/막을 항:
- ㈜ 扌(手) 재방변
- 反抗(반:항) 抗拒(항:거) 抗告(항:고) 抗命(항:명) 抗辯(항:변)
  - 하급 법원의 결정·명령에 불복하여 당사자나 제삼자가 상급 법원에 상소하는 일

0505 4급 **核** 씨 핵
- ㈜ 木 나무목
- 結核(결핵) 核果(핵과) 核心(핵심) 細胞核(세포핵) 核武器(핵무기)

0506 6급 **幸** 다행 행:
- ㈜ 干 방패간 ㈜ 福 복 복
- 多幸(다행) 幸福(행:복) 幸臣(행:신) 幸運(행:운)
- 상 幸運(행운) ↔ 悲運(비운)

0507 4급 **憲** 법 헌:
- ㈜ 心 마음심 ㈜ 法 법 법, 式 법 식, 規 법 규
- 違憲(위헌) 立憲(입헌) 憲法(헌:법) 憲章(헌:장) 制憲節(제헌절)

0508 6급 **現** 나타날 현:
- ㈜ 王(玉) 구슬옥변 ㈜ 顯 나타날 현 ㈜ 隱 숨을 은
- 出現(출현) 表現(표현) 現象(현:상) 現實(현:실) 現在(현:재)

0509 6급 **形** 모양 형
- ㈜ 彡 터럭삼 ㈜ 像 모양 상, 姿 모양 자, 態 모양 태
- 形狀(형상) 形勢(형세) 形式(형식) 形容(형용) 形體(형체) 形態(형태)
  - 사물의 어떠함을 어떠한 표현 수단을 써서 나타냄

0510 5급 **湖** 호수 호
- ㈜ 氵(水) 삼수변
- 湖南(호남) 湖面(호면) 湖上(호상) 湖西(호서) 湖水(호수) 湖港(호항)
  - 큰 호숫가에 발달한 항구

| 오 늘 의 사 자 성 어 |

風樹之歎 풍수지탄 어버이가 돌아가시어 효도하고 싶어도 할 수 없는 슬픔
利害打算 이해타산 이익과 손해를 이모저모 따져 셈함
他山之石 타산지석 다른 사람의 하찮은 언행도 자기의 지덕을 닦는 데 도움이 됨
日就月將 일취월장 날로 달로 자라거나 나아감

I 다음 漢字語의 讀音을 쓰시오.

① 成就	② 打擊	③ 脫盡	④ 品名
⑤ 親舊	⑥ 炭素	⑦ 布施	⑧ 幸運
⑨ 彈藥	⑩ 抗命	⑪ 急派	⑫ 致死
⑬ 稱號	⑭ 現實	⑮ 歎息	⑯ 立憲
⑰ 閑談	⑱ 避球	⑲ 形態	⑳ 就寢
㉑ 豫測	㉒ 疲勞	㉓ 他殺	㉔ 極寒
㉕ 退去	㉖ 置重	㉗ 趣向	㉘ 湖水
㉙ 採擇	㉚ 核武器		

2 다음 漢字의 訓과 音을 쓰시오.

① 核	② 避	③ 憲	④ 閑
⑤ 擇	⑥ 趣	⑦ 派	⑧ 歎

3 다음의 訓과 音을 지닌 漢字를 쓰시오.

① 물건 품	② 호수 호	③ 이를 치	④ 칠 타
⑤ 찰 한	⑥ 다를 타		

4 다음 밑줄 친 漢字語는 한글로, 한글은 漢字語로 바꾸시오.

① 값이 쌀수록 품질이 좋지 않다.

② 4번 타자가 타석에 들어섰습니다.

③ 7월 17일은 制憲節이다.

④ 잇따른 야근 때문에 너무 疲困해.

5 다음 빈칸에 알맞은 漢字를 넣어 四字成語를 完成하시오.

① 利害( )算 : 이익과 손해를 이모저모 따져 셈함

② 格物( )知 : 실제 사물의 이치를 연구하여 지식을 완전하게 함

③ ( )山之石 : 다른 사람의 하찮은 언행도 자기의 지덕을 닦는 데 도움이 됨

6 다음 漢字와 뜻이 反對 또는 相對되는 漢字를 ( )에 넣으시오.

① 自 ↔ ( )　　　② 氷 ↔ ( )　　　③ ( ) ↔ 暖　　　④ 隱 ↔ ( )

7 다음 각 글자와 뜻이 같거나 비슷한 漢字를 ( )에 넣으시오.

① ( )福　　　② ( )冷　　　③ ( )擊　　　④ 物( )

8 다음 뜻에 알맞은 漢字語를 漢字로 쓰시오.

① 타의 (다른 생각. 다른 사람의 뜻)

② 치명 (죽을 지경에 이름)

9 다음 漢字의 部首를 쓰시오.

① 歎　　　② 憲　　　③ 就　　　④ 炭　　　⑤ 致

10 다음 漢字를 略字로 바꾸어 쓰시오.

① 擇　　　② 稱　　　③ 彈

11 다음 漢字語의 뜻을 쓰시오.

① 核心　　　② 採擇　　　③ 避難　　　④ 品評

12 다음 漢字語 중 첫 音節이 길게 發音되는 것을 3개 골라 그 번호를 쓰시오(순서 무관).

① 形式　　　② 閑暇　　　③ 寢室　　　④ 退步

⑤ 疲困　　　⑥ 派生　　　⑦ 布敎　　　⑧ 布木

정답

1 ① 성취 ② 타격 ③ 탈진 ④ 품명 ⑤ 친구 ⑥ 탄소 ⑦ 보시 ⑧ 행운 ⑨ 탄약 ⑩ 항명 ⑪ 급파 ⑫ 치사 ⑬ 칭호 ⑭ 현실 ⑮ 탄식 ⑯ 입헌 ⑰ 한담 ⑱ 피구 ⑲ 형태 ⑳ 취침 ㉑ 예측 ㉒ 피로 ㉓ 타살 ㉔ 극한 ㉕ 퇴거 ㉖ 치중 ㉗ 취향 ㉘ 호수 ㉙ 채택 ㉚ 핵무기 **2** ① 씨 핵 ② 피할 피 ③ 법 헌 ④ 한가할 한 ⑤ 가릴 택 ⑥ 뜻 취 ⑦ 갈래 파 ⑧ 탄식할 탄 **3** ① 品 ② 湖 ③ 致 ④ 打 ⑤ 寒 ⑥ 他 **4** ① 品質 ② 打席 ③ 제헌절 ④ 피곤 **5** ① 打 ② 致 ③ 他 **6** ① 他 ② 炭 ③ 寒 ④ 現 **7** ① 幸 ② 寒 ③ 打 ④ 品 **8** ① 他意 ② 致命 **9** ① 欠 ② 心 ③ 尤 ④ 火 ⑤ 至 **10** ① 択 ② 称 ③ 弾 **11** ① 핵심 : 중심이 되는 가장 요긴한 부분. 알맹이 ② 채택 : 골라서 씀 ③ 피난 : 재난을 피함. 재난을 피해서 있는 곳을 옮김 ④ 품평 : 품질에 대해 평가하는 일 **12** ③, ④, ⑦

134

미리확인하기　　　　　O X　　　　　　O X

						O X							O X
好	好	好	好	好	好	□□	甘	甘	甘	甘	甘	甘	□□
混	混	混	混	混	混	□□	生	生	生	生	生	生	□□
化	化	化	化	化	化	□□	用	用	用	用	用	用	□□
華	華	華	華	華	華	□□	田	田	田	田	田	田	□□
和	和	和	和	和	和	□□	白	白	白	白	白	白	□□
確	確	確	確	確	確	□□	目	目	目	目	目	目	□□
歡	歡	歡	歡	歡	歡	□□	石	石	石	石	石	石	□□
厚	厚	厚	厚	厚	厚	□□	示	示	示	示	示	示	□□
吸	吸	吸	吸	吸	吸	□□	立	立	立	立	立	立	□□
興	興	興	興	興	興	□□	竹	竹	竹	竹	竹	竹	□□
火	火	火	火	火	火	□□	米	米	米	米	米	米	□□
父	父	父	父	父	父	□□	絲	絲	絲	絲	絲	絲	□□
牛	牛	牛	牛	牛	牛	□□	羊	羊	羊	羊	羊	羊	□□
犬	犬	犬	犬	犬	犬	□□	老	老	老	老	老	老	□□
玉	玉	玉	玉	玉	玉	□□	耳	耳	耳	耳	耳	耳	□□

矯角殺牛 □□□□　　　富貴榮華 □□□□

歡天喜地 □□□□　　　白骨難忘 □□□□

0511 4급Ⅱ
好
좋을 호:

봉女 계집녀 반惡 미워할 오

好感(호:감) 好氣(호:기) 好意(호:의) 好況(호:황) 好奇心(호기심)

참 好況(호황) ↔ 不況(불황)

0512 4급
混
섞을 혼:

봉氵(水) 삼수변 유雜 섞일 잡

混同(혼:동) 混亂(혼:란) 混用(혼:용) 混入(혼:입) 混雜(혼:잡)
　　　　　　뒤섞여서 어지러움

0513 5급
化
될 화(:)

봉匕 비수비 유變 변할 변

變化(변:화) 消化(소화) 化石(화:석) 化身(화:신) 化粧(화장)
　　　　　먹은 음식을 삭임

0514 4급
華
빛날 화

봉卄(艸) 초두머리

華甲(화갑) 華麗(화려) 富貴榮華(부귀영화) 中華料理(중화요리)

0515 6급
和
화할 화

봉口 입구 유調 화합할 조, 協 도울 협

調和(조화) 和答(화답) 和音(화음) 和合(화합) 和風暖陽(화풍난양)

0516 4급Ⅱ
確
굳을 확

봉石 돌석 유固 굳을 고, 堅 굳을 견

確固(확고) 確答(확답) 確信(확신) 確認(확인) 確定(확정)

0517 4급
歡
기쁠 환

봉欠 하품흠 유喜 기쁠 희 반悲 슬플 비 약欢

歡樂(환락) 歡聲(환성) 歡迎(환영) 歡喜(환희) 歡天喜地(환천희지)

0518 4급
厚
두터울 후:

봉厂 민엄호 반薄 엷을 박(3급Ⅱ)

厚待(후:대) 厚德(후:덕) 厚生(후:생) 厚意(후:의) 厚顔無恥(후안무치)
　　　　　　　　　　　　　　남을 위해 베푸는 두터운 마음씨

0519 4급Ⅱ
吸
마실 흡

봉口 입구 반呼 부를 호

呼吸(호흡) 吸水(흡수) 吸煙(흡연) 吸熱(흡열) 吸入(흡입) 吸着(흡착)

참 吸熱(흡열) ↔ 發熱(발열)

0520 4급Ⅱ
興
일어날 흥(:)

봉臼 절구구 반亡 망할 망 약兴

遊興(유흥) 興味(흥:미) 興趣(흥:취) 興行(흥행) 興盡悲來(흥진비래)
　　　　　　　　즐거운 멋과 취미

0521 8급
火
불 화(:)

봉火 불화 반水 물 수

火病(화:병) 火山(화:산) 火傷(화:상) 火災(화:재) 火曜日(화요일)

18일째 한자익히기 0522~0532

父牛犬玉甘生用田白目石

0522 8급	父 아비 부	부 父 아비부 반 母 어미 모
		父系(부계) 父母(부모) 父子(부자) 父親(부친) 父傳子傳(부전자전)
		참 父親(부친) ↔ 母親(모친)

0523 5급	牛 소 우	부 牛 소우 유 丑 소 축(3급)
		牛乳(우유) 牛足(우족) 矯角殺牛(교각살우) 牛耳讀經(우이독경)
		아무리 가르치고 일러 주어도 알아듣지 못함

0524 4급	犬 개 견	부 犬 개견 유 狗 개 구(3급)
		犬馬(견마) 軍犬(군견) 名犬(명견) 忠犬(충견) 犬馬之勞(견마지로)

0525 4급II	玉 구슬 옥	부 玉 구슬옥 유 珠 구슬 주(3급II) 반 石 돌 석
		玉器(옥기) 玉石(옥석) 玉章(옥장) 玉座(옥좌) 玉體(옥체) 玉篇(옥편)
		남을 높이어 그의 '편지나 글'을 이르는 말

0526 4급	甘 달 감	부 甘 달감 반 苦 쓸 고
		甘草(감초) 甘味料(감미료) 甘言利說(감언이설) 苦盡甘來(고진감래)

0527 8급	生 날 생	부 生 날생 유 活 살 활 반 死 죽을 사, 殺 죽일 살
		生動(생동) 生命(생명) 生物(생물) 生死(생사) 生日(생일) 生活(생활)

0528 6급	用 쓸 용:	부 用 쓸용 유 費 쓸 비
		用件(용:건) 用器(용:기) 用水(용:수) 用紙(용:지) 無用之物(무용지물)
		아무짝에도 쓸데없는 물건 또는 사람

0529 4급II	田 밭 전	부 田 밭전 반 畓 논 답(3급)
		私田(사전) 油田(유전) 田園(전원) 田作(전작) 火田民(화전민)

0530 8급	白 흰 백	부 白 흰백 반 黑 검을 흑
		白馬(백마) 白髮(백발) 白雲(백운) 白人(백인) 白骨難忘(백골난망)
		참 白雲(백운) ↔ 黑雲(흑운)

0531 6급	目 눈 목	부 目 눈목 유 眼 눈 안
		目擊(목격) 目錄(목록) 目次(목차) 目標(목표) 目不忍見(목불인견)
		(몹시 딱하거나 참혹하거나 처참하여) 차마 눈을 뜨고 볼 수 없음

0532 6급	石 돌 석	부 石 돌석 반 玉 구슬 옥
		石刻(석각) 石壁(석벽) 石油(석유) 石炭(석탄) 一石二鳥(일석이조)

0533 5급 **示** 보일 시:

(부)示 보일시

示範(시:범)　示威(시:위)　暗示(암:시)　豫示(예:시)　展示(전:시)

0534 7급 **立** 설 립(입)

(부)立 설립　(유)起 일어날 기

立式(입식)　立場(입장)　立證(입증)　立地(입지)　立體(입체)　立春(입춘)

0535 4급II **竹** 대 죽

(부)竹 대죽

竹刀(죽도)　竹林(죽림)　竹針(죽침)　竹夫人(죽부인)　竹馬故友(죽마고우)

대오리로 만든, 길고 둥근 제구로 더위를 식히기
위하여 여름밤에 끼고 잠

0536 6급 **米** 쌀 미

(부)米 쌀미

白米(백미)　米穀(미곡)　米粉(미분)　米食(미식)　米飲(미음)　米作(미작)

0537 4급 **絲** 실 사

(부)糸 실사　(약)糸

金絲(금사)　絲車(사거)　絲管(사관)　絲雨(사우)　一絲不亂(일사불란)

관현(管絃) 또는 음악을 이르는 말

0538 4급II **羊** 양 양

(부)羊 양양

羊角(양각)　羊毛(양모)　亡羊之歎(망양지탄)　羊頭狗肉(양두구육)

(어떤 일에) 자신의 힘이 미치지 못할 때에 하는 탄식

0539 7급 **老** 늙을 로(노):

(부)老 늙을로　(반)少 적을 소, 幼 어릴 유(3급II)

老年(노:년)　老宿(노:숙)　老弱(노:약)　老人(노:인)　老患(노:환)

0540 5급 **耳** 귀 이:

(부)耳 귀이

耳鳴(이:명)　耳目(이:목)　耳順(이:순)　馬耳東風(마이동풍)

나이 예순 살을 이르는 말

| 오 늘 의 사 자 성 어 |

矯角殺牛　교각살우　소의 뿔을 바로잡으려다가 소를 죽인다는 뜻으로 결점이나 흠을 고치려다가 수
　　　　　　　　　　　단이 지나쳐서 도리어 일을 그르침을 이름

富貴榮華　부귀영화　재산이 많고 지위가 높으며 영화로움

歡天喜地　환천희지　매우 기뻐하고 즐거워함

白骨難忘　백골난망　죽어서 백골이 된다 해도 은혜를 잊을 수 없음

18

I 다음 漢字語의 讀音을 쓰시오.

① 耳鳴	② 混用	③ 老患	④ 忠犬
⑤ 羊角	⑥ 確信	⑦ 甘草	⑧ 華麗
⑨ 玉篇	⑩ 和答	⑪ 好感	⑫ 生活
⑬ 火傷	⑭ 田園	⑮ 金絲	⑯ 興趣
⑰ 米飮	⑱ 消化	⑲ 目標	⑳ 立證
㉑ 吸煙	㉒ 父系	㉓ 白雲	㉔ 歡樂
㉕ 牛乳	㉖ 竹針	㉗ 示範	㉘ 厚待
㉙ 石油	㉚ 混雜		

2 다음 漢字의 訓과 음을 쓰시오.

① 混　　　　② 甘　　　　③ 華　　　　④ 犬

⑤ 厚　　　　⑥ 歡　　　　⑦ 興　　　　⑧ 吸

3 다음의 訓과 음을 지닌 漢字를 쓰시오.

① 보일 시　　② 귀 이　　③ 될 화　　④ 소 우

4 다음 밑줄 친 漢字語는 한글로, 한글은 漢字語로 바꾸시오.

① 너 혼자 이 일을 다 소화할 수 있겠어?

② 남북 화합의 자리가 마련되었다.

③ 그는 그다지 好感가는 성격이 아니야.

④ 이 영화는 興行에 실패했다.

5 다음 빈칸에 알맞은 漢字를 넣어 四字成語를 完成하시오.

① ( )骨難忘 : 죽어서 백골이 된다 해도 은혜를 잊을 수 없음

② 起死回( ) : 중병으로 죽을 뻔하다가 다시 살아남

③ 牛( )讀經 : 아무리 가르치고 일러 주어도 알아듣지 못함을 이르는 말

④ ( )馬故友 : 어릴 때부터 같이 놀며 자란 오랜 벗을 이름

18

6 다음 漢字와 뜻이 反對 또는 相對되는 漢字를 ( )에 넣으시오.

① ( ) ↔ 少 　　② 玉 ↔ ( ) 　　③ 黑 ↔ ( ) 　　④ 水 ↔ ( )

7 다음 각 글자와 뜻이 같거나 비슷한 漢字를 ( )에 넣으시오.

① 調( ) 　　② ( )活 　　③ 眼( ) 　　④ 變( )

8 다음 漢字의 部首를 쓰시오.

① 絲 　　② 和 　　③ 厚 　　④ 化 　　⑤ 興

9 다음 漢字를 略字로 바꾸어 쓰시오.

① 興 　　② 歡 　　③ 絲

IO 다음 낱말 뜻에 알맞은 漢字語를 例에서 골라 그 번호를 쓰시오.

```
──── 例 ────
ㄱ. 田園    ㄴ. 吸着    ㄷ. 厚生    ㄹ. 混亂
ㅁ. 好意    ㅂ. 確信    ㅅ. 歡迎    ㅇ. 化石
```

① 친절한 마음씨

② 달라붙음

③ 뒤섞여 어지러움

II 다음 例示한 漢字語 중에서 앞 글자가 長音으로 發音되는 것을 골라 그 번호를 쓰시오.

① ㄱ. 生死 　　ㄴ. 牛乳 　　ㄷ. 化粧 　　ㄹ. 化身

② ㄱ. 父親 　　ㄴ. 好意 　　ㄷ. 歡喜 　　ㄹ. 和答

정답

1 ① 이명 ② 혼용 ③ 노환 ④ 충견 ⑤ 양각 ⑥ 확신 ⑦ 감초 ⑧ 화려 ⑨ 옥편 ⑩ 화답 ⑪ 호감 ⑫ 생활 ⑬ 화상 ⑭ 전원 ⑮ 금사 ⑯ 흥취 ⑰ 미음 ⑱ 소화 ⑲ 목표 ⑳ 입증 ㉑ 흡연 ㉒ 부계 ㉓ 백운 ㉔ 환락 ㉕ 우유 ㉖ 죽침 ㉗ 시범 ㉘ 후대 ㉙ 석유 ㉚ 혼잡 **2** ① 섞을 혼 ② 달 감 ③ 빛날 화 ④ 개 견 ⑤ 두터울 후 ⑥ 기쁠 환 ⑦ 일어날 흥 ⑧ 마실 흡 **3** ① 示 ② 耳 ③ 化 ④ 牛 **4** ① 消化 ② 和合 ③ 호감 ④ 흥행 **5** ① 白 ② 生 ③ 耳 ④ 竹 **6** ① 老 ② 石 ③ 白 ④ 火 **7** ① 和 ② 生 ③ 目 ④ 化 **8** ① 糸 ② 口 ③ 厂 ④ 匕 ⑤ 臼 **9** ① 兴 ② 欢 ③ 糸 **10** ① ㅁ ② ㄴ ③ ㄹ **11** ① ㄹ ② ㄴ

쓰기한자 • 읽기한자 점검하기

01 사기/역사 사 　 (　　　) 　　19 極(　　　　　)

02 겨레 족 　　　 (　　　) 　　20 郵(　　　　　)

03 아이 아 　　　 (　　　) 　　21 資(　　　　　)

04 그림 도 　　　 (　　　) 　　22 離(　　　　　)

05 악할 악, 미워할 오 (　　　) 　　23 創(　　　　　)

06 고기잡을 어 　　 (　　　) 　　24 仁(　　　　　)

07 어제 작 　　　 (　　　) 　　25 損(　　　　　)

08 집 옥 　　　　 (　　　) 　　26 除(　　　　　)

09 모양 형 　　　 (　　　) 　　27 留(　　　　　)

10 슬플 비 　　　 (　　　) 　　28 歡(　　　　　)

11 처음 초 　　　 (　　　) 　　29 穀(　　　　　)

12 믿을 신 　　　 (　　　) 　　30 眼(　　　　　)

13 빛날 요 　　　 (　　　) 　　31 指(　　　　　)

14 가게 점 　　　 (　　　) 　　32 察(　　　　　)

15 밤 야 　　　　 (　　　) 　　33 糧(　　　　　)

16 대신 대 　　　 (　　　) 　　34 謝(　　　　　)

17 고기 육 　　　 (　　　) 　　35 殺(　　　　　)

18 무리 류 　　　 (　　　) 　　36 織(　　　　　)

1史　2族　3兒　4圖　5惡　6漁　7昨　8屋　9形　10悲　11初　12信　13曜　14店
15夜　16代　17肉　18類　19극진할/다할 극　20우편 우　21재물 자　22떠날 리　23비롯
할 창　24어질 인　25덜 손　26덜 제　27머무를 류　28기쁠 환　29곡식 곡　30눈 안　31
가리킬 지　32살필 찰　33양식 량　34사례할 사　35죽일 살, 감할 쇄　36짤 직

37 다행 행	(	)	57 眞 (			)
38 성품/성 성	(	)	58 裝 (			)
39 낮 주	(	)	59 讚 (			)
40 꾸짖을 책	(	)	60 暗 (			)
41 재주 술	(	)	61 緣 (			)
42 잡을 조	(	)	62 進 (			)
43 섞을 혼	(	)	63 寢 (			)
44 베낄 사	(	)	64 華 (			)
45 쓸 용	(	)	65 接 (			)
46 이를 치	(	)	66 推 (			)
47 셀 계	(	)	67 證 (			)
48 호수 호	(	)	68 點 (			)
49 아침 조	(	)	69 逆 (			)
50 소 우	(	)	70 處 (			)
51 있을 존	(	)	71 組 (			)
52 놓을 방	(	)	72 甘 (			)
53 될 화	(	)	73 核 (			)
54 뜰 정	(	)	74 厚 (			)
55 망할 망	(	)	75 整 (			)
56 살 매	(	)	76 帶 (			)

37 幸 38 性 39 晝 40 責 41 術 42 操 43 混 44 寫 45 用 46 致 47 計 48 湖 49 朝 50 牛 51 存 52 放 53 化 54 庭 55 亡 56 買 57 참 진 58 꾸밀 장 59 기릴 찬 60 어두울 암 61 인연 연 62 나아갈 진 63 잘 침 64 빛날 화 65 이을 접 66 밀 추, 밀 퇴 67 증거 증 68 점 점 69 거스를 역 70 곳 처 71 짤 조 72 달 감 73 씨 핵 74 두터울 후 75 가지런할 정 76 띠 대

3단계 쓰기한자 · 읽기한자 점검하기

77 복 복	(	)	97 差 (		)
78 친할 친	(	)	98 吸 (		)
79 끊을 절, 온통 체	(	)	99 餘 (		)
80 해 세	(	)	100 擇 (		)
81 씨 종	(	)	101 想 (		)
82 따뜻할 온	(	)	102 避 (		)
83 어질 량	(	)	103 抗 (		)
84 의원 의	(	)	104 應 (		)
85 씻을 세	(	)	105 泉 (		)
86 법 식	(	)	106 興 (		)
87 언덕 원	(	)	107 稱 (		)
88 맡길 임	(	)	108 營 (		)
89 있을 재	(	)	109 貧 (		)
90 길할 길	(	)	110 閑 (		)
91 나타날 현	(	)	111 狀 (		)
92 장사 상	(	)	112 移 (		)
93 서로 상	(	)	113 絶 (		)
94 예 고	(	)	114 常 (		)
95 원할 원	(	)	115 暖 (		)
96 조사할/사실할 사	(	)	116 寺 (		)

77福 78親 79切 80歲 81種 82溫 83良 84醫 85洗 86式 87原 88任 89在 90吉 91現 92商 93相 94古 95願 96査 97다를 차, 어긋날 치 98마실 흡 99남을 여 100가릴 택 101생각 상 102피할 피 103겨룰/막을 항 104응할 응 105샘 천 106일어날 흥 107일컬을 칭 108경영할 영 109가난할 빈 110한가할 한 111형상 상, 문서 장 112옮길 이 113끊을 절 114떳떳할/항상 상 115따뜻할 난 116절 사

117 말씀 설, 달랠 세 ( )	137 斷 ( )
118 화할 화 ( )	138 置 ( )
119 도읍 도 ( )	139 員 ( )
120 마실 음 ( )	140 測 ( )
121 고울 선 ( )	141 憲 ( )
122 홀로 독 ( )	142 疲 ( )
123 결단할 결 ( )	143 就 ( )
124 머리 두 ( )	144 確 ( )
125 찰 랭 ( )	145 往 ( )
126 법도 도, 헤아릴 탁 ( )	146 達 ( )
127 기약할 기 ( )	147 源 ( )
128 이로울 리 ( )	148 濟 ( )
129 근본 본 ( )	149 條 ( )
130 칠 타 ( )	150 準 ( )
131 쌀 미 ( )	151 議 ( )
132 부자 부 ( )	152 異 ( )
133 다를 타 ( )	153 將 ( )
134 빠를 속 ( )	154 煙 ( )
135 보일 시 ( )	155 逃 ( )
136 귀 이 ( )	156 掃 ( )

117 說　118 和　119 都　120 飲　121 鮮　122 獨　123 決　124 頭　125 冷　126 度　127 期　128 利　129 本　130 打　131 米　132 富　133 他　134 速　135 示　136 耳　137 끊을 단　138 둘 치　139 인원 원　140 헤아릴/잴 측　141 법 헌　142 피곤할 피　143 나아갈 취　144 굳을 확　145 갈 왕　146 통달할 달　147 근원 원　148 건널 제　149 가지 조　150 준할 준　151 의논할 의　152 다를 이　153 장수 장　154 연기 연　155 도망할 도　156 쓸 소

3단계 쓰기한자 · 읽기한자 점검하기

157 숯 탄	( )	177 威 ( )
158 찰 한	( )	178 慮 ( )
159 물건 품	( )	179 象 ( )
160 모일 사	( )	180 券 ( )
161 과녁 적	( )	181 謠 ( )
162 더할 증	( )	182 管 ( )
163 굳셀 건	( )	183 傾 ( )
164 구원할 구	( )	184 訪 ( )
165 개 견	( )	185 傳 ( )
166 넓을 광	( )	186 施 ( )
167 귀할 귀	( )	187 故 ( )
168 법 규	( )	188 妹 ( )
169 베 포, 보시 보	( )	189 適 ( )
170 꺾을 절	( )	190 模 ( )
171 제목 제	( )	191 味 ( )
172 이를 도	( )	192 構 ( )
173 구슬 옥	( )	193 援 ( )
174 갈 거	( )	194 授 ( )
175 다를/나눌 별	( )	195 認 ( )
176 둥글 단	( )	196 寶 ( )

157 炭 158 寒 159 品 160 社 161 的 162 增 163 健 164 救 165 犬 166 廣 167 貴 168 規 169 布 170 折 171 題 172 到 173 玉 174 去 175 別 176 團 177 위엄 위 178 생각할 려 179 코끼리/모양 상 180 문서 권 181 노래 요 182 대롱/주관할/피리 관 183 기울 경 184 찾을 방 185 전할 전 186 베풀 시 187 옛/연고 고 188 누이 매 189 맞을 적 190 법 /본뜰 모 191 맛 미 192 얽을 구 193 도울 원 194 줄 수 195 알/인정할 인 196 보배 보

197 마땅 당	(	)	217 拍 (		)
198 법 전	(	)	218 崇 (		)
199 양 양	(	)	219 姉 (		)
200 손 객	(	)	220 儒 (		)
201 아름다울 미	(	)	221 歎 (		)
202 채울 충	(	)	222 彈 (		)
203 생각 념	(	)	223 脫 (		)
204 갈래 파	(	)	224 劇 (		)
205 섬 도	(	)	225 禁 (		)
206 눈 목	(	)	226 額 (		)
207 물러날 퇴	(	)	227 姿 (		)
208 좋을 호	(	)	228 滿 (		)
209 이제 금	(	)	229 辯 (		)
210 두루 주	(	)	230 保 (		)
211 아닐 부	(	)	231 覺 (		)
212 대 죽	(	)	232 轉 (		)
213 밭 전	(	)	233 簡 (		)
214 새길 각	(	)	234 監 (		)
215 지킬 수	(	)	235 康 (		)
216 넓을 보	(	)	236 激 (		)

197 當 198 典 199 羊 200 客 201 美 202 充 203 念 204 派 205 島 206 目 207 退 208 好 209 今 210 周 211 否 212 竹 213 田 214 刻 215 守 216 普 217 칠 박 218 높을 숭 219 손위누이 자 220 선비 유 221 탄식할 탄 222 탄알 탄 223 벗을 탈 224 심할 극 225 금할 금 226 이마 액 227 모양 자 228 찰/가득찰 만 229 말씀 변 230 지킬 보 231 깨달을 각 232 구를 전 233 대쪽/간략할/편지 간 234 볼 감 235 편안/튼튼할 강 236 격할 격

:: 가로퍼즐

01 만난 사람은 반드시 헤어진다는 뜻으로 인생 무상함을 이르는 말. ○○○離

02 [쓴 것이 다하면 단 것이 온다는 뜻으로] 고생 끝에 낙이 옴을 이르는 말

03 많은 남자 속에 하나뿐인 여자를 이르는 말

04 많은 것이 서로 같지 않고 다름. 類○○○

05 신라의 딴 이름. 鷄○

06 혈연관계에 있는 사람끼리 서로 해치며 싸우는 일

07 옛것을 연구하여 거기서 새로운 지식이나 도리를 찾아내는 일

08 나누어진 것들을 모아 하나의 완전한 것으로 만듦

09 글만 읽고 세상일에 경험이 없는 사람. ○面○○

10 남보다 앞서서 사물의 도리를 깨달은 사람. ○覺○

11 부당한 방법으로 얻는 이익. 많은 이익. 暴○

12 무슨 일의 시비를 따지느라고 말로 옥신각신함. 說○○○

:: 세로퍼즐

01 둘 가운데서 하나를 가려 잡음

02 부부가 서로의 합의나 재판상의 청구에 따라 부부 관계를 끊는 일. 離○

03 남의 비위를 맞추는 달콤한 말과 이로운 조건만 들어 그럴듯하게 꾸미는 말. ○○○說

04 같은 동아리끼리 서로 오가며 사귐. 類○○○

05 [달걀에도 뼈가 있다는 뜻으로] 늘 일이 잘 안 되는 사람이 모처럼 좋은 기회를 만났으나 역시 잘 안 될 때를 이르는 말. 鷄○○○

06 질서나 체계 따위가 정연하여 조금도 흐트러진 데나 어지러운 데가 없음. ○○○亂

07 [즐거운 일이 다하면 슬픈 일이 온다는 뜻으로] 세상일이 돌고 돎을 이르는 말. ○盡○○

08 새롭고 산뜻함. ○鮮

09 얼굴을 씻음. "세수"의 다른 말. ○面

10 가르치는 사람

11 태어나고 자란 곳

정답

兩			苦	盡	甘	來		興
會	者	定	離			言		盡
	擇		婚		暴	利		悲
紅	一	點			說	往	說	來
			統	一				
鷄	林		絲		溫	故	知	新
卵		類	萬	不	同	鄉		鮮
有		類		亂				
骨	肉	相	殘		洗	先	覺	者
		從		白	面	書	生	

4단계

합격을 결정짓는
우선순위 한자 240

사람의 기상은 높고 넓어야 하나

세상일에 어둡고 행동이 거칠어서는 안 되며,

마음은 치밀해야 하나 조잡해서는 안 되며,

취미는 담백해야 하나 너무 메말라서는 안 되고,

지조를 지킬 때는 엄정해야 하나 격렬해서는 안 된다.

氣象 要高曠而不可疎狂 心思 要縝密而不可 屑 趣味 要沖淡而不可偏枯 操守 要嚴明而不可激烈

– 채근담 중에서 –

일러두기

본 편에 수록된 한자는 240자로서 학습일은 8일입니다.
4단계에 수록된 한자는 지난 30회까지의 한자능력검정시험에서 3~4회 출제된 한자로서 시험에 합격하기 위해서는 반드시 익혀 두셔야 합니다.

학습순서

1 ㅣ 미리 확인하기를 통해 우선 본인이 음과 훈, 부수, 약자 등을 알고 있는 한자를 먼저 체크해 봅니다.

2 ㅣ 본인이 모르고 있거나 확실치 않은 한자를 중심으로 본문 순서에 따라 학습을 합니다.
이 때 단순히 한자의 음과 훈만을 위주로 기억하지 말고, 부수 · 유의자 · 반의자 · 약자 등을 모두 익혀두셔야 합니다.

3 ㅣ 모두 암기가 되었다면, 오늘의 단어와 관련이 있는 사자성어를 익혀 둡니다.

4 ㅣ 본문 학습이 끝난 후에는 한자 검검하기를 통해 본인의 학습정도를 체크해 봅니다. 한자 점검하기의 문제는 실제 출제되는 문제의 유형에 따라 그날 분의 한자로 구성한 것입니다.

5 ㅣ 8일분의 학습 분량이 끝나면 각 단원의 쓰기한자, 읽기한자 연습이 있습니다. 쓰기한자와 읽기한자 연습을 통해 다시 한번 앞에서 공부한 내용을 확인해 둡니다. 쓰기한자는 5급 위주의 문제이고, 읽기한자는 4급과 4급 II 위주의 문제입니다(그러나 반드시 일치하지는 않습니다).

6 ㅣ 4단계의 학습이 모두 끝났습니다. 다음은 본문의 단어와 관련하여 가로세로 퍼즐을 풀어봅시다.

미리 확인하기

O X   O X

間	間 間 間 間 間	□ □	庫	庫 庫 庫 庫 庫	□ □
甲	甲 甲 甲 甲 甲	□ □	困	困 困 困 困 困	□ □
江	江 江 江 江 江	□ □	功	功 功 功 功 功	□ □
降	降 降 降 降 降	□ □	關	關 關 關 關 關	□ □
巨	巨 巨 巨 巨 巨	□ □	鑛	鑛 鑛 鑛 鑛 鑛	□ □
建	建 建 建 建 建	□ □	橋	橋 橋 橋 橋 橋	□ □
件	件 件 件 件 件	□ □	具	具 具 具 具 具	□ □
儉	儉 儉 儉 儉 儉	□ □	舊	舊 舊 舊 舊 舊	□ □
京	京 京 京 京 京	□ □	球	球 球 球 球 球	□ □
慶	慶 慶 慶 慶 慶	□ □	求	求 求 求 求 求	□ □
警	警 警 警 警 警	□ □	究	究 究 究 究 究	□ □
驚	驚 驚 驚 驚 驚	□ □	局	局 局 局 局 局	□ □
界	界 界 界 界 界	□ □	軍	軍 軍 軍 軍 軍	□ □
階	階 階 階 階 階	□ □	郡	郡 郡 郡 郡 郡	□ □
孤	孤 孤 孤 孤 孤	□ □	君	君 君 君 君 君	□ □

甲男乙女 □□□□   驚天動地 □□□□

孤立無援 □□□□   君臣有義 □□□□

0541 7급 **間** 사이 간(:)
- 훈 門 문문 유 隔 사이뜰 격(3급)
- 間數(간수) 間食(간:식) 間接(간:접) 民間(민간) 時間(시간) 中間(중간)
- 일반 서민의 사회
- 참고 間接(간접) ↔ 直接(직접)

0542 4급 **甲** 갑옷 갑
- 훈 田 밭전
- 甲富(갑부) 甲板(갑판) 同甲(동갑) 鐵甲(철갑) 甲男乙女(갑남을녀)
- 쇠로 만든 갑옷

0543 7급 **江** 강 강
- 훈 氵(水) 삼수변 반 山 메 산
- 江南(강남) 江邊(강변) 江山(강산) 漢江(한:강) 豆滿江(두만강)

0544 4급 **降** 내릴 강: / 항복할 항
- 훈 阝(阜) 좌부변 반 昇 오를 승(3급Ⅱ)
- 降等(강:등) 降雪(강:설) 下降(하:강) 降雨量(강우량)
- 投降(투항) 降伏(항복) 降意(항의)

0545 4급 **巨** 클 거:
- 훈 工 장인공 유 大 큰 대, 太 클 태 반 小 작을 소
- 巨大(거:대) 巨物(거:물) 巨富(거:부) 巨人(거:인) 巨視的(거시적)

0546 5급 **建** 세울 건:
- 훈 廴 민책받침 유 立 설 립 반 壞 무너질 괴(3급Ⅱ), 崩 무너질 붕(3급)
- 建國(건:국) 建立(건:립) 建設(건:설) 建築(건:축) 創建(창:건)

0547 5급 **件** 물건 건
- 훈 亻(人) 사람인변 유 物 물건 물
- 件數(건수) 物件(물건) 事件(사:건) 案件(안:건) 與件(여:건)
- 조사하거나 토의해야 할 사항

0548 4급 **儉** 검소할 검:
- 훈 亻(人) 사람인변 약 倹
- 儉朴(검박) 儉素(검:소) 儉約(검:약) 勤儉(근:검) 節儉(절검)
- 검소하며 절약함

0549 6급 **京** 서울 경
- 훈 亠 돼지해머리 반 鄕 시골 향
- 京城(경성) 京鄕(경향) 歸京(귀:경) 上京(상:경) 離京(이:경)

0550 4급Ⅱ **慶** 경사 경:
- 훈 心 마음심 반 弔 조상할 조(3급)
- 慶福(경:복) 慶事(경:사) 慶祝(경:축) 國慶日(국경일)

0551 4급Ⅱ **警** 깨우칠 / 경계할 경:
- 훈 言 말씀언 유 覺 깨달을 각, 戒 경계할 계
- 警戒(경:계) 警告(경:고) 警備(경:비) 警鐘(경:종) 警察(경:찰)
- (비상사태나 위험 등을 알리어) 경계하기 위하여 치는 종

19일째 한자익히기 0552~0562

驚 界 階 孤 庫 困 功 關 鑛 橋 具

0552 4급 **驚** 놀랄 경
- ⊞ 馬 말 마
- 驚氣(경기)　驚起(경기)　驚異(경이)　驚歎(경탄)　驚天動地(경천동지)

0553 6급 **界** 지경 계:
- ⊞ 田 밭 전　⊕ 境 지경 경
- 各界(각계)　境界(경계)　界面(계:면)　視界(시:계)　限界(한:계)
  - 일정한 자리에서 바라볼 수 있는 범위

0554 4급 **階** 섬돌 계
- ⊞ 阝(阜) 좌부변　⊕ 段 구분 단, 層 층 층
- 階高(계고)　階級(계급)　階段(계단)　階層(계층)　位階(위계)
  - 지위의 등급

0555 4급 **孤** 외로울 고
- ⊞ 子 아들 자　⊕ 獨 홀로 독
- 孤高(고고)　孤獨(고독)　孤兒(고아)　孤忠(고충)　孤立無援(고립무원)

0556 4급 **庫** 곳집 고
- ⊞ 广 엄호　⊕ 倉 곳집 창(3급Ⅱ)
- 庫間(고간)　庫房(고방)　書庫(서고)　車庫(차고)　倉庫(창고)

0557 4급 **困** 곤할 곤:
- ⊞ 囗 큰입구몸　⊕ 窮 궁할 궁, 疲 피곤할 피
- 困窮(곤:궁)　困難(곤:란)　勞困(노곤)　貧困(빈곤)　春困(춘곤)　疲困(피곤)
  - 봄철에 느끼는 노곤한 기운
- 참고 困窮(곤궁) ↔ 富裕(부유)

0558 6급 **功** 공 공
- ⊞ 力 힘 력　⊞ 過 지날 과
- 功過(공과)　功德(공덕)　功力(공력)　功勞(공로)　功臣(공신)
  - 애써 들인 힘

0559 5급 **關** 관계할/빗장 관
- ⊞ 門 문 문　⊕ 関
- 關係(관계)　關門(관문)　關稅(관세)　關與(관여)　相關(상관)　通關(통관)

0560 4급 **鑛** 쇳돌 광:
- ⊞ 金 쇠 금　⊕ 鉱
- 鑛物(광:물)　鑛夫(광:부)　鑛石(광:석)　鑛業(광:업)　採鑛(채:광)
  - 유용한 금속이 많이 섞여 있는 광물

0561 5급 **橋** 다리 교
- ⊞ 木 나무 목
- 假橋(가:교)　橋脚(교각)　石橋(석교)　陸橋(육교)　鐵橋(철교)

0562 5급 **具** 갖출 구(:)
- ⊞ 八 여덟 팔　⊕ 備 갖출 비
- 具備(구비)　具象(구상)　具色(구색)　機具(기구)　具體的(구체적)
- 참고 具體的(구체적) ↔ 抽象的(추상적)

4단계

0563 5급 舊 예 구:
- ㉨臼 절구구 ㊦故 예 고 ㉫新 새 신 ㉪旧
- 舊家(구:가) 舊觀(구:관) 舊敎(구:교) 舊習(구:습) 舊式(구:식)
  - 예부터 내려오는 낡은 관습

0564 6급 球 공/옥경 구
- ㉨王(玉) 구슬옥변
- 球根(구근) 球團(구단) 球體(구체) 球形(구형) 野球(야:구)

0565 4급Ⅱ 求 구할 구
- ㉨水 물수
- 求道(구도) 求命(구명) 求心(구심) 求職(구직) 緣木求魚(연목구어)
  - 일자리를 구함
- 참고 求心(구심) ↔ 遠心(원심)

0566 4급Ⅱ 究 연구할/궁구할 구
- ㉨穴 구멍혈 ㊦研 갈 연
- 講究(강:구) 究明(구명) 窮究(궁구) 研究(연:구) 探究(탐구) 學究(학구)
  - 속속들이 깊이 연구함

0567 5급 局 판 국
- ㉨尸 주검시엄
- 局面(국면) 局所(국소) 局長(국장) 局地(국지) 局限(국한)
  - 일정하게 한정된 지역

0568 8급 軍 군사 군
- ㉨車 수레거 ㊦兵 군사 병
- 軍犬(군견) 軍旗(군기) 軍隊(군대) 軍糧(군량) 軍事(군사) 軍役(군역)

0569 6급 郡 고을 군:
- ㉨阝(邑) 우부방 ㊦州 고을 주, 縣 고을 현(3급)
- 郡界(군:계) 郡民(군:민) 郡守(군:수) 郡邑(군:읍) 郡廳(군:청)

0570 4급 君 임금 군
- ㉨口 입구 ㊦王 임금 왕, 皇 임금 황(3급Ⅱ) ㉫臣 신하 신, 民 백성 민
- 君臣(군신) 君子(군자) 君主(군주) 檀君(단군) 君臣有義(군신유의)

| 오 늘 의 사 자 성 어 |

甲男乙女 갑남을녀 평범한 사람들을 가리키는 말

驚天動地 경천동지 세상을 크게 놀라게 함

孤立無援 고립무원 고립되어 도움을 받을 데가 없음

君臣有義 군신유의 오륜(五倫)의 하나. 임금과 신하의 도리는 의리에 있음을 이르는 말

I 다음 漢字語의 讀音을 쓰시오.

① 甲富	② 建築	③ 儉素	④ 驚歎
⑤ 慶祝	⑥ 孤兒	⑦ 間接	⑧ 庫房
⑨ 階層	⑩ 功勞	⑪ 關稅	⑫ 野球
⑬ 歸京	⑭ 機具	⑮ 檀君	⑯ 軍隊
⑰ 降等	⑱ 局限	⑲ 郡廳	⑳ 視界
㉑ 困窮	㉒ 件數	㉓ 講究	㉔ 巨富
㉕ 舊習	㉖ 江邊	㉗ 鐵橋	㉘ 警察
㉙ 求命	㉚ 採鑛		

2 다음 漢字의 訓과 음을 쓰시오.

① 鑛　　② 階　　③ 庫　　④ 求
⑤ 困　　⑥ 甲　　⑦ 慶　　⑧ 儉

3 다음의 訓과 음을 지닌 漢字를 쓰시오.

① 세울 건　② 다리 교　③ 예 구　④ 판 국

4 다음 밑줄 친 漢字語는 한글로, 한글은 漢字語로 바꾸시오.

① 저는 커서 警察이 되고 싶습니다.
② "鑛夫의 딸"이라는 영화를 아세요?
③ 네가 상관할 일이 아니야.
④ 건설회사에 이력서를 넣을 생각이야.

5 다음 빈칸에 알맞은 漢字를 넣어 四字成語를 完成하시오.

① ( )臣有義 : 임금과 신하의 도리는 의리에 있음
② ( )男乙女 : 평범한 사람들을 가리키는 말
③ ( )立無援 : 고립되어 도움을 받을 데가 없음
④ ( )天動地 : 세상을 크게 놀라게 함

155

19

6 다음과 뜻이 反對 또는 相對되는 漢字, 漢字語를 ( )에 넣으시오.

① ( ) ↔ 過   ② ( ) ↔ 鄕   ③ 直接 ↔ ( )   ④ 抽象的 ↔ (   )

7 다음 각 글자와 뜻이 같거나 비슷한 漢字를 ( )에 넣어 漢字語를 만드시오.

① 境( )   ② 物( )   ③ ( )備   ④ ( )立

8 다음 뜻에 알맞은 漢字語를 漢字로 쓰시오.

① 군읍 (군과 읍)

② 건국 (새로 나라가 세워짐)

③ 사건 (유제가 되거나 관심을 끌 만한 일)

9 다음 漢字의 部首를 쓰시오.

① 君   ② 甲   ③ 孤   ④ 驚   ⑤ 慶

10 다음 漢字를 略字로 바꾸어 쓰시오.

① 儉   ② 關   ③ 鑛   ④ 舊

11 다음 漢字語의 뜻을 쓰시오.

① 儉約   ② 慶福   ③ 求職   ④ 春困

정답

1 ① 갑부 ② 건축 ③ 검소 ④ 경탄 ⑤ 경축 ⑥ 고아 ⑦ 간접 ⑧ 고방 ⑨ 계층 ⑩ 공로 ⑪ 관세 ⑫ 야구 ⑬ 귀경 ⑭ 기구 ⑮ 단군 ⑯ 군대 ⑰ 강등 ⑱ 국한 ⑲ 군청 ⑳ 시계 ㉑ 곤궁 ㉒ 건수 ㉓ 강구 ㉔ 거부 ㉕ 구습 ㉖ 강변 ㉗ 철교 ㉘ 경찰 ㉙ 구명 ㉚ 채광 **2** ① 쇳돌 광 ② 섬돌 계 ③ 곳집 고 ④ 구할 구 ⑤ 곤할 곤 ⑥ 갑옷 갑 ⑦ 경사 경 ⑧ 검소할 검 **3** ① 建 ② 橋 ③ 舊 ④ 局 **4** ① 경찰 ② 광부 ③ 相關 ④ 建設 **5** ① 君 ② 甲 ③ 孤 ④ 驚 **6** ① 功 ② 京 ③ 間接 ④ 具體的 **7** ① 界 ② 件 ③ 具 ④ 建 **8** ① 郡邑 ② 建國 ③ 事件 **9** ① 口 ② 田 ③ 子 ④ 馬 ⑤ 心 **10** ① 俭 ② 関 ③ 鉱 ④ 旧 **11** ① 검약 : 검소하며 절약함 ② 경복 : 경사스럽고 복됨 ③ 구직 : 일자리를 구함 ④ 춘곤 : 봄철에 느끼는 노곤한 기운

미리 확인하기

O X · O X

屈	屈 屈 屈 屈 屈	□ □	能	能 能 能 能 能	□ □
窮	窮 窮 窮 窮 窮	□ □	單	單 單 單 單 單	□ □
根	根 根 根 根 根	□ □	檀	檀 檀 檀 檀 檀	□ □
近	近 近 近 近 近	□ □	段	段 段 段 段 段	□ □
筋	筋 筋 筋 筋 筋	□ □	黨	黨 黨 黨 黨 黨	□ □
給	給 給 給 給 給	□ □	對	對 對 對 對 對	□ □
基	基 基 基 基 基	□ □	隊	隊 隊 隊 隊 隊	□ □
器	器 器 器 器 器	□ □	童	童 童 童 童 童	□ □
起	起 起 起 起 起	□ □	等	等 等 等 等 等	□ □
紀	紀 紀 紀 紀 紀	□ □	燈	燈 燈 燈 燈 燈	□ □
寄	寄 寄 寄 寄 寄	□ □	樂	樂 樂 樂 樂 樂	□ □
南	南 南 南 南 南	□ □	落	落 落 落 落 落	□ □
內	內 內 內 內 內	□ □	亂	亂 亂 亂 亂 亂	□ □
努	努 努 努 努 努	□ □	朗	朗 朗 朗 朗 朗	□ □
怒	怒 怒 怒 怒 怒	□ □	略	略 略 略 略 略	□ □

4단계

百折不屈 □ □ □ □   起死回生 □ □ □ □

落花流水 □ □ □ □   燈下不明 □ □ □ □

157

0571 屈 4급
굽힐 굴
(부) 尸 주검시엄 (유) 服 복종할 복, 伏 엎드릴 복
屈曲(굴곡) 屈服(굴복) 屈折(굴절) 屈指(굴지) 百折不屈(백절불굴)

0572 窮 4급
다할/궁할 궁
(부) 穴 구멍혈 (유) 貧 가난할 빈
窮究(궁구) 窮理(궁리) 窮狀(궁상) 窮地(궁지) 窮餘之策(궁여지책)
살아갈 길이 막연하거나, 매우 어려운 일을 당한 처지

0573 根 6급
뿌리 근
(부) 木 나무목 (유) 本 근본 본
根據(근거) 根本(근본) 根源(근원) 根絕(근절) 草根木皮(초근목피)

0574 近 6급
가까울 근:
(부) 辶(辵) 책받침 (반) 遠 멀 원
近郊(근:교) 近代(근:대) 近來(근:래) 近接(근:접) 近墨者黑(근묵자흑)
(참) 近郊(근교) ↔ 遠郊(원교)

0575 筋 4급
힘줄 근
(부) 竹 대죽
筋骨(근골) 筋力(근력) 筋肉(근육) 心筋(심근) 鐵筋(철근)

0576 給 4급
줄 급
(부) 糸 실사 (유) 授 줄 수, 與 줄 여 (반) 需 구할 수(3급Ⅱ)
給付(급부) 給與(급여) 給源(급원) 都給(도급) 月給(월급) 還給(환급)
공급하는 원천이 되는 곳

0577 基 5급
터 기
(부) 土 흙토
基金(기금) 基本(기본) 基點(기점) 基準(기준) 基地(기지) 基礎(기초)
기본이 되는 점

0578 器 4급Ⅱ
그릇 기
(부) 口 입구
器官(기관) 器具(기구) 樂器(악기) 容器(용기) 大器晚成(대기만성)

0579 起 4급Ⅱ
일어날 기
(부) 走 달릴주 (반) 伏 엎드릴 복, 寢 잘 침
起伏(기복) 起案(기안) 起用(기용) 起寢(기침) 起死回生(기사회생)
(참) 起寢(기침) ↔ 就寢(취침)
잠을 깨어 잠자리에서 일어남

0580 紀 4급
벼리 기
(부) 糸 실사 (유) 綱 벼리 강(3급Ⅱ)
紀綱(기강) 檀紀(단기) 西紀(서기) 世紀(세:기)
서력(西曆)에서, 100년을 단위로 하여 세는 시대 구분

0581 寄 4급
부칠 기
(부) 宀 갓머리
寄居(기거) 寄別(기별) 寄生(기생) 寄與(기여) 寄宿舍(기숙사)

20일째 **한자익히기** 0582~0592

南內努怒能單檀段黨對隊

0582 8급
南
남녘 남
유十 열십 반北 북녘 북
南極(남극) 南北(남북) 南山(남산) 南風(남풍) 南海(남해) 南向(남향)

0583 7급
內
안 내:
내시 나:
유入 들입 반外 바깥 외
內國(내:국) 內面(내:면) 內傷(내:상) 內容(내:용) 內外(내:외)
內人(나:인)
기력이 쇠하여 생긴 병을 통틀어 이르는 말

0584 4급II
努
힘쓸 노
유力 힘력
努力(노력) 努肉(노육)
굳은살

0585 4급II
怒
성낼 노:
유心 마음심 반喜 기쁠 희
怒氣(노:기) 憤怒(분:노) 怒發大發(노발대발) 喜怒哀樂(희로애락)

0586 5급
能
능할 능
유月(肉) 육달월
能動(능동) 能力(능력) 藝能(예:능) 可能性(가능성) 放射能(방사능)

0587 4급II
單
홑 단
유口 입구 반厚 두터울 후, 複 겹옷 복 약単
單獨(단독) 單純(단순) 單位(단위) 單一(단일) 單刀直入(단도직입)
말을 하거나 글을 쓸 때, 군말이나
허두를 빼고 곧장 요지를 말함

0588 4급II
檀
박달나무 단
유木 나무목
檀君(단군) 檀紀(단기) 檀木(단목) 黑檀(흑단)

0589 4급
段
층계 단
유殳 갖은등글월문 유階 섬돌 계
段階(단계) 段落(단락) 段別(단별) 段數(단수) 九九段(구구단)

0590 4급II
黨
무리 당
유黑 검을흑 유徒 무리 도, 衆 무리 중, 群 무리 군 약党
黨權(당권) 黨論(당론) 黨員(당원) 黨爭(당쟁) 黨籍(당적) 黨派(당파)
당원으로 등록되어 있는 적(籍)

0591 6급
對
대할 대:
유寸 마디촌 약対
對見(대:견) 對決(대:결) 對內(대:내) 對談(대:담) 刮目相對(괄목상대)
참고 對內(대내) ↔ 對外(대외)
어떤 일에 대하여 서로 이야기를 주고받음

0592 4급II
隊
무리 대
유阝(阜) 좌부변 유群 무리 군, 徒 무리 도, 衆 무리 중
軍隊(군대) 隊列(대열) 隊員(대원) 隊形(대형) 探險隊(탐험대)

4
단
계

0593 6급

童 아이 동(:)

㉘立 설립 ㉨兒 아이 아 ㉫丈 어른 장(3급Ⅱ)

童心(동:심) 童謠(동:요) 童話(동:화) 牧童(목동) 兒童(아동)

<u>어린이에게 들려주거나 읽히기 위하여 지은 이야기</u>

0594 6급

等 무리 등:

㉘竹 대죽

等級(등:급) 等等(등:등) 等量(등:량) 等列(등:렬) 等分(등:분)

<u>서로 대등한 반열(班列)</u>

0595 4급Ⅱ

燈 등 등

㉘火 불화 ㉤灯

燈臺(등대) 消燈(소등) 電燈(전:등) 白熱燈(백열등) 燈下不明(등하불명)

참고 消燈(소등) ↔ 點燈(점등)

0596 6급

樂 즐길 락(낙)
노래 악
좋을 요

㉘木 나무목 ㉫苦 괴로울 고 ㉤樂

苦樂(고락) 樂觀(낙관) 樂園(낙원) 樂天(낙천) 樂土(낙토)
樂曲(악곡) 樂劇(악극) 樂團(악단) 樂隊(악대) 樂士(악사) 樂想(악상)
樂山樂水(요산요수)

0596 5급

落 떨어질 락(낙)

㉘艹(艸) 초두머리 ㉫及 미칠 급(3급Ⅱ), 當 마땅 당

落心(낙심) 落葉(낙엽) 落下(낙하) 落鄕(낙향) 落花流水(낙화유수)

<u>서울에서 시골로 거처를 옮김</u>

0598 4급

亂 어지러울 란(난):

㉘乙 새을 ㉤乱

亂家(난:가) 亂局(난:국) 亂動(난:동) 亂立(난:립) 亂雜(난:잡)

<u>무질서하게 늘어섬</u>

0599 5급

朗 밝을 랑(낭):

㉘月 달월 ㉨明 밝을 명

朗讀(낭:독) 朗朗(낭:랑) 朗誦(낭:송) 朗月(낭:월) 明朗(명랑)

0600 4급

略 간략할/
약할 략(약)

㉘田 밭전 ㉨簡 간략할 간

省略(생략) 略圖(약도) 略少(약소) 略式(약식) 略語(약어) 智略(지략)

| 오 늘 의 사 자 성 어 |

百折不屈 백절불굴 어떠한 어려움에도 굽히지 않음

起死回生 기사회생 죽을 뻔하다가 다시 살아남

落花流水 낙화유수 [떨어지는 꽃과 흐르는 물이라는 뜻으로] 가는 봄의 정경(情景)을 이름

燈下不明 등하불명 등잔 밑이 어둡다는 뜻으로 가까이에 있는 것을 오히려 잘 모르는 경우를 이르는 말

I 다음 漢字語의 讀音을 쓰시오.

① 屈折	② 努肉	③ 基點	④ 單位
⑤ 南極	⑥ 黑檀	⑦ 段數	⑧ 近接
⑨ 對談	⑩ 隊員	⑪ 筋骨	⑫ 童謠
⑬ 等量	⑭ 起伏	⑮ 樂團	⑯ 消燈
⑰ 根據	⑱ 亂雜	⑲ 器具	⑳ 略圖
㉑ 內容	㉒ 憤怒	㉓ 窮理	㉔ 落鄕
㉕ 朗讀	㉖ 世紀	㉗ 黨籍	㉘ 給與
㉙ 藝能	㉚ 寄與		

2 다음 漢字의 訓과 音을 쓰시오.

① 器　　　　② 亂　　　　③ 寄　　　　④ 筋

3 다음의 訓과 音을 지닌 漢字를 쓰시오.

① 대할 대　　　② 터 기　　　③ 밝을 랑　　　④ 떨어질 락

4 다음 밑줄 친 漢字語는 한글로, 한글은 漢字語로 바꾸시오.

① 아직 아무 奇別도 없었단 말이야?

② 폭력으로 屈服시키는 방법은 옳지 않습니다.

③ 당신의 능력을 보여주세요.

④ 월급의 반은 부모님께 드린다.

5 다음 빈칸에 알맞은 漢字를 넣어 四字成語를 完成하시오.

① 百折不( ) : 어떠한 어려움에도 굽히지 않음

② ( )花流水 : [떨어지는 꽃과 흐르는 물이라는 뜻으로] 가는 봄의 정경(情景)

③ ( )死回生 : 죽을 뻔하다가 다시 살아남

④ ( )下不明 : 등잔 밑이 어둡다는 뜻으로 가까이에 있는 것을 오히려 잘 모르는
　　　　　　　경우를 이르는 말

```
                                    |
                                   20
```

6 다음과 뜻이 反對 또는 相對되는 漢字를 ( )에 넣으시오.

① 遠 ↔ ( )　　　　② 苦 ↔ ( )　　　③ ( ) ↔ 北　　　④ ( ) ↔ 外

7 다음 각 글자와 뜻이 같거나 비슷한 漢字를 ( )에 넣어 漢字語를 만드시오.

① 兒( )　　　　② 明( )　　　　③ ( )本

8 다음 뜻에 알맞은 漢字語를 漢字로 쓰시오.

① 기본 (사물의 가장 중요한 밑바탕)

② 능동 (스스로 움직이거나 작용하는 것)

③ 낙관 (일이 잘 될 것으로 생각함)

9 다음 漢字의 部首를 쓰시오.

① 窮　　　　② 寄　　　　③ 段　　　　④ 黨　　　　⑤ 亂

10 다음 漢字를 略字로 바꾸어 쓰시오.

① 單　　② 黨　　③ 對　　④ 燈　　⑤ 樂　　⑥ 亂

11 다음 例示한 漢字語 중에서 앞글자가 長音으로 發音되는 것을 골라 그 번호를 쓰시오.

① ㄱ. 努力　　　ㄴ. 怒氣　　　ㄷ. 單記　　　ㄹ. 黨權

② ㄱ. 寄居　　　ㄴ. 南風　　　ㄷ. 對決　　　ㄹ. 隊形

③ ㄱ. 樂觀　　　ㄴ. 落花　　　ㄷ. 略圖　　　ㄹ. 等級

정답

1 ① 굴절 ② 노육 ③ 기점 ④ 단위 ⑤ 남극 ⑥ 흑단 ⑦ 단수 ⑧ 근접 ⑨ 대담 ⑩ 대원 ⑪ 근골 ⑫ 동요 ⑬ 등량 ⑭ 기복 ⑮ 낙원 ⑯ 소등 ⑰ 근거 ⑱ 난잡 ⑲ 기구 ⑳ 약도 ㉑ 내용 ㉒ 분노 ㉓ 궁리 ㉔ 낙향 ㉕ 낭독 ㉖ 세기 ㉗ 당적 ㉘ 급여 ㉙ 예능 ㉚ 기여 **2** ① 그릇 기 ② 어지러울 란 ③ 부칠 기 ④ 힘줄 근 **3** ① 對 ② 基 ③ 朗 ④ 落 **4** ① 기별 ② 굴복 ③ 能力 ④ 月給 **5** ① 屈 ② 落 ③ 起 ④ 燈 **6** ① 近 ② 樂 ③ 南 ④ 內 **7** ① 童 ② 朗 ③ 根 **8** ① 基本 ② 能動 ③ 樂觀 **9** ① 穴 ② 宀 ③ 殳 ④ 黑 ⑤ 乙 **10** ① 单 ② 党 ③ 对 ④ 灯 ⑤ 楽 ⑥ 乱 **11** ① ㄴ ② ㄷ ③ ㄹ

미리 확인하기　　　　　　　o x　　　　　　　　　　o x

						o x							o x
旅	旅	旅	旅	旅	旅	□□	朴	朴	朴	朴	朴	朴	□□
歷	歷	歷	歷	歷	歷	□□	博	博	博	博	博	博	□□
練	練	練	練	練	練	□□	妨	妨	妨	妨	妨	妨	□□
令	令	令	令	令	令	□□	倍	倍	倍	倍	倍	倍	□□
例	例	例	例	例	例	□□	拜	拜	拜	拜	拜	拜	□□
勞	勞	勞	勞	勞	勞	□□	百	百	百	百	百	百	□□
綠	綠	綠	綠	綠	綠	□□	伐	伐	伐	伐	伐	伐	□□
柳	柳	柳	柳	柳	柳	□□	犯	犯	犯	犯	犯	犯	□□
律	律	律	律	律	律	□□	壁	壁	壁	壁	壁	壁	□□
末	末	末	末	末	末	□□	邊	邊	邊	邊	邊	邊	□□
命	命	命	命	命	命	□□	病	病	病	病	病	病	□□
牧	牧	牧	牧	牧	牧	□□	兵	兵	兵	兵	兵	兵	□□
妙	妙	妙	妙	妙	妙	□□	報	報	報	報	報	報	□□
墓	墓	墓	墓	墓	墓	□□	夫	夫	夫	夫	夫	夫	□□
舞	舞	舞	舞	舞	舞	□□	部	部	部	部	部	部	□□

博學多識 □□□□　　一罰百戒 □□□□

柳綠花紅 □□□□　　因果應報 □□□□

0601 5급
旅
나그네 **려(여)**

⊕ 方 모방

旅客(여객)　旅館(여관)　旅券(여권)　旅路(여로)　旅裝(여장)　旅行(여행)
　　　　　　　　　　　　　　　　　　　　　　　　여행할 때의 차림

0602 5급
歷
지날 **력(역)**

⊕ 止 그칠지

經歷(경력)　略歷(약력)　歷代(역대)　歷史(역사)　歷任(역임)　學歷(학력)
　　　　　　　　　　　　　　　　　　　　　　차례로 여러 관직(官職)을 거침

0603 5급
練
익힐 **련(연)**

⊕ 糸 실사　⊕ 習 익힐 **습**

未練(미:련)　修練(수련)　練習(연:습)　調練(조련)　訓練(훈:련)

0604 5급
令
하여금 **령(:)**

⊕ 人 사람인　⊕ 使 하여금 **사**

假令(가:령)　命令(명:령)　發令(발령)　令監(영:감)　令狀(영장)
　　　　　　　　　　　　　　　　　사람이나 물건에 대한 강제 처분을
　　　　　　　　　　　　　　　　　내용으로 법원이 발부하는 문서

0605 6급
例
법식 **례(예):**

⊕ 亻(人) 사람인변

事例(사:례)　實例(실례)　例規(예:규)　例示(예:시)　例外(예:외)
　　　　　　　　　　　　　　　예를 들어 보임

0606 5급
勞
일할 **로(노)**

⊕ 力 힘력　⊕ 使 부릴 **사**　⊕ 労

勤勞(근:로)　勞動(노동)　勞務(노무)　勞使(노사)　徒勞(도로)　慰勞(위로)
犬馬之勞(견마지로)　勞動組合(노동조합)

0607 6급
綠
푸를 **록(녹)**

⊕ 糸 실사　⊕ 靑 푸를 **청**

綠豆(녹두)　綠林(녹림)　綠末(녹말)　新綠(신록)　綠衣紅裳(녹의홍상)
　　　　　　　　　　　　　　　초여름에 새로 나온 잎들이 띤 연한 초록빛

0608 4급
柳
버들 **류(유):**

⊕ 木 나무목　⊕ 楊 버들 **양**

楊柳(양류)　柳器(유:기)　花柳(화류)　柳綠花紅(유록화홍)

0609 4급Ⅱ
律
법칙 **률(율)**

⊕ 彳 두인변　⊕ 則 법칙 **칙**

律動(율동)　律令(율령)　律法(율법)　律師(율사)　二律背反(이율배반)

0610 5급
末
끝 **말**

⊕ 木 나무목　⊕ 端 끝 **단**, 終 마칠 **종**　⊕ 始 비로소 **시**, 本 근본 **본**

結末(결말)　末期(말기)　末端(말단)　末尾(말미)　末世(말세)　粉末(분말)

0611 7급
命
목숨 **명:**

⊕ 口 입구　⊕ 壽 목숨 **수**(3급Ⅱ)

救命(구:명)　命令(명:령)　命題(명:제)　宿命(숙명)　運命(운:명)

21일째 한자익히기 0612~0622

牧 妙 墓 舞 朴 博 妨 倍 拜 百 伐

0612
4급II
牧
칠 **목**

부 牛 소우

牧丹(목단)　牧童(목동)　牧馬(목마)　牧場(목장)　牧民心書(목민심서)
말을 먹여 기름

0613
4급
妙
묘할 **묘:**

부 女 계집녀

奇妙(기묘)　妙技(묘:기)　妙味(묘:미)　妙手(묘:수)　妙案(묘:안)
절묘한 솜씨

0614
4급
墓
무덤 **묘:**

부 土 흙토　유 墳 무덤 분(3급)

墓碑(묘:비)　墓所(묘:소)　墓域(묘:역)　墓地(묘:지)　省墓(성묘)
묘소(墓所)로 정한 구역

0615
4급
舞
춤출 **무:**

부 舛 어그러질천

歌舞(가무)　群舞(군무)　舞曲(무:곡)　舞臺(무:대)　舞樂(무:악)　圓舞(원무)

0616
6급
朴
성/순박할 **박**

부 木 나무목　유 素 흴 소

朴忠(박충)　質朴(질박)　厚朴(후:박)
인정(人情)이 두텁고 거짓이 없음

0617
4급II
博
넓을 **박**

부 十 열십

博士(박사)　博識(박식)　博物館(박물관)　博學多識(박학다식)

0618
4급
妨
방해할 **방**

부 女 계집녀

無妨(무방)　妨害(방해)　相妨(상방)　妨工害事(방공해사)

0619
5급
倍
곱 **배:**

부 亻(人) 사람인변

倍加(배:가)　倍量(배:량)　倍數(배:수)　倍額(배:액)　倍入(배:입)
두 배의 값

0620
4급II
拜
절 **배:**

부 手 손수

拜見(배:견)　拜金(배:금)　歲拜(세:배)　崇拜(숭배)　參拜(참배)

0621
7급
百
일백 **백**

부 白 흰백

百姓(백성)　百濟(백제)　百家爭鳴(백가쟁명)　百年河淸(백년하청)
百發百中(백발백중)　百戰百勝(백전백승)　一罰百戒(일벌백계)

0622
4급II
伐
칠 **벌**

부 亻(人) 사람인변　유 討 칠 토

伐木(벌목)　伐採(벌채)　伐草(벌초)　北伐(북벌)　討伐(토벌)

0623 4급
犯
범할 범:

訓 犭(犬) 개사슴록변
共犯(공:범) 犯法(범:법) 犯人(범:인) 犯罪(범:죄) 犯行(범:행)
법을 어기는 짓
참 共犯(공범) ↔ 單獨犯(단독범)

0624 4급II
壁
벽 벽

訓 土 흙토
面壁(면:벽) 壁報(벽보) 壁書(벽서) 壁紙(벽지) 壁畫(벽화) 城壁(성벽)
(널리 알릴 일을) 벽에 쓰거나 써 붙임

0625 4급II
邊
가 변

訓 辶(辵) 책받침 약 辺, 边
江邊(강변) 邊境(변경) 邊界(변계) 邊方(변방) 邊域(변역) 周邊(주변)
나라와 나라의 경계가 되는 변두리 지역

0626 6급
病
병 병:

訓 疒 병질엄 유 疾 병 질(3급II)
病勢(병:세) 病院(병:원) 病蟲(병:충) 病害(병:해) 病患(병:환)

0627 5급
兵
병사 병

訓 八 여덟팔 유 士 선비 사, 卒 마칠 졸 반 將 장수 장
兵士(병사) 兵役(병역) 兵營(병영) 兵卒(병졸) 兵務廳(병무청)

0628 4급II
報
갚을/알릴 보:

訓 土 흙토 유 告 알릴 고, 申 알릴 신
報告(보:고) 報道(보:도) 報復(보:복) 報恩(보:은) 因果應報(인과응보)
참 報恩(보은) ↔ 背恩(배은)

0629 7급
夫
지아비 부

訓 大 큰대 반 婦 며느리 부
農夫(농부) 夫權(부권) 夫君(부군) 夫婦(부부) 夫婦有別(부부유별)
상대편을 높이어 그의 '남편'을 일컫는 말

0630 6급
部
떼 부

訓 阝(邑) 우부방
部落(부락) 部面(부면) 部分(부분) 部屬(부속) 部長(부장) 部族(부족)
참 部分(부분) ↔ 全體(전체)

| 오 늘 의 사 자 성 어 |

博學多識 박학다식 학식이 넓고 많음
一罰百戒 일벌백계 여러 사람에게 경각심을 불러일으키게 하기 위하여 무거운 벌로 다스리는 일
柳綠花紅 유록화홍 [버들은 푸르고 꽃은 붉다는 뜻으로] 봄철의 경치를 말할 때 흔히 쓰는 말
因果應報 인과응보 불교에서, 과거 또는 전생의 선악의 인연에 따라서 뒷날 길흉화복의 갚음을 받게 됨을 이르는 말

21

I 다음 漢字語의 讀音을 쓰시오.

① 令狀	② 宿命	③ 末期	④ 博識
⑤ 參拜	⑥ 旅券	⑦ 牧童	⑧ 倍額
⑨ 勞務	⑩ 妨害	⑪ 質朴	⑫ 犯行
⑬ 邊境	⑭ 調練	⑮ 柳器	⑯ 伐採
⑰ 舞曲	⑱ 兵卒	⑲ 報復	⑳ 夫君
㉑ 律動	㉒ 墓碑	㉓ 歷任	㉔ 壁紙
㉕ 部落	㉖ 例規	㉗ 病勢	㉘ 妙案
㉙ 百姓	㉚ 綠豆		

2 다음 漢字의 訓과 音을 쓰시오.

① 柳   ② 妙   ③ 舞   ④ 犯

3 다음의 訓과 音을 지닌 漢字를 쓰시오.

① 곱 배   ② 나그네 려   ③ 일할 로   ④ 익힐 련

4 다음 밑줄 친 漢字語는 한글로, 한글은 漢字語로 바꾸시오.

① 영화의 결말을 들으면 그 영화는 보고 싶지 않아져.

② 이 우유는 牧場에 가서 직접 받아온 거야.

③ 어제 보석 博覽會에 갔어요.

④ 테러는 상대방에게 증오심을 배가시킬 뿐이야.

⑤ 기침이 더 심해지기 전에 병원에 가라.

5 다음 빈칸에 알맞은 漢字를 넣어 四字成語를 完成하시오.

① ( )婦有別 : 부부 사이에는 엄격히 지켜야할 인륜의 구별이 있음

② 一罰( )戒 : 여러 사람에게 경각심을 불러일으키게 하기 위하여 무거운 벌로 다스리는 일

③ ( )衣紅裳 : 연두저고리와 다홍치마라는 뜻으로 젊은 여인의 고운 옷차림을 이름

21

6 다음과 뜻이 反對 또는 相對되는 漢字를 ( )에 넣으시오.

① ( ) ↔ 使　　　② ( ) ↔ 婦　　　③ 本 ↔ ( )　　　④ 將 ↔ ( )

7 다음 각 글자와 뜻이 같거나 비슷한 漢字를 ( )에 넣어 漢字語를 만드시오.

① 素( )　　② 終( )　　③ ( )士　　④ ( )端　　⑤ 靑( )　　⑥ ( )習

8 다음 뜻에 알맞은 漢字語를 漢字로 쓰시오.

① 사례 (일의 전례나 실례(實例))

② 역임 (차례로 여러 관직을 거침)

9 다음 漢字의 部首를 쓰시오.

① 墓　　　② 牧　　　③ 舞　　　④ 拜　　　⑤ 柳

10 다음 漢字를 略字로 바꾸어 쓰시오.

① 勞　　　　　② 邊

11 다음 漢字語의 뜻을 쓰시오.

① 報恩　　　② 妙技　　　③ 牧馬　　　④ 伐草

12 다음 例示한 漢字語 중에서 앞 글자가 長音으로 發音되는 것을 골라 그 번호를 쓰시오.

① ㄱ. 朴忠　　ㄴ. 博士　　ㄷ. 末世　　ㄹ. 墓域

② ㄱ. 旅客　　ㄴ. 綠林　　ㄷ. 歷史　　ㄹ. 練習

정답

1 ① 영장 ② 숙명 ③ 말기 ④ 박식 ⑤ 참배 ⑥ 여권 ⑦ 목동 ⑧ 배액 ⑨ 노무 ⑩ 방해 ⑪ 질박 ⑫ 범행 ⑬ 변경 ⑭ 조련 ⑮ 유기 ⑯ 벌채 ⑰ 무곡 ⑱ 병졸 ⑲ 보복 ⑳ 부군 ㉑ 율동 ㉒ 묘비 ㉓ 역임 ㉔ 벽지 ㉕ 부락 ㉖ 예규 ㉗ 병세 ㉘ 묘안 ㉙ 백성 ㉚ 녹두 **2** ① 버들 류 ② 묘할 묘 ③ 춤출 무 ④ 범할 범 **3** ① 倍 ② 旅 ③ 勞 ④ 練 **4** ① 結末 ② 목장 ③ 박람회 ④ 倍加 ⑤ 病院 **5** ① 夫 ② 百 ③ 綠 **6** ① 勞 ② 夫 ③ 末 ④ 兵 **7** ① 朴 ② 末 ③ 兵 ④ 末 ⑤ 綠 ⑥ 練 **8** ① 事例 ② 歷任 **9** ① 土 ② 牛 ③ 舛 ④ 手 ⑤ 木 **10** ① 労 ② 边, 边 **11** ① 보은 : 은혜를 갚음 ② 묘기 : 절묘한 재주 ③ 목마 : 말을 먹여 기름 ④ 벌초 : 무덤의 잡풀을 베어서 깨끗이 함 **12** ① ㄹ ② ㄹ

168

미리 확인하기　　　　　　　O X　　　　　　　　　　　O X

婦	婦 婦 婦 婦 婦	□ □	城	城 城 城 城 城	□ □
批	批 批 批 批 批	□ □	盛	盛 盛 盛 盛 盛	□ □
氷	氷 氷 氷 氷 氷	□ □	世	世 世 世 世 世	□ □
四	四 四 四 四 四	□ □	勢	勢 勢 勢 勢 勢	□ □
使	使 使 使 使 使	□ □	稅	稅 稅 稅 稅 稅	□ □
師	師 師 師 師 師	□ □	笑	笑 笑 笑 笑 笑	□ □
舍	舍 舍 舍 舍 舍	□ □	俗	俗 俗 俗 俗 俗	□ □
算	算 算 算 算 算	□ □	續	續 續 續 續 續	□ □
西	西 西 西 西 西	□ □	松	松 松 松 松 松	□ □
序	序 序 序 序 序	□ □	頌	頌 頌 頌 頌 頌	□ □
仙	仙 仙 仙 仙 仙	□ □	收	收 收 收 收 收	□ □
宣	宣 宣 宣 宣 宣	□ □	受	受 受 受 受 受	□ □
雪	雪 雪 雪 雪 雪	□ □	承	承 承 承 承 承	□ □
設	設 設 設 設 設	□ □	視	視 視 視 視 視	□ □
省	省 省 省 省 省	□ □	詩	詩 詩 詩 詩 詩	□ □

夫婦有別 □ □ □ □　　　美風良俗 □ □ □ □

破顔大笑 □ □ □ □　　　東問西答 □ □ □ □

0631
4급Ⅱ
婦
며느리 부
🈯女 계집녀 🈁妻 아내 처(3급Ⅱ) 🈺夫 지아비 부
夫婦(부부) 婦人(부인) 婦女子(부녀자) 夫婦有別(부부유별)

0632
4급
批
비평할 비:
🈯扌(手) 재방변 🈁評 평할 평
批答(비:답) 批點(비:점) 批正(비:정) 批判(비:판) 批評(비:평)

0633
5급
氷
얼음 빙
🈯水 물수 🈺炭 숯 탄
氷上(빙상) 氷水(빙수) 氷板(빙판) 氷河(빙하) 氷炭之間(빙탄지간)
높은 산이나 고위도 지방의 만년설이 그 무게의 압력으로
얼음덩이가 되어, 천천히 비탈면을 흘러 내려와 강을 이룬 것

0634
8급
四
넉 사:
🈯口 큰입구몸
四季(사:계) 四輪(사:륜) 四方(사:방) 四寸(사:촌) 四顧無親(사고무친)
네 개의 바퀴

0635
6급
使
하여금/부릴 사:
🈯亻(人) 사람인변
使命(사:명) 使用(사:용) 使者(사:자) 使節(사:절) 天使(천사)
어떤 사명을 띠고 국가나 정부를 대표하여
외국에 파견되는 사람

0636
4급Ⅱ
師
스승 사
🈯巾 수건건 🈺弟 아우 제 🈖師
講師(강:사) 敎師(교:사) 師範(사범) 師父(사부) 師弟(사제) 恩師(은사)

0637
4급Ⅱ
舍
집 사
🈯舌 혀설 🈁家 집 가, 屋 집 옥, 室 집 실, 宅 집 택
校舍(교:사) 舍監(사감) 舍利(사리) 舍宅(사택) 寄宿舍(기숙사)

0638
7급
算
셈 산:
🈯竹 대죽 🈁計 셀 계, 數 셈 수
計算(계:산) 算數(산:수) 算術(산:술) 算入(산:입) 算出(산:출)
일상생활에 응용할 수 있는 수량에 관한
기초적인 수학

0639
8급
西
서녘 서
🈯襾 덮을아 🈺東 동녘 동
西紀(서기) 西方(서방) 西洋(서양) 西風(서풍) 東問西答(동문서답)
상대 西方(서방) ↔ 東方(동방)

0640
5급
序
차례 서:
🈯广 엄호 🈁秩 차례 질(3급Ⅱ)
序曲(서:곡) 序論(서:론) 序說(서:설) 序列(서:열) 長幼有序(장유유서)
본론의 머리말이 되는 논설

0641
5급
仙
신선 선
🈯亻(人) 사람인변
仙境(선경) 仙界(선계) 仙宮(선궁) 仙女(선녀) 仙人(선인) 神仙(신선)
상대 仙界(선계) ↔ 俗界(속계)

22일째 한자익히기 0642~0652

宣 雪 設 省 城 盛 世 勢 稅 笑 俗

0642 宣 4급 베풀 선
- ◉ 宀 갓머리
- 宣告(선고) 宣敎(선교) 宣明(선명) 宣言(선언) 宣傳(선전) 宣布(선포)
  - (어떤 사실을) 분명히 밝혀 선언함

0643 雪 6급 눈 설
- ◉ 雨 비우
- 白雪(백설) 雪景(설경) 雪山(설산) 雪原(설원) 雪上加霜(설상가상)
  - 눈에 뒤덮여 있는 벌판

0644 設 4급Ⅱ 베풀 설
- ◉ 言 말씀언 ◉ 施 베풀 시
- 假設(가:설) 設計(설계) 設立(설립) 設備(설비) 設定(설정) 設置(설치)

0645 省 6급 살필 성 / 덜 생
- ◉ 目 눈목 ◉ 察 살필 찰, 略 간략할 략
- 反省(반:성) 省墓(성묘) 省察(성찰) 自省(자성) 昏定晨省(혼정신성)
  - 스스로 반성함
- 省略(생략) 省力(생력)

0646 城 4급Ⅱ 재 성
- ◉ 土 흙토
- 開城(개성) 山城(산성) 城壁(성벽) 城主(성주) 萬里長城(만리장성)

0647 盛 4급Ⅱ 성할 성:
- ◉ 皿 그릇명 ◉ 衰 쇠할 쇠(3급Ⅱ)
- 盛開(성:개) 盛年(성:년) 盛大(성:대) 盛行(성:행) 盛況(성:황)
  - 매우 성하게 행하여짐

0648 世 7급 인간 세:
- ◉ 一 한일 ◉ 丗
- 世紀(세:기) 世代(세:대) 世上(세:상) 世俗(세:속) 世習(세:습)

0649 勢 4급Ⅱ 형세 세:
- ◉ 力 힘력
- 權勢(권세) 勢道(세:도) 勢力(세:력) 情勢(정세) 破竹之勢(파죽지세)

0650 稅 4급Ⅱ 세금 세:
- ◉ 禾 벼화 ◉ 租 조세 조(3급Ⅱ)
- 稅關(세:관) 稅金(세:금) 稅務(세:무) 稅額(세:액) 稅律(세:율)
  - 과세 표준에 따라서 세액을 산정하는 법정 비율

0651 笑 4급Ⅱ 웃음 소:
- ◉ 竹 대죽 ◉ 泣 울 읍(3급)
- 笑談(소:담) 笑聲(소:성) 一笑一少(일소일소) 破顔大笑(파안대소)

0652 俗 4급Ⅱ 풍속 속
- ◉ 亻(人) 사람인변
- 俗談(속담) 俗語(속어) 低俗(저:속) 風俗(풍속) 美風良俗(미풍양속)
- 참고 俗語(속어) ↔ 雅語(아어)

0653 4급II
續
이을 속

부 糸 실사 유 繼 이을 계, 連 잇닿을 련 반 斷 끊을 단 약 続

繼續(계:속) 相續(상속) 續篇(속편) 續行(속행) 連續(연속) 存續(존속)

책이나 영화 등에서 본편의 뒷이야기로 만들어진 것

0654 4급
松
소나무 송

부 木 나무목

松林(송림) 松魚(송어) 松風(송풍) 松花(송화) 松竹之節(송죽지절)

0655 4급
頌
칭송할/
기릴 송:

부 頁 머리혈 유 稱 일컬을 칭, 讚 기릴 찬

頌德(송:덕) 頌辭(송:사) 頌祝(송:축) 稱頌(칭송) 讚頌歌(찬송가)

0656 4급II
收
거둘 수

부 攵(攴) 등글월문 반 支 지탱할 지 약 収

收監(수감) 收去(수거) 收受(수수) 收容(수용) 收入(수입) 收縮(수축)

참고 收入(수입) ↔ 支出(지출)

(사람이나 물품 따위를) 거두어 일정한 곳에 넣어 둠

0657 4급II
受
받을 수

부 又 또우 반 授 줄 수

受講(수강) 受動(수동) 受賞(수상) 受容(수용) 受益(수익) 受驗(수험)

참고 受動(수동) ↔ 能動(능동)

시험을 치름

0658 4급II
承
이을 승

부 手 손수 유 繼 이을 계, 續 이을 속

繼承(계:승) 承繼(승계) 承認(승인) 傳承(전승) 起承轉結(기승전결)

참고 承認(승인) ↔ 拒否(거부)

0659 4급II
視
볼 시:

부 見 볼견 유 監 볼 감, 見 볼 견, 覽 볼 람

視覺(시:각) 視力(시:력) 視線(시:선) 視野(시:야) 視點(시:점)

시력이 미치는 범위

0660 4급II
詩
시 시

부 言 말씀언

詩歌(시가) 詩感(시감) 詩人(시인) 詩材(시재) 詩情(시정) 詩集(시집)

| 오 늘 의 사 자 성 어 |

夫婦有別 부부유별 오륜(五倫)의 하나. 부부 사이에는 엄격히 지켜야 할 인륜의 구별이 있음
美風良俗 미풍양속 아름답고 좋은 풍속
破顏大笑 파안대소 즐거운 표정으로 한바탕 크게 웃음
東問西答 동문서답 [동쪽을 묻는데 서쪽을 대답한다는 뜻으로] 묻는 말에 대하여 아주 딴판인 엉뚱한 대답을 이름

I 다음 漢字語의 讀音을 쓰시오.

① 四季	② 使命	③ 雪原	④ 設備
⑤ 序列	⑥ 省察	⑦ 詩情	⑧ 城壁
⑨ 盛況	⑩ 夫婦	⑪ 世習	⑫ 氷板
⑬ 權勢	⑭ 稅額	⑮ 仙界	⑯ 笑聲
⑰ 西風	⑱ 低俗	⑲ 續篇	⑳ 松林
㉑ 宣敎	㉒ 舍監	㉓ 頌祝	㉔ 收受
㉕ 受動	㉖ 算術	㉗ 恩師	㉘ 批評
㉙ 承認	㉚ 視線		

2 다음 漢字의 訓과 音을 쓰시오.

① 批　　　　② 師　　　　③ 宣　　　　④ 松

3 다음의 訓과 音을 지닌 漢字를 쓰시오.

① 얼음 빙　　② 차례 서　　③ 신선 선　　④ 살필 성, 덜 생

4 다음 밑줄 친 漢字語는 한글로, 한글은 漢字語로 바꾸시오.

① 빙판 위에서 썰매 타는 게 얼마나 위험한지 아니?

② 대학에 입학하면서부터 계속 寄宿舍에서 지냈습니다.

③ 태권도 師範으로 일한 지 10년이 넘었어요.

5 다음 빈칸에 알맞은 漢字를 넣어 四字成語를 完成하시오.

① (　)上加霜 : 눈 위에 또 서리가 덮인 격이라는 뜻으로 어려운 일이 연거푸 일어
　　　　　　　남을 이름

② 長幼有(　) : 연장자와 연소자 사이에는 지켜야할 차례가 있음을 이름

③ 夫(　)有別 : 부부 사이에는 엄격히 지켜야 할 인륜의 구별이 있음

④ 東問(　)答 : 동쪽을 묻는데 서쪽을 대답한다는 뜻으로 묻는 말에 대하여 아주
　　　　　　　판판인 엉뚱한 대답을 이름

173

22

6 다음과 뜻이 反對 또는 相對되는 漢字, 漢字語를 ( )에 넣으시오.

① ( ) ↔ 炭   ② ( ) ↔ 弟   ③ 俗界 ↔ ( )   ④ 支出 ↔ ( )

7 다음 각 글자와 뜻이 같거나 비슷한 漢字를 ( )에 넣어 漢字語를 만드시오.

① ( )評   ② ( )宅   ③ 計( )   ④ 施( )

8 다음 뜻에 알맞은 漢字語를 漢字로 쓰시오.

① 빙하 (만년설이 그 무게의 압력으로 얼음덩이가 되어, 천천히 비탈면을 흘러 내
　　　려와 강을 이룬 것)
② 서곡 (첫머리에 연주되어 도입부의 구실을 하는 악곡)

9 다음 漢字를 略字로 바꾸어 쓰시오.

① 收   ② 續   ③ 世   ④ 師

IO 다음 漢字語의 뜻을 쓰시오.

① 使節   ② 仙境   ③ 稅律   ④ 續篇

II 다음 例示한 漢字語 중에서 앞 글자가 長音으로 發音되는 것을 골라 그 번호를 쓰시오.

① ㄱ. 氷水   ㄴ. 批判   ㄷ. 仙人   ㄹ. 宣傳
② ㄱ. 序論   ㄴ. 西方   ㄷ. 雪原   ㄹ. 設立
③ ㄱ. 城主   ㄴ. 俗談   ㄷ. 盛行   ㄹ. 續行

정답

1 ① 사계 ② 사명 ③ 설원 ④ 설비 ⑤ 서열 ⑥ 성찰 ⑦ 시정 ⑧ 성벽 ⑨ 성황 ⑩ 부부 ⑪ 세습 ⑫ 빙판 ⑬ 권세 ⑭ 세액 ⑮ 선계 ⑯ 소성 ⑰ 서풍 ⑱ 저속 ⑲ 속편 ⑳ 송림 ㉑ 선교 ㉒ 사감 ㉓ 송축 ㉔ 수수 ㉕ 수동 ㉖ 산술 ㉗ 은사 ㉘ 비평 ㉙ 승인 ㉚ 시선 **2** ① 비평할 비 ② 스승 사 ③ 베풀 선 ④ 소나무 송 **3** ① 氷 ② 序 ③ 仙 ④ 省 **4** ① 氷板 ② 기숙사 ③ 사범 **5** ① 雪 ② 序 ③ 婦 ④ 西 **6** ① 氷 ② 師 ③ 仙界 ④ 收入 **7** ① 批 ② 舍 ③ 算 ④ 設 **8** ① 氷河 ② 序曲 **9** ① 収 ② 続 ③ 卋 ④ 师 **10** ① 사절 : 어떤 사명을 띠고 국가나 정부를 대표하여 외국에 파견되는 사람 ② 선경 : 속세를 떠난 깨끗한 곳 ③ 세율 : 과세 표준에 따라서 세액을 산정하는 법정 비율 ④ 속편 : 책이나 영화 등에서 본편의 뒷이야기로 만들어진 것 **11** ① ㄴ ② ㄱ ③ ㄷ

미리 확인하기　　　　ㅇ x　　　　　　　　ㅇ x

神	神	神	神	神	神	□ □	五	五	五	五	五	五	□ □
室	室	室	室	室	室	□ □	午	午	午	午	午	午	□ □
深	深	深	深	深	深	□ □	誤	誤	誤	誤	誤	誤	□ □
液	液	液	液	液	液	□ □	完	完	完	完	完	完	□ □
陽	陽	陽	陽	陽	陽	□ □	外	外	外	外	外	外	□ □
樣	樣	樣	樣	樣	樣	□ □	要	要	要	要	要	要	□ □
與	與	與	與	與	與	□ □	勇	勇	勇	勇	勇	勇	□ □
域	域	域	域	域		□ □	容	容	容	容	容	容	□ □
然	然	然	然	然	然	□ □	遇	遇	遇	遇	遇		□ □
研	研	研	研	研		□ □	雄	雄	雄	雄	雄		□ □
鉛	鉛	鉛	鉛	鉛	鉛	□ □	園	園	園	園	園	園	□ □
永	永	永	永	永	永	□ □	遠	遠	遠	遠	遠	遠	□ □
迎	迎	迎	迎	迎		□ □	院	院	院	院	院	院	□ □
映	映	映	映	映	映	□ □	爲	爲	爲	爲	爲		□ □
藝	藝	藝	藝	藝	藝	□ □	圍	圍	圍	圍	圍		□ □

與民同樂 □ □ □ □　　　　千載一遇 □ □ □ □
送舊迎新 □ □ □ □　　　　遠交近攻 □ □ □ □

0661 6급 **神** 귀신 신
- ⑤示 보일 시 ⑥鬼 귀신 귀(3급Ⅱ)
- 神奇(신기) 神聖(신성) 神話(신화) 精神(정신) 神出鬼沒(신출귀몰)
- 참 精神(정신) ↔ 物質(물질), 肉體(육체)

0662 8급 **室** 집 실
- ⑤宀 갓머리 ⑥家 집 가, 舍 집 사, 屋 집 옥, 宅 집 택
- 密室(밀실) 室內(실내) 室溫(실온) 寢室(침:실) 休憩室(휴게실)

0663 4급Ⅱ **深** 깊을 심:
- ⑤氵(水) 삼수변 ⑧淺 얕을 천(3급Ⅱ)
- 深刻(심:각) 深境(심:경) 深度(심:도) 深層(심:층) 深思熟考(심사숙고)
  - 겉으로 드러나지 않은, 사물이나 사건의 내부 깊숙한 곳

0664 4급Ⅱ **液** 진 액
- ⑤氵(水) 삼수변
- 樹液(수액) 液面(액면) 液體(액체) 液化(액화) 原液(원액) 血液(혈액)

0665 6급 **陽** 볕 양
- ⑤阝(阜) 좌부변 ⑧陰 그늘 음
- 夕陽(석양) 陽刻(양각) 陽氣(양기) 陽性(양성) 陽地(양지) 陰陽(음양)
  - 밝고 적극적인 성질

0666 4급 **樣** 모양 양
- ⑤木 나무 목 ⑥態 모습 태
- 模樣(모양) 樣相(양상) 樣式(양식) 樣姿(양자) 樣態(양태) 外樣(외:양)

0667 4급 **與** 더불/줄 여:
- ⑤臼 절구 구 ⑥參 참여할 참 ⑧野 들 야 ⑨与
- 給與(급여) 與件(여:건) 與野(여:야) 參與(참여) 與民同樂(여민동락)

0668 4급 **域** 지경 역
- ⑤土 흙 토 ⑥區 지경 구, 界 지경 계
- 區域(구역) 聖域(성:역) 域外(역외) 全域(전역) 地域(지역)
  - 전체의 지역

0669 7급 **然** 그러할 연
- ⑤灬(火) 연화발
- 果然(과:연) 當然(당연) 然後(연후) 自然(자연) 天然(천연) 必然(필연)
- 참 自然(자연) ↔ 人爲(인위)
  - 사람이 손대거나 달리 만들지 아니한, 자연 그대로의 상태

0670 4급Ⅱ **硏** 갈 연:
- ⑤石 돌 석 ⑥究 궁구할 구
- 硏究(연:구) 硏武(연:무) 硏修(연:수) 硏學(연:학)
  - 그 분야에 필요한 지식이나 기능을 몸에 익히기 위하여 특별한 공부를 하는 일

0671 4급 **鉛** 납 연
- ⑤金 쇠 금
- 亞鉛(아연) 鉛色(연색) 鉛鐵(연철) 鉛版(연판) 鉛筆(연필) 黑鉛(흑연)

23일째 한자익히기 0672~0682

永迎映藝五午誤完外要勇

0672 6급 **永** 길 영:
- ㉾ 水 물수 ㊂ 遠 멀 원, 長 긴 장
- 永久(영:구) 永世(영:세) 永續(영:속) 永遠(영:원) 永住權(영주권)

0673 4급 **迎** 맞을 영
- ㉾ 辶(辵) 책받침 ㊉ 送 보낼 송
- 迎入(영입) 迎接(영접) 迎合(영합) 歡迎(환영) 送舊迎新(송구영신)
  - (비위를 맞추기 위하여) 자기의 생각을 상대편이나 세상 풍조에 맞춤

0674 4급 **映** 비칠 영(:)
- ㉾ 日 날일
- 反映(반:영) 上映(상:영) 映寫(영사) 映窓(영:창) 映畵(영화)

0675 4급Ⅱ **藝** 재주 예:
- ㉾ 艹(艸) 초두머리 ㊂ 術 재주 술, 技 재주 기 ㉭ 芸
- 技藝(기예) 藝能(예:능) 藝術(예:술) 園藝(원예) 演藝人(연예인)
  - (농업의 일부로) 채소나 화훼 · 과수 따위를 심어 가꾸는 일

0676 8급 **五** 다섯 오:
- ㉾ 二 두이
- 五感(오:감) 五穀(오:곡) 五倫(오:륜) 五角形(오각형) 五大洋(오대양)

0677 7급 **午** 낮 오:
- ㉾ 十 열십 ㊂ 晝 낮 주 ㉭ 夜 밤 야
- 午間(오:간) 午夜(오:야) 午前(오:전) 午天(오:천) 午寢(오:침)
  - 낮잠
- 참고 午前(오전) ↔ 午後(오후)

0678 4급Ⅱ **誤** 그르칠 오:
- ㉾ 言 말씀언 ㊂ 過 지날 과 ㉭ 正 바를 정
- 過誤(과:오) 誤答(오:답) 誤發(오:발) 誤算(오:산) 誤解(오:해)
  - (총포 따위를) 실수로 잘못 쏨

0679 5급 **完** 완전할 완
- ㉾ 宀 갓머리 ㊂ 全 온전 전
- 完結(완결) 完納(완납) 完成(완성) 完全(완전) 完走(완주) 完快(완쾌)
  - 목표 지점까지 완전히 달림

0680 8급 **外** 바깥 외:
- ㉾ 夕 저녁석 ㉭ 內 안 내
- 外交(외:교) 外面(외:면) 外叔(외:숙) 外樣(외:양) 外國人(외국인)
- 참고 外國人(외국인) ↔ 內國人(내국인)

0681 5급 **要** 요긴할 요
- ㉾ 襾(两) 덮을아
- 要緊(요긴) 要領(요령) 要素(요소) 要約(요약) 主要(주요)

0682 6급 **勇** 날랠 용:
- ㉾ 力 힘력
- 勇敢(용:감) 勇氣(용:기) 勇斷(용:단) 勇士(용:사) 武勇談(무용담)

0683 4급Ⅱ **容** 얼굴 용
(부) 宀 갓머리 (유) 顔 얼굴 안(3급Ⅱ)
容器(용기) 容量(용량) 容認(용인) 容華(용화) 容疑者(용의자)

0684 4급 **遇** 만날 우
(부) 辶(辵) 책받침 (유) 逢 만날 봉(3급Ⅱ)
境遇(경우) 待遇(대:우) 不遇(불우) 處遇(처:우) 千載一遇(천재일우)
　　　　　　　　　　(사람을 평가해서) 거기에 맞추어 대우함

0685 5급 **雄** 수컷 웅
(부) 隹 새추
英雄(영웅) 雄大(웅대) 雄辯(웅변) 雄壯(웅장) 雄志(웅지)
　　　　　　　　　　　　　　　　　　　　웅대한 뜻

0686 6급 **園** 동산 원
(부) 囗 큰입구몸
公園(공원) 園藝(원예) 庭園(정원) 花園(화원) 動物園(동물원)

0687 6급 **遠** 멀 원:
(부) 辶(辵) 책받침 (유) 永 길 영 (반) 近 가까울 근
遠境(원:경) 遠代(원:대) 不遠千里(불원천리) 遠交近攻(원교근공)
(참고) 遠境(원경) ↔ 近境(근경)
　　　　　　　　　　└─ [천 리도 멀다고 여기지 않는다는 뜻으로] 먼 길을
　　　　　　　　　　　　열심히 달려가는 것을 형용하여 이르는 말

0688 5급 **院** 집 원
(부) 阝(阜) 좌부변
病院(병:원) 院生(원생) 院長(원장) 入院(입원) 學院(학원)
(참고) 入院(입원) ↔ 退院(퇴원)
　　　　　　　　　　환자가 치료 또는 요양을 위하여 병원에 들어감

0689 4급Ⅱ **爲** 할 위
(부) 爫(爪) 손톱조 (약) 為
爲國(위국) 爲業(위업) 人爲(인위) 行爲(행위) 轉禍爲福(전화위복)

0690 4급 **圍** 에워쌀 위
(부) 囗 큰입구몸 (유) 包 쌀 포 (약) 囲
防圍(방위) 範圍(범:위) 四圍(사:위) 圍排(위배) 周圍(주위)

| 오 늘 의 사 자 성 어 |

與民同樂 여민동락　임금이 백성과 함께 즐김
千載一遇 천재일우　[천 년에 한 번 만난다는 뜻으로] 좀처럼 만나기 어려운 기회를 이르는 말
送舊迎新 송구영신　묵은해를 보내고 새해를 맞이함
遠交近攻 원교근공　먼 나라와 우호 관계를 맺고, 이웃 나라를 공략하는 일

I 다음 漢字語의 讀音을 쓰시오.

① 深層	② 聖域	③ 果然	④ 研修
⑤ 樹液	⑥ 黑鉛	⑦ 永世	⑧ 迎合
⑨ 模樣	⑩ 五穀	⑪ 室溫	⑫ 反映
⑬ 藝能	⑭ 午前	⑮ 神話	⑯ 誤解
⑰ 完納	⑱ 陽刻	⑲ 外叔	⑳ 要素
㉑ 勇斷	㉒ 容量	㉓ 參與	㉔ 境遇
㉕ 雄辯	㉖ 範圍	㉗ 園藝	㉘ 院長
㉙ 遠代	㉚ 爲國		

2 다음 漢字의 訓과 音을 쓰시오.

① 樣   ② 與   ③ 域   ④ 鉛

3 다음의 訓과 音을 지닌 漢字를 쓰시오.

① 집 원   ② 수컷 웅   ③ 요긴할 요   ④ 완전할 완

4 다음 밑줄 친 漢字語는 한글로, 한글은 漢字語로 바꾸시오.

① 현재 上映 중인 영화 중에서 본 거 있어?

② 이 십자수를 완성하는 데 꼬박 3일이 걸렸어.

③ 정사장은 직원들 處遇 개선에 아무 관심도 없어.

④ 오빠가 교통사고로 입원했어.

5 다음 빈칸에 알맞은 漢字를 넣어 四字成語를 完成하시오.

① ( )民同樂 : 임금이 백성과 함께 즐김

② 不( )千里 : [천 리도 멀다고 여기지 않는다는 뜻으로] 먼 길을 열심히 달려가는
　　　　　　　것을 형용하여 이르는 말

③ 送舊( )新 : 묵은해를 보내고 새해를 맞이함

④ ( )交近攻 : 먼 나라와 우호 관계를 맺고, 이웃 나라를 공략하는 일

23

6 다음과 뜻이 反對 또는 相對되는 漢字, 漢字語를 ( )에 넣으시오.

① 陰 ↔ ( )　　　② ( ) ↔ 野　　　③ 正 ↔ ( )　　　④ 人爲 ↔ ( )

⑤ 近境 ↔ ( )　　⑥ 物質 ↔ ( )　　⑦ 內國人 ↔ ( )

7 다음 각 글자와 뜻이 같거나 비슷한 漢字를 ( )에 넣어 漢字語를 만드시오.

① 家( )　　　　　② 參( )　　　　　③ ( )究　　　　　④ ( )遠

8 다음 뜻에 알맞은 漢字語를 漢字로 쓰시오.

① 양성 (밝고 적극적인 성질)

② 용사 (용감한 병사)

③ 정원 (뜰, 특히 잘 가꾸어 놓은 넓은 뜰)

9 다음 漢字의 部首를 쓰시오.

① 圍　　　　② 樣　　　③ 與　　　④ 爲　　　⑤ 藝

IO 다음 漢字를 略字로 바꾸어 쓰시오.

① 與　　　　　② 圍　　　　　③ 藝　　　　　④ 爲

II 다음 例示한 漢字語 중에서 앞 글자가 長音으로 發音되는 것을 골라 그 번호를 쓰시오.

① ㄱ. 映寫　　ㄴ. 映窓　　ㄷ. 迎合　　ㄹ. 映畵

② ㄱ. 完全　　ㄴ. 要素　　ㄷ. 永遠　　ㄹ. 鉛筆

③ ㄱ. 勇氣　　ㄴ. 容器　　ㄷ. 雄志　　ㄹ. 陽地

정답

1 ① 심층 ② 성역 ③ 과연 ④ 연수 ⑤ 수액 ⑥ 흑연 ⑦ 영세 ⑧ 영합 ⑨ 모양 ⑩ 오곡 ⑪ 실온 ⑫ 반영 ⑬ 예능 ⑭ 오전 ⑮ 신화 ⑯ 오해 ⑰ 완납 ⑱ 양각 ⑲ 외숙 ⑳ 요소 ㉑ 용단 ㉒ 용량 ㉓ 참여 ㉔ 경우 ㉕ 웅변 ㉖ 범위 ㉗ 원예 ㉘ 원장 ㉙ 원대 ㉚ 위국 **2** ① 모양 양 ② 더불/줄 여 ③ 지경 역 ④ 납 연 **3** ① 院 ② 雄 ③ 要 ④ 完 **4** ① 상영 ② 完成 ③ 처우 ④ 入院 **5** ① 與 ② 遠 ③ 迎 ④ 遠 **6** ① 陽 ② 與 ③ 誤 ④ 自然 ⑤ 遠境 ⑥ 精神 ⑦ 外國人 **7** ① 室 ② 與 ③ 研 ④ 永 **8** ① 陽性 ② 勇士 ③ 庭園 **9** ① 口 ② 木 ③ 臼 ④ ⌒(爪) ⑤ ⾋(艸) **10** ① 与 ② 囲 ③ 芸 ④ 為 **11** ① ㄴ ② ㄷ ③ ㄱ

미리확인하기　　　　　ㅇ ✕　　　　　　　　ㅇ ✕

委	委 委 委 委 委	□ □	低	低 低 低 低 低	□ □
由	由 由 由 由 由	□ □	底	底 底 底 底 底	□ □
油	油 油 油 油 油	□ □	籍	籍 籍 籍 籍 籍	□ □
育	育 育 育 育 育	□ □	積	積 積 積 積 積	□ □
陰	陰 陰 陰 陰 陰	□ □	全	全 全 全 全 全	□ □
儀	儀 儀 儀 儀 儀	□ □	專	專 專 專 專 專	□ □
雜	雜 雜 雜 雜 雜	□ □	錢	錢 錢 錢 錢 錢	□ □
章	章 章 章 章 章	□ □	程	程 程 程 程 程	□ □
障	障 障 障 障 障	□ □	政	政 政 政 政 政	□ □
壯	壯 壯 壯 壯 壯	□ □	丁	丁 丁 丁 丁 丁	□ □
奬	奬 奬 奬 奬 奬	□ □	制	制 制 制 制 制	□ □
帳	帳 帳 帳 帳 帳	□ □	提	提 提 提 提 提	□ □
材	材 材 材 材 材	□ □	助	助 助 助 助 助	□ □
災	災 災 災 災 災	□ □	早	早 早 早 早 早	□ □
再	再 再 再 再 再	□ □	潮	潮 潮 潮 潮 潮	□ □

早失父母 □□□□　　　豪言壯談 □□□□

天災地變 □□□□　　　非一非再 □□□□

0691 4급 委 맡길 위
⊕女 계집녀 ⊕任 맡길 임
委信(위신) 委員(위원) 委任(위임) 特委(특위) 委員會(위원회)
일이나 처리를 남에게 맡김

0692 6급 由 말미암을 유
⊕田 밭전
經由(경유) 事由(사:유) 緣由(연유) 由來(유래) 理由(이:유)
무슨 일이 거기에서 비롯됨

0693 6급 油 기름 유
⊕氵(水) 삼수변
石油(석유) 油價(유가) 油性(유성) 油壓(유압) 油然(유연) 油田(유전)

0694 7급 育 기를 육
⊕月(肉) 육달월 ⊕養 기를 양
教育(교:육) 發育(발육) 養育(양:육) 育林(육림) 育成(육성) 育兒(육아)

0695 4급II 陰 그늘 음
⊕阝(阜) 좌부변 ⊕陽 볕 양
陰散(음산) 陰性(음성) 陰陽(음양) 陰地(음지) 陰害(음해) 陰凶(음흉)
반 陰地(음지) ↔ 陽地(양지)

0696 4급 儀 거동 의
⊕亻(人) 사람인변
儀禮(의례) 儀範(의범) 儀式(의식) 儀容(의용) 儀表(의표)
본받을 만한 모범

0697 4급 雜 섞일 잡
⊕隹 새추 ⊕混 섞을 혼 ⊕雑
複雜(복잡) 雜念(잡념) 雜談(잡담) 雜音(잡음) 雜種(잡종) 混雜(혼:잡)

0698 6급 章 글 장
⊕立 설립 ⊕文 글월 문
文章(문장) 章句(장구) 章法(장법) 章節(장절) 終章(종장) 憲章(헌:장)

0699 4급II 障 막을 장
⊕阝(阜) 좌부변 ⊕防 막을 방, 拒 막을 거
故障(고:장) 障壁(장벽) 障害(장해) 支障(지장) 白內障(백내장)
일을 하는 데 거치적거리는 장애

0700 4급 壯 장할 장:
⊕士 선비사 ⊕壮
健壯(건:장) 壯觀(장:관) 壯年(장:년) 壯紙(장:지) 老益壯(노익장)
血氣方壯(혈기방장) 豪言壯談(호언장담)
나이는 들었으나 기력은 더욱 좋아짐

0701 4급 獎 장려할 장(:)
⊕大 큰대 ⊕勸 권할 권 ⊕奖
激獎(격장) 勸獎(권:장) 獎學(장:학) 推獎(추장) 獎勵賞(장려상)

24일째 **한자**익히기 0702~0712

帳 材 災 再 低 底 籍 積 全 專 錢

0702
帳
4급
장막 장
- 부 巾 수건건 유 幕 장막 막(3급Ⅱ)
- 揮帳(휘장) 練習帳(연습장) 日記帳(일기장) 布帳馬車(포장마차)

0703
材
5급
재목 재
- 부 木 나무목
- 素材(소재) 資材(자재) 材料(재료) 材木(재목) 材質(재질)

0704
災
5급
재앙 재
- 부 火 불화 유 殃 재앙 앙(3급)
- 水災(수재) 災難(재난) 災傷(재상) 災害(재해) 天災地變(천재지변)

0705
再
5급
두 재:
- 부 冂 멀경몸 유 兩 두 량, 雙 두 쌍(3급Ⅱ)
- 再建(재:건) 再修(재:수) 再婚(재:혼) 再活(재:활) 非一非再(비일비재)
- 상 再婚(재혼) ↔ 初婚(초혼)   다시 활동함

0706
低
4급Ⅱ
낮을 저:
- 부 亻(人) 사람인변 반 高 높을 고
- 低價(저:가) 低級(저:급) 低利(저:리) 低速(저:속) 低血壓(저혈압)
- 싼 이자

0707
底
4급
밑 저:
- 부 广 엄호
- 底力(저:력) 底邊(저:변) 底意(저:의) 底止(저:지) 底層(저:층)
- 갈 데까지 가서 멈춤

0708
籍
4급
문서 적
- 부 竹 대죽 유 券 문서 권
- 國籍(국적) 本籍(본적) 書籍(서적) 地籍(지적) 學籍(학적) 戶籍(호:적)

0709
積
4급
쌓을 적
- 부 禾 벼화 유 貯 쌓을 저, 蓄 쌓을 축
- 山積(산적) 積金(적금) 積量(적량) 積立(적립) 積財(적재) 蓄積(축적)
- 재산을 모아 쌓음

0710
全
7급
온전 전
- 부 入 들입 유 完 완전할 완
- 全國(전국) 全部(전부) 全身(전신) 全體(전체) 全般的(전반적)
- 상 全體(전체) ↔ 部分(부분)

0711
專
4급
오로지 전
- 부 寸 마디촌
- 專攻(전공) 專念(전념) 專擔(전담) 專門(전문) 專業(전업) 專用(전용)
- 전문으로 하는 직업이나 사업

0712
錢
4급
돈 전:
- 부 金 쇠금 약 銭
- 金錢(금전) 急錢(급전) 銅錢(동전) 錢穀(전:곡) 錢糧(전:량) 錢票(전:표)

0713 4급Ⅱ **程** 한도/길 정
學禾 벼화 ㈜道 길 도, 路 길 로
過程(과:정) 路程(노:정) 旅程(여정) 音程(음정) 日程(일정) 程度(정도)

0714 4급Ⅱ **政** 정사 정
學攵(攴) 등글월문 ㈜治 다스릴 치
政界(정계) 政黨(정당) 政府(정부) 政策(정책) 政治(정치) 政派(정파)

0715 4급 **丁** 장정/고무래 정
學一 한일
軍丁(군정) 白丁(백정) 兵丁(병정) 壯丁(장:정) 丁銀(정은) 丁田(정전)
성년(成年)에 이른 혈기가 왕성한 남자

0716 4급Ⅱ **制** 절제할 제:
學刂(刀) 선칼도방
制度(제:도) 制動(제:동) 制壓(제:압) 制止(제:지) 制限(제:한)

0717 4급Ⅱ **提** 끌 제
學扌(手) 재방변 ㈜引 끌 인
前提(전제) 提供(제공) 提示(제시) 提案(제안) 提議(제의) 提題(제제)
의논이나 의안을 냄

0718 4급Ⅱ **助** 도울 조:
學力 힘력 ㈜援 도울 원
援助(원:조) 助成(조:성) 助手(조:수) 助言(조:언) 助役(조:역)
어떤 사람의 일을 도와주는 사람

0719 4급Ⅱ **早** 이를 조:
學日 날일
早急(조:급) 早期(조:기) 早老(조:로) 早産(조:산) 早失父母(조실부모)
(아이를) 달이 차기 전에 낳음

0720 4급 **潮** 조수 조
學氵(水) 삼수변
干潮(간조) 順潮(순:조) 赤潮(적조) 潮流(조류) 潮水(조수) 風潮(풍조)
참고 干潮(간조) ↔ 滿潮(만조)

| 오 늘 의 사 자 성 어 |

早失父母 조실부모 어려서 부모를 여읨
豪言壯談 호언장담 분수에 맞지 않는 말을 희떱게 지껄임
天災地變 천재지변 자연현상으로 일어나는 재앙이나 괴변
非一非再 비일비재 한두 번이 아니고 많음

1 다음 漢字語의 讀音을 쓰시오.

① 特委	② 儀禮	③ 陰散	④ 雜談
⑤ 章節	⑥ 障害	⑦ 壯觀	⑧ 緣由
⑨ 獎學	⑩ 揮帳	⑪ 材質	⑫ 災難
⑬ 再婚	⑭ 底意	⑮ 順潮	⑯ 低級
⑰ 油壓	⑱ 戶籍	⑲ 積立	⑳ 全部
㉑ 專攻	㉒ 錢票	㉓ 日程	㉔ 發育
㉕ 政派	㉖ 兵丁	㉗ 制壓	㉘ 提案
㉙ 助言	㉚ 早産		

2 다음 漢字의 訓과 음을 쓰시오.

① 潮   ② 委   ③ 儀   ④ 錢
⑤ 籍   ⑥ 獎   ⑦ 帳   ⑧ 底

3 다음의 訓과 음을 지닌 漢字를 쓰시오.

① 재앙 재   ② 두 재   ③ 재목 재   ④ 글 장

4 다음 밑줄 친 漢字語는 한글로, 한글은 漢字語로 바꾸시오.

① 재료도 모르는데 어떻게 요리를 해?
② 우리 동아리를 탈퇴하려는 이유가 뭔가요?
③ 재활 치료는 언제 시작되나요?
④ 비리 관련자의 징계를 위한 委員會가 열릴 예정입니다.
⑤ 경리업무를 專擔하고 있는 김과장입니다.

5 다음 빈칸에 알맞은 漢字를 넣어 四字成語를 完成하시오.

① 非一非( ) : 한두 번이 아니고 많음
② ( )失父母 : 어려서 부모를 여읨
③ 天( )地變 : 자연현상으로 일어나는 재앙이나 괴변

6 다음과 뜻이 反對 또는 相對되는 漢字語를 ( )에 넣으시오.

① 陽地 ↔ (　　) 　　② 初婚 ↔ (　　) 　　③ 部分 ↔ (　　)

7 다음 각 글자와 뜻이 같거나 비슷한 漢字를 ( )에 넣어 漢字語를 만드시오.

① (　)治 　　② 養(　) 　　③ 文(　) 　　④ 完(　)

8 다음 뜻에 알맞은 漢字語를 漢字로 쓰시오.

① 유래 (사물이 어디에서 연유하여 옴, 또는 그 내력)

② 종장 (풍류나 노래 따위의 마지막 장)

9 다음 漢字의 部首를 쓰시오.

① 陰 　　② 低 　　③ 程 　　④ 政 　　⑤ 制

10 다음 漢字를 略字로 바꾸어 쓰시오.

① 雜 　　② 壯 　　③ 獎 　　④ 錢

11 다음 漢字語의 뜻을 쓰시오.

① 低利 　　② 再活 　　③ 支障 　　④ 早産

12 다음 한자어 중 첫 音節이 길게 發音되는 것을 3개 골라 그 번호를 쓰시오(순서 무관).

① 障害 　　② 壯年 　　③ 災害 　　④ 油性

⑤ 獎學 　　⑥ 陰地 　　⑦ 雜音 　　⑧ 再建

정답

1 ① 특위 ② 의례 ③ 음산 ④ 잡담 ⑤ 장절 ⑥ 장해 ⑦ 장관 ⑧ 연유 ⑨ 장학 ⑩ 휘장 ⑪ 재질 ⑫ 재난 ⑬ 재혼 ⑭ 저의 ⑮ 순조 ⑯ 저급 ⑰ 유압 ⑱ 호적 ⑲ 적립 ⑳ 전부 ㉑ 전공 ㉒ 전표 ㉓ 일정 ㉔ 발육 ㉕ 정파 ㉖ 병정 ㉗ 제압 ㉘ 제안 ㉙ 조언 ㉚ 조산 　**2** ① 조수 조 ② 맡길 위 ③ 거동 의 ④ 돈 전 ⑤ 문서 적 ⑥ 장려할 장 ⑦ 장막 장 ⑧ 밑 저 **3** ① 災 ② 再 ③ 材 ④ 章 　**4** ① 材料 ② 理由 ③ 再活 ④ 위원회 ⑤ 전담 　**5** ① 再 ② 早 ③ 災 　**6** ① 陰地 ② 再婚 ③ 全體 　**7** ① 政 ② 育 ③ 章 ④ 全 　**8** ① 由來 ② 終章 　**9** ① 阝(阜) ② 亻(人) ③ 禾 ④ 攵(攴) ⑤ 刂(刀) 　**10** ① 雑 ② 壮 ③ 奨 ④ 銭 　**11** ① 저리 : 싼 이자 ② 재활 : 다시 활동함 ③ 지장 : 일을 하는 데 거치적거리는 장애 ④ 조산 : (아이를) 달이 차기 전에 낳음 **12** ②, ⑤, ⑧

186

미리 확인하기　　　　　O X　　　　　　　　O X

						O X							O X
尊	尊	尊	尊	尊	尊	□ □	侵	侵	侵	侵	侵	侵	□ □
宗	宗	宗	宗	宗	宗	□ □	針	針	針	針	針	針	□ □
週	週	週	週	週	週	□ □	宅	宅	宅	宅	宅	宅	□ □
酒	酒	酒	酒	酒	酒	□ □	統	統	統	統	統	統	□ □
誌	誌	誌	誌	誌	誌	□ □	破	破	破	破	破	破	□ □
智	智	智	智	智	智	□ □	板	板	板	板	板	板	□ □
珍	珍	珍	珍	珍	珍	□ □	判	判	判	判	判	判	□ □
陣	陣	陣	陣	陣	陣	□ □	便	便	便	便	便	便	□ □
採	採	採	採	採	採	□ □	篇	篇	篇	篇	篇	篇	□ □
鐵	鐵	鐵	鐵	鐵	鐵	□ □	平	平	平	平	平	平	□ □
草	草	草	草	草	草	□ □	胞	胞	胞	胞	胞	胞	□ □
總	總	總	總	總	總	□ □	爆	爆	爆	爆	爆	爆	□ □
出	出	出	出	出	出	□ □	表	表	表	表	表	表	□ □
蟲	蟲	蟲	蟲	蟲	蟲	□ □	票	票	票	票	票	票	□ □
則	則	則	則	則	則	□ □	下	下	下	下	下	下	□ □

結草報恩 □ □ □ □　　　寸鐵殺人 □ □ □ □

破竹之勢 □ □ □ □　　　身言書判 □ □ □ □

0721 4급Ⅱ 尊 높을 존
⊕ 寸 마디촌　⊛ 重 무거울 중　⊜ 卑 낮을 비 (3급Ⅱ)
陽尊(양존)　尊敬(존경)　尊貴(존귀)　尊待(존대)　尊屬(존속)　尊重(존중)
부모와 그 항렬 이상의 친족
참고 尊待(존대) ↔ 下待(하대)

0722 4급Ⅱ 宗 마루 종
⊕ 宀 갓머리
宗敎(종교)　宗山(종산)　宗族(종족)　宗派(종파)　宗主國(종주국)
(종속국에 대하여) 종주권을 가진 나라

0723 5급 週 주일 주
⊕ 辶(辵) 책받침
週間(주간)　週給(주급)　週期(주기)　週末(주말)　週番(주번)　週訓(주훈)
어떤 현상이 일정한 시간마다 똑같은 변화를
되풀이할 때, 그 일정한 시간을 이르는 말

0724 4급 酒 술 주(:)
⊕ 酉 닭유
穀酒(곡주)　酒客(주객)　酒量(주량)　酒店(주점)　酒案床(주안상)

0725 4급 誌 기록할 지
⊕ 言 말씀언　⊛ 記 기록할 기, 錄 기록할 록
日誌(일지)　雜誌(잡지)　誌面(지면)　誌石(지석)　週刊誌(주간지)

0726 4급 智 지혜/슬기 지
⊕ 日 날일　⊛ 慧 지혜 혜 (3급Ⅱ)
奇智(기지)　智德(지덕)　智略(지략)　智力(지력)　眞智(진지)
불교에서 이르는 삼지(三智)의 하나.
진리를 깨달은 지혜

0727 4급 珍 보배 진
⊕ 王(玉) 구슬옥변　⊛ 寶 보배 보　⊗ 珎
珍貴(진귀)　珍寶(진보)　珍珠(진주)　珍品(진품)　山海珍味(산해진미)

0728 4급 陣 진칠 진
⊕ 阝(阜) 좌부변
陣營(진영)　陣地(진지)　陣痛(진통)　陣形(진형)　陣頭指揮(진두지휘)

0729 4급 採 캘 채:
⊕ 扌(手) 재방변　⊛ 取 가질 취
採光(채:광)　採用(채:용)　採點(채:점)　採集(채:집)　採取(채:취)
자연물을 베거나 캐거나 뜯거나
줍거나 따서 거두어들임

0730 5급 鐵 쇠 철
⊕ 金 쇠금　⊗ 鉄
鐵甲(철갑)　鐵鋼(철강)　鐵絲(철사)　地下鐵(지하철)　寸鐵殺人(촌철살인)

0731 7급 草 풀 초
⊕ 艹(艸) 초두머리
草家(초가)　草食(초식)　草案(초안)　草原(초원)　結草報恩(결초보은)
참고 草食(초식) ↔ 肉食(육식)

25일째 한자익히기 0732~0742

總 出 蟲 則 侵 針 宅 統 破 板 判

0732 4급Ⅱ **總** 다 총:
부 糸 실사 유 合 합할 합 약 総
總力(총:력) 總論(총:론) 總務(총:무) 總稱(총:칭) 總合(총:합)

0733 7급 **出** 날 출
부 凵 위튼입구몸 반 缺 이지러질 결, 納 들일 납, 入 들 입
出納(출납) 出發(출발) 出席(출석) 出演(출연) 出資(출자) 出題(출제)
무대나 영화·방송 따위에 나와 연기함
상 出席(출석) ↔ 缺席(결석)

0734 4급Ⅱ **蟲** 벌레 충
부 虫 벌레훼 약 虫
幼蟲(유충) 寸蟲(촌:충) 蟲齒(충치) 蟲害(충해) 寄生蟲(기생충)

0735 5급 **則** 법칙 칙
부 刂(刀) 선칼도방 유 法 법 법, 規 법 규
校則(교:칙) 規則(규칙) 法則(법칙) 原則(원칙) 鐵則(철칙) 學則(학칙)
변경하거나 어길 수 없는 규칙

0736 4급Ⅱ **侵** 침노할 침(:)
부 亻(人) 사람인변
侵攻(침:공) 侵略(침:략) 侵犯(침범) 侵入(침:입) 侵害(침:해)
침범하여 해를 끼침

0737 4급 **針** 바늘 침(:)
부 金 쇠금
方針(방침) 針母(침:모) 針線(침:선) 針葉樹(침엽수) 針小棒大(침소봉대)

0738 5급 **宅** 집 택 / 집 댁
부 宀 갓머리 유 家 집 가, 舍 집 사, 屋 집 옥, 室 집 실
家宅(가택) 自宅(자택) 宅配(택배) 宅地(택지) 住宅街(주택가)
宅內(댁내)
주택을 짓기 위한 땅

0739 4급Ⅱ **統** 거느릴 통:
부 糸 실사 유 領 거느릴 령, 率 거느릴 솔(3급Ⅱ)
傳統(전통) 統計(통:계) 統一(통:일) 統制(통:제) 大統領(대통령)

0740 4급Ⅱ **破** 깨뜨릴 파:
부 石 돌석 유 壞 무너질 괴(3급Ⅱ)
破戒(파:계) 破産(파:산) 破損(파:손) 破婚(파:혼) 破竹之勢(파죽지세)

0741 5급 **板** 널 판
부 木 나무목
看板(간판) 氷板(빙판) 板刻(판각) 板金(판금) 板面(판면) 板書(판서)
널빤지의 겉면

0742 4급 **判** 판단할 판
부 刂(刀) 선칼도방
判決(판결) 判斷(판단) 判明(판명) 判定(판정) 身言書判(신언서판)

0743 便
7급
편할 편(:)
똥오줌 변

⊕ 亻(人) 사람인변　⊕ 安 편안 안

便利(편리)　便安(편안)　便易(편이)　便益(편익)　便紙(편:지)

便器(변기)　便秘(변비)　便所(변소)　用便(용:변)

0744 篇
4급
책 편

⊕ 竹 대죽　⊕ 冊 책 책

續篇(속편)　長篇(장편)　篇法(편법)　篇首(편수)　後篇(후:편)

참고 後篇(후편) ↔ 前篇(전편)

두 편으로 나누인 책이나
영화 따위의 뒤편

0745 平
7급
평평할 평

⊕ 干 방패간

平均(평균)　平等(평등)　平民(평민)　平常(평상)　平素(평소)　平和(평화)

참고 平民(평민) ↔ 貴族(귀족)

보통 때

0746 胞
4급
세포 포(:)

⊕ 月(肉) 육달월

同胞(동포)　細胞(세:포)　肺胞(폐:포)　胞衣(포의)　胞子(포자)

0747 爆
4급
불터질 폭

⊕ 火 불화

爆擊(폭격)　爆發(폭발)　爆笑(폭소)　爆藥(폭약)　爆竹(폭죽)　爆彈(폭탄)

0748 表
6급
겉 표

⊕ 衣 옷의　⊕ 裏 속 리(3급Ⅱ)

表記(표기)　表面(표면)　表象(표상)　表示(표시)　表情(표정)　表現(표현)

대표적인 상징

0749 票
4급Ⅱ
표 표

⊕ 示 보일시

開票(개표)　得票(득표)　郵票(우표)　車票(차표)　投票(투표)　票決(표결)

투표로써 결정함

0750 下
7급
아래 하:

⊕ 一 한일　⊕ 上 위 상

下降(하:강)　下級(하:급)　下落(하:락)　下流(하:류)　燈下不明(등하불명)

| 오 늘 의 사 자 성 어 |

結草報恩 결초보은　죽어 혼령이 되어서라도 은혜를 잊지 않고 갚는다는 뜻

寸鐵殺人 촌철살인　[촌철로도 사람을 죽인다는 뜻으로] 짧은 경구(警句)로 사람의 마음을 찔러 감동
시킴을 이르는 말

破竹之勢 파죽지세　[대가 결 따라 쪼개질 때와 같은 형세라는 뜻으로] 감히 대적할 수 없을 정도로
막힘 없이 무찔러 나아가는 맹렬한 기세

身言書判 신언서판　몸·말씨·글씨·판단을 이르는 말

I 다음 漢字語의 讀音을 쓰시오.

① 智力	② 宗派	③ 珍寶	④ 陣形
⑤ 採用	⑥ 鐵絲	⑦ 草案	⑧ 週給
⑨ 總合	⑩ 出演	⑪ 酒量	⑫ 蟲齒
⑬ 學則	⑭ 侵略	⑮ 針線	⑯ 宅配
⑰ 下落	⑱ 統制	⑲ 破損	⑳ 板書
㉑ 判定	㉒ 便益	㉓ 長篇	㉔ 尊屬
㉕ 平等	㉖ 同胞	㉗ 雜誌	㉘ 爆擊
㉙ 表象	㉚ 郵票		

2 다음 漢字의 訓과 音을 쓰시오.

① 酒	② 誌	③ 篇	④ 珍
⑤ 陣	⑥ 採	⑦ 胞	⑧ 爆

3 다음의 訓과 音을 지닌 漢字를 쓰시오.

① 주일 주	② 쇠 철	③ 법칙 칙	④ 널 판

4 다음 밑줄 친 漢字語는 한글로, 한글은 漢字語로 바꾸시오.

① 주말에 뭐 할 거야?

② 酒案床을 곧 마련하겠습니다.

③ 이 가게는 珍貴한 물품이 가득하다.

④ 교통의 발달로 편안하게 여행할 수 있게 되었다.

⑤ 주택가에서는 차를 빨리 몰지 마세요.

5 다음 빈칸에 알맞은 漢字를 넣어 四字成語를 完成하시오.

① 結( )報恩 : 죽어 혼령이 되어서라도 은혜를 잊지 않고 갚는다는 뜻

② 寸( )殺人 : [촌철로도 사람을 죽인다는 뜻으로] 짧은 경구(警句)로 사람의 마음
　　　　　　　을 찔러 감동시킴을 이르는 말

6 다음과 뜻이 反對 또는 相對되는 漢字語를 ( )에 넣으시오.

① 肉食 ↔ (　　) ② 缺席 ↔ (　　) ③ 貴族 ↔ (　　) ④ 下待 ↔ (　　)

7 다음 각 글자와 뜻이 같거나 비슷한 漢字를 ( )에 넣어 漢字語를 만드시오.

① 法(　) ② (　)安 ③ 家(　) ④ (　)重

8 다음 뜻에 알맞은 漢字語를 漢字로 쓰시오.

① 택지 (주택을 짓기 위한 땅)
② 평정 (평온하게 진정시킴)
③ 편법 (편리한 방법)

9 다음 漢字의 部首를 쓰시오.

① 票 ② 爆 ③ 胞 ④ 平
⑤ 週 ⑥ 尊 ⑦ 宅 ⑧ 鐵

10 다음 漢字를 略字로 바꾸어 쓰시오.

① 珍 ② 鐵 ③ 總 ④ 蟲

11 다음 例示한 漢字語 중에서 앞 글자가 長音으로 發音되는 것을 골라 그 번호를 쓰시오.

① ㄱ. 統一 ㄴ. 平和 ㄷ. 板面 ㄹ. 判明
② ㄱ. 草案 ㄴ. 陣痛 ㄷ. 宅地 ㄹ. 針母
③ ㄱ. 便益 ㄴ. 便利 ㄷ. 便紙 ㄹ. 便安

정답

1 ① 지력 ② 종파 ③ 진보 ④ 진형 ⑤ 채용 ⑥ 철사 ⑦ 초안 ⑧ 주급 ⑨ 종합 ⑩ 출연 ⑪ 주량 ⑫ 충치 ⑬ 학칙 ⑭ 침략 ⑮ 침선 ⑯ 택배 ⑰ 하류 ⑱ 통제 ⑲ 파손 ⑳ 판서 ㉑ 판정 ㉒ 편익 ㉓ 장편 ㉔ 존속 ㉕ 평등 ㉖ 동포 ㉗ 잡지 ㉘ 폭격 ㉙ 표상 ㉚ 우표 **2** ① 술 주 ② 기록할 지 ③ 책 편 ④ 보배 진 ⑤ 진칠 진 ⑥ 캘 채 ⑦ 세포 포 ⑧ 불터질 폭 **3** ① 週 ② 鐵 ③ 則 ④ 板 **4** ① 週末 ② 주안상 ③ 진귀 ④ 便安 ⑤ 住宅街 **5** ① 草 ② 鐵 **6** ① 草食 ② 出席 ③ 平民 ④ 尊待 **7** ① 則 ② 便 ③ 宅 ④ 尊 **8** ① 宅地 ② 平定 ③ 便法 **9** ① 示 ② 火 ③ 月(肉) ④ 干 ⑤ 辶 (辵) ⑥ 寸 ⑦ 宀 ⑧ 金 **10** ① 珎 ② 鉄 ③ 総 ④ 虫 **11** ① ㄱ ㄴ ㄹ ③ ㄷ

미리 확인하기　　　　　　ㅇ ㅣ　　　　　　　　　ㅇ ㅣ

漢	漢 漢 漢 漢 漢	□□	花	花 花 花 花 花	□□
恨	恨 恨 恨 恨 恨	□□	況	況 況 況 況 況	□□
合	合 合 合 合 合	□□	候	候 候 候 候 候	□□
海	海 海 海 海 海	□□	希	希 希 希 希 希	□□
解	解 解 解 解 解	□□	喜	喜 喜 喜 喜 喜	□□
向	向 向 向 向 向	□□	肉	肉 肉 肉 肉 肉	□□
許	許 許 許 許 許	□□	臣	臣 臣 臣 臣 臣	□□
虛	虛 虛 虛 虛 虛	□□	自	自 自 自 自 自	□□
驗	驗 驗 驗 驗 驗	□□	至	至 至 至 至 至	□□
顯	顯 顯 顯 顯 顯	□□	舌	舌 舌 舌 舌 舌	□□
協	協 協 協 協 協	□□	色	色 色 色 色 色	□□
兄	兄 兄 兄 兄 兄	□□	血	血 血 血 血 血	□□
惠	惠 惠 惠 惠 惠	□□	行	行 行 行 行 行	□□
號	號 號 號 號 號	□□	衣	衣 衣 衣 衣 衣	□□
婚	婚 婚 婚 婚 婚	□□	見	見 見 見 見 見	□□

結者解之 □□□□　　　呼兄呼弟 □□□□

花中君子 □□□□　　　見物生心 □□□□

0751 7급
漢
한수/한나라 한:

傅 氵(水) 삼수변

漢江(한:강) 漢字(한:자) 漢族(한:족) 漢學(한:학) 門外漢(문외한)
(어떤 일에 대한) 전문적인 지식이 없거나 관계가 없는 사람

0752 4급
恨
한 한:

傅 忄(心) 심방변 類 怨 원망할 원 反 恩 은혜 은, 惠 은혜 혜

餘恨(여한) 痛恨(통:한) 恨事(한:사) 恨歎(한:탄) 悔恨(회:한)

0753 6급
合
합할 합

傅 口 입구 反 離 떠날 리, 分 나눌 분

合計(합계) 合法(합법) 合算(합산) 合勢(합세) 烏合之卒(오합지졸)

0754 7급
海
바다 해:

傅 氵(水) 삼수변 類 河 물 하, 川 내 천 反 山 메 산, 陸 뭍 륙

海女(해:녀) 海邊(해:변) 海水(해:수) 海底(해:저) 海賊(해:적)
(배를 타고 다니면서) 항해하는 배나 해안 지방을 습격하여 약탈하는 도둑

0755 4급Ⅱ
解
풀 해:

傅 角 뿔각 類 放 놓을 방 反 結 맺을 결 略 解

讀解(독해) 解決(해:결) 解明(해:명) 解說(해:설) 結者解之(결자해지)
(까닭이나 내용 따위를) 풀어서 밝힘

0756 6급
向
향할 향:

傅 口 입구

傾向(경향) 趣向(취:향) 向上(향:상) 向後(향:후) 風向計(풍향계)
이다음. 이 뒤

[상] 向上(향상) ↔ 低下(저하)

0757 5급
許
허락할 허

傅 言 말씀언 類 諾 허락할 낙(3급Ⅱ)

免許(면:허) 認許(인허) 特許(특허) 許可(허가) 許容(허용)

0758 4급Ⅱ
虛
빌 허

傅 虍 범호엄 類 空 빌 공 反 滿 찰 만, 實 열매 실 略 虚

虛空(허공) 虛構(허구) 虛無(허무) 虛費(허비) 虛像(허상) 虛風(허풍)
헛되이 씀

[상] 虛像(허상) ↔ 實像(실상)

0759 4급Ⅱ
驗
시험할 험:

傅 馬 말마 類 試 시험할 시 略 験

經驗(경험) 試驗(시험) 實驗(실험) 體驗(체험) 驗算(험:산) 效驗(효:험)

0760 4급
顯
나타날 현:

傅 頁 머리혈 類 現 나타날 현 反 隱 숨을 은 略 顕

顯考(현:고) 顯達(현:달) 顯名(현:명) 顯示(현:시) 顯忠祠(현충사)

0761 4급Ⅱ
協
화할/도울 협

傅 十 열십 類 和 화목할 화, 調 고를 조

協同(협동) 協商(협상) 協約(협약) 協議(협의) 協定(협정) 協助(협조)

194

26일째 한자익히기 0762~0772

兄惠號婚花況候希喜肉臣

0762 兄
8급
형 형
부 儿 어진사람인발 반 弟 아우 제
師兄(사형) 妻兄(처형) 兄夫(형부) 兄弟(형제) 呼兄呼弟(호형호제)

0763 惠
4급II
은혜 혜:
부 心 마음심 유 恩 은혜 은 반 怨 원망할 원, 恨 한할 한
恩惠(은혜) 特惠(특혜) 惠念(혜:념) 惠澤(혜:택) 惠民局(혜민국)

0764 號
6급
이름 호:
부 虍 범호엄 유 名 이름 명 약 号
番號(번호) 商號(상호) 信號(신:호) 年號(연호) 號令(호:령)
임금의 재위 연대에 붙이는 칭호

0765 婚
4급
혼인할 혼
부 女 계집녀 유 姻 혼인 인(3급)
結婚(결혼) 約婚(약혼) 早婚(조:혼) 婚禮(혼례) 婚事(혼사) 婚姻(혼인)
상 結婚(결혼) ↔ 離婚(이혼)

0766 花
7급
꽃 화
부 卄·(艸) 초두머리
生花(생화) 花粉(화분) 花園(화원) 花草(화초) 花中君子(화중군자)

0767 況
4급
상황/
하물며 황:
부 氵(水) 삼수변 유 狀 형상 상
近況(근:황) 狀況(상황) 盛況(성:황) 實況(실황) 現況(현:황)
실제의 상황

0768 候
4급
기후 후
부 亻(人) 사람인변
氣候(기후) 候補(후보) 候鳥(후조) 候蟲(후충) 候風(후풍)
배가 떠날 무렵에 순풍을 기다림

0769 希
4급II
바랄 희
부 巾 수건건 유 望 바랄 망, 願 바랄 원
希求(희구) 希望(희망) 希願(희원)

0770 喜
4급
기쁠 희
부 口 입구 유 歡 기뻐할 환 반 悲 슬플 비, 怒 성낼 노, 哀 슬플 애(3급II)
歡喜(환희) 喜劇(희극) 喜悲(희비) 喜色(희색) 喜消息(희소식)
기뻐하는 얼굴빛

0771 肉
4급II
고기 육
부 肉 고기육 유 身 몸 신, 體 몸 체
肉水(육수) 肉身(육신) 肉眼(육안) 肉質(육질) 肉體(육체) 肉親(육친)
혈족 관계에 있는
사람을 이르는 말
상 肉體(육체) ↔ 精神(정신)

0772 臣
5급
신하 신
부 臣 신하신 반 君 임금 군
臣民(신민) 臣妾(신첩) 臣下(신하) 忠臣(충신) 君臣有義(군신유의)

0773 7급
自
스스로 자

훈 自 스스로자 반 至 이를 지, 他 다를 타

自覺(자각) 自動(자동) 自然(자연) 自由(자유) 自給自足(자급자족)

참고 自動(자동) ↔ 他動(타동)

남에게 얽매이거나 구속받거나 하지 않고,
자기 마음대로 행동하는 일

0774 4급II
至
이를 지

훈 至 이를지 유 極 지극할 극 반 自 스스로 자

至極(지극) 至難(지난) 至當(지당) 至大(지대) 至毒(지독) 至誠(지성)

0775 4급
舌
혀 설

훈 舌 혀설

毒舌(독설) 舌端(설단) 舌刀(설도) 舌戰(설전) 口舌數(구설수)

말다툼

0776 7급
色
빛 색

훈 色 빛색

色感(색감) 色相(색상) 色素(색소) 色調(색조) 各樣各色(각양각색)

0777 4급II
血
피 혈

훈 血 피혈

血氣(혈기) 血色(혈색) 血書(혈서) 血壓(혈압) 血液(혈액) 血緣(혈연)

0778 6급
行
다닐 행(:)
항렬 항

훈 行 다닐행 반 言 말씀 언, 語 말씀 어

修行(수행) 施行(시:행) 流行(유행) 行動(행동) 行方(행방) 行實(행:실)
行列(항렬)

어떠한 양식이나 현상 등이 새로운 경향으로서
한동안 사회에 널리퍼짐

0779 6급
衣
옷 의

훈 衣 옷의 유 服 옷 복

衣類(의류) 衣服(의복) 衣裳(의상) 衣食住(의식주) 好衣好食(호의호식)

0780 5급
見
볼 견:
뵈올 현:

훈 見 볼견 유 現 나타날 현, 顯 나타날 현 반 隱 숨을 은

見聞(견:문) 見本(견:본) 見習(견:습) 見學(견:학) 見物生心(견물생심)
謁見(알현) 見齒(현:치)

(구체적인 지식을 얻기 위하여) 실제로 보고 배움

| 오 늘 의 사 자 성 어 |

結者解之 결자해지 [맺은 사람이 풀어야 함] 일을 저지른 사람이 그 일을 해결해야 함을 이름

呼兄呼弟 호형호제 [형이라고 부르고 아우라고 부른다는 뜻] 친형제처럼 가깝게 지냄을 이르는 말

花中君子 화중군자 [꽃 중의 군자란 뜻으로] 연꽃을 이르는 말

見物生心 견물생심 물건을 보면 그것을 가지고 싶은 욕심이 생김

196

I 다음 漢字語의 讀音을 쓰시오.

① 趣向	② 合算	③ 許可	④ 虛風
⑤ 體驗	⑥ 顯達	⑦ 協助	⑧ 海賊
⑨ 兄夫	⑩ 特惠	⑪ 番號	⑫ 早婚
⑬ 肉眼	⑭ 花草	⑮ 氣候	⑯ 解說
⑰ 盛況	⑱ 希求	⑲ 喜劇	⑳ 臣下
㉑ 自覺	㉒ 至極	㉓ 舌戰	㉔ 餘恨
㉕ 色調	㉖ 血壓	㉗ 漢字	㉘ 流行
㉙ 衣類	㉚ 見聞		

2 다음 漢字의 訓과 音을 쓰시오.

| ① 恨 | ② 顯 | ③ 婚 | ④ 況 |
| ⑤ 候 | ⑥ 喜 | ⑦ 舌 | ⑧ 惠 |

3 다음의 訓과 音을 지닌 漢字를 쓰시오.

① 허락할 허   ② 신하 신   ③ 이름 호   ④ 볼 견, 뵈올 현

4 다음 밑줄 친 漢字語는 한글로, 한글은 漢字語로 바꾸시오.

① 그는 입만 열면 虛風이다.
② 이렇게 햇볕 좋은 가을날에는 한강에 가고 싶어져.
③ 海邊으로 가요.
④ 몸소 體驗해봐야 그 노고를 알 수 있지.
⑤ 지붕 꼭대기에 풍향계를 달면 어떨까?

5 다음 빈칸에 알맞은 漢字를 넣어 四字成語를 完成하시오.

① 結者( )之 : [맺은 사람이 풀어야 함] 일을 저지른 사람이 그 일을 해결해야 함을 이름

② ( )中君子 : [꽃 중의 군자란 뜻으로] 연꽃을 이르는 말

6 다음과 뜻이 反對 또는 相對되는 漢字, 漢字語를 ( )에 넣으시오.

① ( ) ↔ 弟   ② ( ) ↔ 悲   ③ ( ) ↔ 他   ④ 虛 ↔ ( )

⑤ 離婚 ↔ ( )   ⑥ 低下 ↔ ( )

7 다음 각 글자와 뜻이 같거나 비슷한 漢字를 ( )에 넣어 漢字語를 만드시오.

① ( )空   ② 試( )   ③ ( )服   ④ ( )調

⑤ 恩( )   ⑥ ( )望

8 다음 뜻에 알맞은 漢字語를 漢字로 쓰시오.

① 자유 (남에게 구속받지 아니하고 자기 마음대로 행동하는 일)

② 합법 (법령이나 규칙에 맞음)

③ 견학 (구체적인 지식을 얻기 위하여 실제로 보고 배움)

9 다음 漢字의 部首를 쓰시오.

① 解   ② 虛   ③ 驗   ④ 顯

⑤ 協   ⑥ 合   ⑦ 惠   ⑧ 號

10 다음 漢字를 略字로 바꾸어 쓰시오.

① 虛   ② 驗   ③ 顯   ④ 號

정답

1 ① 취향 ② 합산 ③ 허가 ④ 허풍 ⑤ 체험 ⑥ 현달 ⑦ 협조 ⑧ 해적 ⑨ 형부 ⑩ 특혜 ⑪ 번호 ⑫ 조혼 ⑬ 육안 ⑭ 화초 ⑮ 기후 ⑯ 해설 ⑰ 성황 ⑱ 희구 ⑲ 희극 ⑳ 신하 ㉑ 자각 ㉒ 지극 ㉓ 설전 ㉔ 여한 ㉕ 색조 ㉖ 혈압 ㉗ 한자 ㉘ 유행 ㉙ 의류 ㉚ 견문 2 ① 한 한 ② 나타날 현 ③ 혼인할 혼 ④ 상황/하물며 황 ⑤ 기후 후 ⑥ 기쁠 희 ⑦ 허 설 ⑧ 은혜 혜 3 ① 許 ② 臣 ③ 號 ④ 見 4 ① 허풍 ② 漢江 ③ 해변 ④ 체험 ⑤ 風向計 5 ① 解 ② 花 6 ① 兄 ② 喜 ③ 自 ④ 實 ⑤ 結婚 ⑥ 向上 7 ① 虛 ② 驗 ③ 衣 ④ 協 ⑤ 惠 ⑥ 希 8 ① 自由 ② 合法 ③ 見學 9 ① 角 ② 虍 ③ 馬 ④ 頁 ⑤ 十 ⑥ 口 ⑦ 心 ⑧ 虍 10 ① 虚 ② 験 ③ 顕 ④ 号

01 글 장　　　　（　　　）　　　19 略（　　　　　）

02 향할 향　　　（　　　）　　　20 籍（　　　　　）

03 재앙 재　　　（　　　）　　　21 積（　　　　　）

04 눈 설　　　　（　　　）　　　22 程（　　　　　）

05 아이 동　　　（　　　）　　　23 博（　　　　　）

06 두 재　　　　（　　　）　　　24 隊（　　　　　）

07 가까울 근　　（　　　）　　　25 容（　　　　　）

08 신선 선　　　（　　　）　　　26 儀（　　　　　）

09 살필 성, 덜 생（　　　）　　　27 雜（　　　　　）

10 합할 합　　　（　　　）　　　28 底（　　　　　）

11 허락 허　　　（　　　）　　　29 遇（　　　　　）

12 재목 재　　　（　　　）　　　30 樣（　　　　　）

13 이름 호　　　（　　　）　　　31 深（　　　　　）

14 신하 신　　　（　　　）　　　32 液（　　　　　）

15 떼 부　　　　（　　　）　　　33 域（　　　　　）

16 볼 견, 뵈올 현（　　　）　　　34 研（　　　　　）

17 다닐 행, 항렬 항（　　　）　　　35 障（　　　　　）

18 쇠 철　　　　（　　　）　　　36 藝（　　　　　）

1章　2向　3災　4雪　5童　6再　7近　8仙　9省　10合　11許　12材　13號　14臣　15部　16見　17行　18鐵　19간략할/약할 략　20문서 적　21쌓을 적　22한도/길 정　23넓을 박　24무리 대　25얼굴/용서할 용　26거동 의　27섞일 잡　28밑 저　29만날 우　30모양 양　31깊을 심　32진액 33지경 역　34갈 연　35막을 장　36재주 예

37 서울 경	(	)	57 錢 (		)
38 옷 의	(	)	58 設 (		)
39 집 택(댁)	(	)	59 誤 (		)
40 뿌리 근	(	)	60 怒 (		)
41 널 판	(	)	61 陣 (		)
42 세울 건	(	)	62 續 (		)
43 법식 례	(	)	63 制 (		)
44 겉 표	(	)	64 提 (		)
45 관계할/빗장 관	(	)	65 盛 (		)
46 기를 육	(	)	66 專 (		)
47 다리 교	(	)	67 陰 (		)
48 등 등	(	)	68 城 (		)
49 공/옥경 구	(	)	69 採 (		)
50 익힐 련	(	)	70 爲 (		)
51 고을 군	(	)	71 總 (		)
52 줄 급	(	)	72 蟲 (		)
53 한수/한나라 한	(	)	73 破 (		)
54 대할 대	(	)	74 獎 (		)
55 능할 능	(	)	75 虛 (		)
56 무리 등	(	)	76 候 (		)

37京 38衣 39宅 40根 41板 42建 43例 44表 45關 46育 47橋 48燈 49球 50練 51郡 52給 53漢 54對 55能 56等 57돈 전 58베풀 설 59그르칠 오 60성낼 노 61진칠 진 62이을 속 63절제할 제 64끌 제 65성할 성 66오로지 전 67그늘 음 68재 성 69캘 채 70할 위 71다 총 72벌레 충 73깨뜨릴 파 74장려할 장 75빌 허 76기후 후

4단계 쓰기한자 · 읽기한자 점검하기

77 물건 건 ( )	97 黨 ( )
78 즐길 락, 노래 악 ( )	98 爆 ( )
79 지날 력 ( )	99 檀 ( )
80 병 병 ( )	100 階 ( )
81 주일 주 ( )	101 報 ( )
82 일할 로 ( )	102 鑛 ( )
83 푸를 록 ( )	103 究 ( )
84 지경 계 ( )	104 統 ( )
85 나그네 려 ( )	105 婚 ( )
86 공 공 ( )	106 潮 ( )
87 끝 말 ( )	107 寄 ( )
88 기름 유 ( )	108 妨 ( )
89 예 구 ( )	109 段 ( )
90 성/순박할 박 ( )	110 尊 ( )
91 터 기 ( )	111 帳 ( )
92 곱 배 ( )	112 驗 ( )
93 날랠 용 ( )	113 驚 ( )
94 법칙 칙 ( )	114 顯 ( )
95 귀신 신 ( )	115 邊 ( )
96 병사 병 ( )	116 助 ( )

77 件 78 樂 79 歷 80 病 81 週 82 勞 83 綠 84 界 85 旅 86 功 87 末 88 油 89 舊 90 朴 91 基 92 倍 93 勇 94 則 95 神 96 兵 97 무리 당 98 불터질 폭 99 박달나무 단 100 섬돌 계 101 갚을/알릴 보 102 쇳돌 광 103 연구할/궁구할 구 104 거느릴 통 105 혼인할 혼 106 조수 조 107 부칠 기 108 방해할 방 109 층계 단 110 높을 존 111 장막 장 112 시험할 험 113 놀랄 경 114 나타날 현 115 가 변 116 도울 조

117 볕 양	( )	137 侵 (	)
118 풀 초	( )	138 稅 (	)
119 집 원	( )	139 壁 (	)
120 하여금/부릴 사	( )	140 頌 (	)
121 며느리 부	( )	141 筋 (	)
122 길 영	( )	142 協 (	)
123 완전할 완	( )	143 墓 (	)
124 셈 산	( )	144 舞 (	)
125 갖출 구	( )	145 慶 (	)
126 차례 서	( )	146 喜 (	)
127 멀 원	( )	147 警 (	)
128 비평할 비	( )	148 柳 (	)
129 판 국	( )	149 勢 (	)
130 하여금 령	( )	150 與 (	)
131 요긴할 요	( )	151 笑 (	)
132 수컷 웅	( )	152 酒 (	)
133 동산 원	( )	153 誌 (	)
134 떨어질 락	( )	154 亂 (	)
135 밝을 랑	( )	155 惠 (	)
136 얼음 빙	( )	156 希 (	)

117 陽　118 草　119 院　120 使　121 婦　122 永　123 完　124 算　125 具　126 序　127 遠
128 批　129 局　130 令　131 要　132 雄　133 園　134 落　135 朗　136 氷　137 침노할 침　138
세금 세　139 벽 벽　140 칭송할/기릴 송　141 힘줄 근　142 화할/도울 협　143 무덤 묘　144 춤
출 무　145 경사 경　146 기쁠 희　147 깨우칠/경계할 경　148 버들 류　149 형세 세　150 더불/
줄 여　151 웃음 소　152 술 주　153 기록할 지　154 어지러울 란　155 은혜 혜　156 바랄 희

한자퍼즐

크로스워드 그리드 (빈칸과 한자):
- 蟲 (03 위치)
- 殺 (11 왼쪽 위치)
- 續 (11 위치)
- 藝 (05/02 위치)
- 報 (13 위치)
- 承 (15 위치)
- 之 (하단)

:: 가로퍼즐

01 몹시 감탄함

02 〈지하철도〉의 준말

03 '조충(척추동물의 창자에 기생하는 기생충)' 의 구용어. ○蟲

04 학교나 회사 따위에서 학생이나 사원을 위하여 마련한 공동 숙사

05 연예에 종사하는 사람을 통틀어 일컫는 말. ○藝○

06 수량을 셈

07 깨어져 못 쓰게 됨

08 (아이를) 달이 차기 전에 낳음

09 어떤 시대나 기간의 끝장이 되는 시기

10 끝없는 세월

11 이어 줌, 또는 이어 받음. ○續

12 알고 보니 정말

13 죽은 혼령이 되어서라도 은혜를 잊지 않고 갚음. ○○報○

14 범죄의 혐의는 받고 있으나 아직 기소되지 않은 사람

15 정당하거나 사실임을 인정함. 承○

16 (까닭이나 내용 따위를) 풀어서 밝힘

:: 세로퍼즐

01 하늘이 놀라고 땅이 흔들림. 세상을 크게 놀라게 함

02 '재주와 기능' 을 아울러 이르는 말. 藝○

03 짧은 경구로 사람의 마음을 찔러 감동시킴. ○○殺○

04 다른 생물에 기생하는 동물. ○○蟲

05 수나 양을 합하여 셈함

06 일반생활에 응용할 수 있는 수량에 관한 기초적인 수학 또는 초보적인 계산법

07 가산을 모두 날려버림

08 이른 시기

09 정치나 도의 따위가 어지러워지고 쇠퇴하여 가는 세상

10 오래 계속됨. ○續

11 서로 관련을 가짐

12 과거 또는 전생의 선악의 인연에 따라서 뒷날 길흉화복의 갚음을 받게 됨. ○○○報

13 맺은 사람이 풀어야 함. 일을 저지른 사람이 그 일을 해결해야 함. ○○○之

14 너그럽게 받아들여 인정함

15 뒤를 이음. 承○

16 스승을 감사한 마음으로 이르는 말

203

정답

01 驚	歎		04 寄	宿	舍		07 破	損
天		生			08 早	産	
動	03 寸	蟲		09 末	期	
02 地	下	鐵		10 永	世		12 因	
	殺	11 相	續		12 果	然
05 演	02 藝	人	關		應	
	能		13 結	草	報	16 恩
05 合		14 容	疑	者		師
06 計	06 算	15 承	認	16 解	明
	數	繼		之	

204

실력을 키워주는
우선순위 한자 220

아직 시작하지 않은 일의 성취를 도모하는 것은
이미 성취한 일의 업적을 보존하는 것보다 못하며,
이미 저지른 잘못을 후회하는 것은
장차 일으킬 실수를 미리 막는 것보다 못하다
圖未就之功 不如保己成之業 悔旣往之失 不如防將來之非

- 채근담 중에서 -

일러두기

본 편에 수록된 한자는 220자로서 학습일은 8일입니다.
5단계에 수록된 한자는 지난 30회까지의 한자능력검정시험에서 0 ~2회 출제된 한자로서
시험에 합격하기 위해서는 반드시 익혀 두셔야 합니다.

학습순서

1 | 미리 확인하기를 통해 우선 본인이 음과 훈, 부수, 약자 등을 알고 있는 한자를 먼저 체크해
봅니다.

2 | 본인이 모르고 있거나 확실치 않은 한자를 중심으로 본문 순서에 따라 학습을 합니다.
이 때 단순히 한자의 음과 훈만을 위주로 기억하지 말고, 부수 · 유의자 · 반의자 · 약자 등을
모두 익혀두셔야 합니다.

3 | 모두 암기가 되었다면, 오늘의 단어와 관련이 있는 사자성어를 익혀 둡니다.

4 | 본문 학습이 끝난 후에는 한자 검검하기를 통해 본인의 학습정도를 체크해 봅니다. 한자 점검
하기의 문제는 실제 출제되는 문제의 유형에 따라 그날 분의 한자로 구성한 것입니다.

5 | 8일분의 학습 분량이 끝나면 각 단원의 쓰기한자, 읽기한자 연습이 있습니다. 쓰기한자와 읽기
한자 연습을 통해 다시 한번 앞에서 공부한 내용을 확인해 둡니다. 쓰기한자는 5급 위주의 문제
이고, 읽기한자는 4급과 4급Ⅱ 위주의 문제입니다(그러나 반드시 일치하지는 않습니다).

6 | 5단계의 학습이 모두 끝났습니다. 다음은 본문의 단어와 관련하여 가로세로 퍼즐을 풀어봅시다.

미리 확인하기

O X   O X

假	假 假 假 假 假	□ □	句	句 句 句 句 句	□ □
各	各 各 各 各 各	□ □	宮	宮 宮 宮 宮 宮	□ □
個	個 個 個 個 個	□ □	權	權 權 權 權 權	□ □
檢	檢 檢 檢 檢 檢	□ □	卷	卷 卷 卷 卷 卷	□ □
更	更 更 更 更 更	□ □	均	均 均 均 均 均	□ □
係	係 係 係 係 係	□ □	急	急 急 急 急 急	□ □
戒	戒 戒 戒 戒 戒	□ □	級	級 級 級 級 級	□ □
季	季 季 季 季 季	□ □	旗	旗 旗 旗 旗 旗	□ □
系	系 系 系 系 系	□ □	汽	汽 汽 汽 汽 汽	□ □
共	共 共 共 共 共	□ □	奇	奇 奇 奇 奇 奇	□ □
孔	孔 孔 孔 孔 孔	□ □	壇	壇 壇 壇 壇 壇	□ □
科	科 科 科 科 科	□ □	答	答 答 答 答 答	□ □
課	課 課 課 課 課	□ □	堂	堂 堂 堂 堂 堂	□ □
九	九 九 九 九 九	□ □	導	導 導 導 導 導	□ □
區	區 區 區 區 區	□ □	督	督 督 督 督 督	□ □

5단계

愚問賢答 □ □ □ □   默默不答 □ □ □ □

九牛一毛 □ □ □ □   戒世懲人 □ □ □ □

0781 假
4급Ⅱ
거짓 가:

(부) 亻(人) 사람인변 (유) 僞 거짓 위(3급Ⅱ) (반) 眞 참 진 (약) 仮

假相(가:상) 假象(가:상) 假設(가:설) 假定(가:정) 眞假(진가)

주관으로 그렇게 보일 뿐, 실제로는 존재하지
않는 거짓 모습

0782 各
6급
각각 각

(부) 口 입구

各其(각기) 各別(각별) 各自(각자) 各種(각종) 各界各層(각계각층)

0783 個
4급Ⅱ
낱 개(:)

(부) 亻(人) 사람인변

各個(각개) 個年(개년) 個別(개:별) 個性(개:성) 個月(개월)

사람마다 지닌, 남과 다른 특성

0784 檢
4급Ⅱ
검사할 검:

(부) 木 나무목 (약) 検

檢問(검:문) 檢査(검:사) 檢察(검:찰) 檢討(검:토) 點檢(점검)

0785 更
4급
고칠 경:
다시 갱:

(부) 曰 가로왈 (유) 改 고칠 개

更改(경개) 更新(경신) 更正(경정) 變更(변:경) 巡更(순경)
更生(갱:생) 更新(갱:신)

0786 係
4급Ⅱ
맬 계:

(부) 亻(人) 사람인변

係屬(계:속) 係數(계:수) 係長(계:장) 係着(계:착) 關係(관계)

0787 戒
4급
경계할 계:

(부) 戈 창과 (유) 警 깨우칠 경

戒嚴(계:엄) 戒律(계:율) 戒護(계:호) 訓戒(훈:계) 戒世懲人(계세징인)

경계하여 지킴

0788 季
4급
계절 계:

(부) 子 아들자

季刊(계:간) 季報(계:보) 季月(계:월) 季節(계:절) 四季(사:계)

계간(季刊)으로 펴내는 잡지

0789 系
4급
이어맬/이을 계:

(부) 糸 실사

系列(계:열) 系統(계:통) 系派(계:파) 體系(체계) 人文系(인문계)

일정한 차례에 따라 이어져 있는 것

0790 共
6급
한가지/함께 공:

(부) 八 여덟팔 (유) 同 한가지 동

共感(공:감) 共用(공:용) 共有(공:유) 共益(공:익) 共存(공:존)

(참고) 共用(공용) ↔ 專用(전용)

0791 孔
4급
구멍 공:

(부) 子 아들자 (유) 穴 구멍 혈(3급Ⅱ)

孔道(공:도) 孔孟(공:맹) 孔方(공:방) 孔性(공:성) 毛孔(모공)

27일째 한자익히기 0792~0802

科 課 九 區 句 宮 權 卷 均 急 級

0792 6급	科 과목 과	튀 禾 벼화

科客(과객) 科擧(과거) 科目(과목) 科學(과학) 外科(외:과) 學科(학과)
왕조 때, 벼슬아치를 뽑기 위하여 보이던 시험

0793 5급	課 공부할/ 과정 과(:)	튀 言 말씀언

課業(과업) 課外(과외) 課程(과정) 課題(과제) 日課(일과)
일이 되어 가는 경로

0794 8급	九 아홉 구	튀 乙 새을

九泉(구천) 重九(중:구) 九死一生(구사일생) 九牛一毛(구우일모)

0795 6급Ⅱ	區 구분할/지경 구	튀 匸 감출혜몸 유 域 지경 역, 別 나눌 별, 分 나눌 분 약 区

區間(구간) 區別(구별) 區分(구분) 區域(구역) 區廳(구청) 區劃(구획)
어떤 지점과 다른 지점과의 사이

0796 4급Ⅱ	句 글귀 구	튀 口 입구

句節(구절) 句讀(구두) 文句(문구) 詩句(시구) 絶句(절구)

0797 4급Ⅱ	宮 집 궁	튀 宀 갓머리 유 室 집 실, 堂 집 당

宮室(궁실) 宮庭(궁정) 宮中(궁중) 宮合(궁합) 龍宮(용궁) 子宮(자궁)

0798 4급Ⅱ	權 권세 권	튀 木 나무목 약 权

權利(권리) 權勢(권세) 權限(권한) 復權(복권) 政權(정권) 特權(특권)
상고 權利(권리) ↔ 義務(의무)

0799 4급	卷 책 권(:)	튀 卩 병부절 유 冊 책 책

卷頭(권두) 卷首(권수) 卷煙(권:연) 席卷(석권) 壓卷(압권) 全卷(전권)
얇은 종이로 가늘게 말아 놓은 담배

0800 4급	均 고를 균	튀 土 흙토

均等(균등) 均分(균분) 均一(균일) 均田(균전) 均質(균질) 平均(평균)

0801 6급	急 급할 급	튀 心 마음심 유 速 빠를 속 반 緩 느릴 완(3급Ⅱ)

急落(급락) 急流(급류) 急變(급변) 急所(급소) 急襲(급습) 急派(급파)
(사물의) 가장 중요한 부분

0802 6급	級 등급 급	튀 糸 실사

級數(급수) 級訓(급훈) 等級(등:급) 職級(직급) 進級(진:급) 特級(특급)

5 단 계

209

0803 7급

旗 기 기

㈜ 方 모방

國旗(국기) 旗手(기수) 白旗(백기) 標旗(표기) 太極旗(태극기)

0804 5급

汽 물끓는김 기

㈜ 氵(水) 삼수변

汽管(기관) 汽機(기기) 汽力(기력) 汽船(기선) 汽水(기수) 汽車(기차)

0805 4급

奇 기특할/ 기이할 기

㈜ 大 큰대 ㈜ 怪 괴이할 괴(3급Ⅱ)

奇妙(기묘) 奇緣(기연) 奇遇(기우) 奇異(기이) 奇特(기특) 珍奇(진기)
뜻하지 않게 만나는 일

0806 5급

壇 단 단

㈜ 土 흙토

講壇(강:단) 敎壇(교:단) 壇上(단상) 樂壇(악단) 演壇(연:단)
연설이나 강연을 하기 위하여,
청중석 앞에 한층 높게 마련한 단

0807 7급

答 대답 답

㈜ 竹 대죽 ㈜ 問 물을 문

答禮(답례) 答辯(답변) 答辭(답사) 對答(대:답) 應答(응:답) 確答(확답)
愚問賢答(우문현답) 默默不答(묵묵부답)

0808 6급

堂 집 당

㈜ 土 흙토 ㈜ 家 집 가, 屋 집 옥, 宮 집 궁

講堂(강:당) 堂叔(당숙) 堂直(당직) 書堂(서당) 正正堂堂(정정당당)
(근무하는 곳에서) 숙직이나 일직 따위의 번을 듦

0809 4급Ⅱ

導 인도할 도:

㈜ 寸 마디촌 ㈜ 引 끌 인

導引(도:인) 導入(도:입) 導體(도:체) 導出(도:출) 前導(전도)

0810 4급Ⅱ

督 감독할 독

㈜ 目 눈목

監督(감독) 督促(독촉) 提督(제독) 總督(총:독) 統督(통:독)

| 오늘의사자성어 |

愚問賢答 우문현답 어리석은 질문에 현명한 대답

默默不答 묵묵부답 입을 다문 채 아무 대답도 하지 않음

九牛一毛 구우일모 [아홉 마리의 소 가운데 박힌 하나의 털이란 뜻으로] 썩 많은 가운데 섞인 아주
적은 것을 비유하여 이르는 말

戒世懲人 계세징인 세상 사람을 경계하고 징벌함

I 다음 漢字語의 讀音을 쓰시오.

① 檢査	② 區間	③ 答辯	④ 樂壇
⑤ 書堂	⑥ 系統	⑦ 課題	⑧ 急變
⑨ 均質	⑩ 各個	⑪ 假定	⑫ 科擧
⑬ 奇妙	⑭ 壓卷	⑮ 導體	⑯ 季節
⑰ 毛孔	⑱ 汽管	⑲ 權限	⑳ 統督
㉑ 戒嚴	㉒ 共益	㉓ 進級	㉔ 宮庭
㉕ 更生	㉖ 係屬	㉗ 各種	㉘ 標旗
㉙ 詩句	㉚ 重九		

2 다음 漢字의 訓과 音을 쓰시오.

① 孔　　② 戒　　③ 均　　④ 卷
⑤ 更　　⑥ 系　　⑦ 季　　⑧ 奇

3 다음의 訓과 音을 지닌 漢字를 쓰시오.

① 등급 급　　② 단 단　　③ 물끓는김 기　　④ 공부할/과정 과

4 다음 밑줄 친 漢字語는 한글로, 한글은 漢字語로 바꾸시오.

① 나는 영화監督이 될 거야.
② 비록 교생선생으로지만 교단에 섰다.
③ 가끔은 낭만 있는 기차여행을 가고 싶어.
④ 오늘은 가스點檢을 하는 날 입니다.
⑤ 대인關係가 좋은 것으로 보아 그는 성격이 매우 좋을 것이다.

5 다음 빈칸에 알맞은 漢字를 넣어 四字成語를 完成하시오.

① (　)死一生 : 여러 차례 죽을 고비를 겪고 겨우 살아남
② 愚問賢(　) : 어리석은 질문에 현명한 대답
③ (　)界各層 : 사회의 여러 분야와 여러 계층

6 다음 漢字語의 同音異義語를 쓰되 제시된 뜻에 맞게 쓰시오.

① 九干 - (　　) : 어떤 지점과 다른 지점과의 사이

② 果木 - (　　) : 학문의 구분, 또는 교과를 구성하는 단위

7 다음 漢字의 部首를 쓰시오.

① 區　　　　② 句　　　　③ 更　　　　④ 導　　　　⑤ 戒

8 다음 漢字를 略字로 바꾸어 쓰시오.

① 權　　　　　　② 假　　　　　③ 區　　　　　④ 檢

9 다음 낱말 뜻에 알맞은 漢字語를 例에서 골라 그 번호를 쓰시오.

```
───── 例 ─────
ㄱ. 個性    ㄴ. 變更    ㄷ. 孔道    ㄹ. 權利
ㅁ. 平均    ㅂ. 戒律    ㅅ. 假設    ㅇ. 奇特
```

① 크고 작음이나 많고 적음의 차이가 나지 않게 한 것

② 바꾸어 고침

③ 임시로 설치함

10 다음 例示한 漢字語 중에서 앞 글자가 長音으로 發音되는 것을 골라 그 번호를 쓰시오.

① ㄱ. 個月　　　ㄴ. 個性　　　ㄷ. 各別　　　ㄹ. 各自

② ㄱ. 更改　　　ㄴ. 科目　　　ㄷ. 科學　　　ㄹ. 更生

③ ㄱ. 導入　　　ㄴ. 奇異　　　ㄷ. 宮室　　　ㄹ. 均等

정답

1 ① 검사 ② 구간 ③ 답변 ④ 악단 ⑤ 서당 ⑥ 계통 ⑦ 과제 ⑧ 급변 ⑨ 균질 ⑩ 각개 ⑪ 가정 ⑫ 과거 ⑬ 기묘 ⑭ 압권 ⑮ 도체 ⑯ 계절 ⑰ 모공 ⑱ 기관 ⑲ 권한 ⑳ 통독 ㉑ 계엄 ㉒ 공익 ㉓ 진급 ㉔ 궁정 ㉕ 갱생 ㉖ 계속 ㉗ 각종 ㉘ 표기 ㉙ 시구 ㉚ 중구 **2** ① 구멍 공 ② 경계할 계 ③ 고를 균 ④ 책 권 ⑤ 고칠 경, 다시 갱 ⑥ 이어맬/이을 계 ⑦ 계절 계 ⑧ 기특할/기이할 기 **3** ① 級 ② 壇 ③ 汽 ④ 課 **4** ① 감독 ② 教壇 ③ 汽車 ④ 점검 ⑤ 관계 **5** ① 九 ② 答 ③ 各 **6** ① 區間 ② 科目 **7** ① 匸 ② 口 ③ 日 ④ 寸 ⑤ 戈 **8** ① 权 ② 仮 ③ 区 ④ 検 **9** ① ㅁ ② ㄴ ③ ㅅ **10** ① ㄴ ② ㄹ ③ ㄱ

212

미리 확인하기

						O X								O X
毒	毒	毒	毒	毒	毒	☐☐	陸	陸	陸	陸	陸	陸	☐☐
洞	洞	洞	洞	洞	洞	☐☐	輪	輪	輪	輪	輪	輪	☐☐
冬	冬	冬	冬	冬	冬	☐☐	李	李	李	李	李	李	☐☐
銅	銅	銅	銅	銅	銅	☐☐	林	林	林	林	林	林	☐☐
登	登	登	登	登	登	☐☐	每	每	每	每	每	每	☐☐
羅	羅	羅	羅	羅	羅	☐☐	母	母	母	母	母	母	☐☐
卵	卵	卵	卵	卵	卵	☐☐	武	武	武	武	武	武	☐☐
兩	兩	兩	兩	兩	兩	☐☐	未	未	未	未	未	未	☐☐
連	連	連	連	連	連	☐☐	反	反	反	反	反	反	☐☐
列	列	列	列	列	列	☐☐	半	半	半	半	半	半	☐☐
烈	烈	烈	烈	烈	烈	☐☐	班	班	班	班	班	班	☐☐
領	領	領	領	領	領	☐☐	房	房	房	房	房	房	☐☐
錄	錄	錄	錄	錄	錄	☐☐	配	配	配	配	配	配	☐☐
料	料	料	料	料	料	☐☐	背	背	背	背	背	背	☐☐
六	六	六	六	六	六	☐☐	番	番	番	番	番	番	☐☐

5단계

背恩忘德 ☐☐☐☐   獨守空房 ☐☐☐☐

洞房華燭 ☐☐☐☐   嚴冬雪寒 ☐☐☐☐

0811 4급Ⅱ
毒
독 독

(부) 母 말무

毒感(독감) 毒舌(독설) 毒素(독소) 毒藥(독약) 毒針(독침)
남을 사납고 날카롭게 매도하는 말

0812 7급
洞
골 동:
꿰뚫을 통:

(부) 氵(水) 삼수변 (유) 邑 고을 읍, 郡 고을 군

洞口(동:구) 洞內(동:내) 洞長(동:장) 洞天(동:천) 洞房華燭(동방화촉)
洞察(통:찰) 洞徹(통:철)

0813 7급
冬
겨울 동(:)

(부) 冫 이수변 (유) 夏 여름 하

冬季(동:계) 冬服(동:복) 冬至(동지) 嚴冬雪寒(엄동설한)

(참고) 冬服(동복) ↔ 夏服(하복)

0814 4급Ⅱ
銅
구리 동

(부) 金 쇠금

銅鏡(동경) 銅器(동기) 銅鑛(동광) 銅線(동선) 銅錢(동전) 銅貨(동화)
구리 철선

0815 7급
登
오를 등

(부) 癶 필발머리 (반) 落 떨어질 락

登校(등교) 登極(등극) 登壇(등단) 登山(등산) 登用(등용) 登板(등판)

0816 4급Ⅱ
羅
벌릴/벌 라(나)

(부) 罒(网) 그물망 (유) 列 벌일 렬

羅立(나립) 羅城(나성) 羅列(나열) 新羅(신라) 森羅萬象(삼라만상)
성의 외곽

0817 4급
卵
알 란(난):

(부) 卩 병부절

鷄卵(계란) 卵子(난:자) 卵生(난:생) 土卵(토란) 鷄卵有骨(계란유골)

0818 4급Ⅱ
兩
두 량(양):

(부) 入 들입 (유) 再 두 재 (약) 两

兩端(양:단) 兩面(양:면) 兩性(양:성) 兩親(양:친) 一擧兩得(일거양득)

0819 4급Ⅱ
連
이을 련(연)

(부) 辶(辵) 책받침 (유) 繼 이을 계, 續 이을 속 (반) 斷 끊을 단, 切 끊을 절

結連(결련) 連帶(연대) 連續(연속) 連任(연임) 連日(연일) 一連(일련)
임기를 마친 사람이 다시 그 자리에 임용됨

0820 4급Ⅱ
列
벌일 렬(열)

(부) 刂(刀) 선칼도방 (유) 羅 벌릴 라

列擧(열거) 列外(열외) 列傳(열전) 列車(열차) 列次(열차) 行列(행렬)

0821 4급
烈
매울 렬(열)

(부) 灬(火) 연화발 (유) 辛 매울 신(3급)

先烈(선열) 烈光(열광) 烈烈(열렬) 烈婦(열부) 烈士(열사) 義烈(의:열)

28일째 한자익히기 0822~0832

領 錄 料 六 陸 輪 李 林 每 母 武

0822 5급
領 거느릴 령(영)
⑤ 頁 머리혈 ㈜ 統 거느릴 통
領域(영역) 領有(영유) 領土(영토) 大統領(대통령) 領收證(영수증)

0823 4급Ⅱ
錄 기록할 록(녹)
⑤ 金 쇠금 ㈜ 記 기록할 기
記錄(기록) 錄音(녹음) 登錄(등록) 收錄(수록) 語錄(어:록)

0824 5급
料 헤아릴 료(:)
⑤ 斗 말두 ㈜ 量 헤아릴 량
無料(무료) 史料(사:료) 燃料(연료) 料金(요:금) 料理(요리) 材料(재료)
역사의 연구와 편찬에 필요한 문헌이나 유물 따위의 자료

0825 8급
六 여섯 륙(육)
⑤ 八 여덟팔
望六(망:륙) 六禮(육례) 六房(육방) 六寸(육촌) 六面體(육면체)

0826 5급
陸 뭍 륙(육)
⑤ 阝(阜) 좌부변 ㈜ 地 땅 지 ㉑ 海 바다 해
陸路(육로) 陸運(육운) 陸地(육지) 着陸(착륙) 陸海空軍(육해공군)
육상에서 하는 여객 및 화물의 운송
참고 着陸(착륙) ↔ 離陸(이륙)

0827 4급
輪 바퀴 륜(윤)
⑤ 車 수레거
競輪(경:륜) 四輪(사:륜) 輪讀(윤독) 輪作(윤작) 五輪旗(오륜기)
(글이나 책을) 여러 사람이 차례로 돌려 가며 읽음

0828 6급
李 오얏/성 리:
⑤ 木 나무목
李花(이:화) 行李(행리) 張三李四(장삼이사)

0829 7급
林 수풀 림(임)
⑤ 木 나무목 ㈜ 樹 나무 수, 木 나무 목
樹林(수림) 植林(식림) 林木(임목) 林野(임야) 竹林七賢(죽림칠현)

0830 7급
每 매양 매(:)
⑤ 母 말무 ㈜ 常 항상 상
每番(매:번) 每事(매:사) 每常(매양) 每回(매:회) 每時間(매시간)
언제나. 늘

0831 8급
母 어미 모:
⑤ 母 말무 ㉑ 父 아비 부
母校(모:교) 母乳(모:유) 母音(모:음) 母性愛(모성애) 孟母斷機(맹모단기)

0832 4급Ⅱ
武 호반 무:
⑤ 止 그칠지 ㉑ 文 글월 문
武功(무:공) 武科(무:과) 武器(무:기) 武力(무:력) 武藝(무:예)
참고 武科(무과) ↔ 文科(문과)

0833 4급Ⅱ
未 아닐 미(:)
㈜ 木 나무목 ㈔ 不 아닐 불
未開(미:개) 未達(미:달) 未來(미:래) 未滿(미:만) 未安(미안)

0834 6급
反 돌아올/돌이킬 반:
㈜ 又 또우 ㈘ 贊 도울 찬(3급Ⅱ)
反感(반:감) 反省(반:성) 反應(반:응) 反則(반:칙) 反抗(반:항)
규칙을 어김

0835 6급
半 반 반:
㈜ 十 열십
半球(반:구) 半島(반:도) 半月(반:월) 半切(반:절) 半導體(반도체)

0836 6급
班 나눌 반
㈜ 王(玉) 구슬옥변 ㈔ 分 나눌 분 ㈘ 常 항상 상
班給(반급) 班名(반명) 班常(반상) 班長(반장) 兩班(양:반)
양반과 상사람을 아울러 이르는 말

0837 4급Ⅱ
房 방 방
㈜ 戶 지게호
冷房(냉:방) 獨房(독방) 房門(방문) 書房(서방) 獨守空房(독수공방)

0838 4급Ⅱ
配 나눌/짝 배:
㈜ 酉 닭유 ㈔ 分 나눌 분, 偶 짝 우(3급Ⅱ), 匹 짝 필(3급)
配給(배:급) 配當(배:당) 配分(배:분) 配送(배:송) 配置(배:치)

0839 4급Ⅱ
背 등 배:
㈜ 月(肉) 육달월 ㈘ 腹 배 복(3급Ⅱ)
背景(배:경) 背信(배:신) 背山臨水(배산임수) 背恩忘德(배은망덕)
산을 등지고 강을 바라보는 지세(地勢)

0840 6급
番 차례 번
㈜ 田 밭전
當番(당번) 番地(번지) 番次(번차) 番號(번호) 順番(순:번) 週番(주번)
참고 當番(당번) ↔ 非番(비번)

| 오 늘 의 사 자 성 어 |

背恩忘德 배은망덕 입은 은혜를 저버리고 배반함
獨守空房 독수공방 여자가 남편 없이 혼자 밤을 지냄
洞房華燭 동방화촉 혼례 후, 신랑이 신부의 방에서 첫날밤을 지내는 의식
嚴冬雪寒 엄동설한 엄동의 심한 추위

I 다음 漢字語의 讀音을 쓰시오.

① 洞察	② 領域	③ 登錄	④ 每回
⑤ 武科	⑥ 鷄卵	⑦ 烈婦	⑧ 材料
⑨ 母乳	⑩ 未達	⑪ 羅列	⑫ 毒針
⑬ 望六	⑭ 半球	⑮ 反應	⑯ 登極
⑰ 列傳	⑱ 陸運	⑲ 配送	⑳ 獨房
㉑ 銅線	㉒ 結連	㉓ 競輪	㉔ 背信
㉕ 番號	㉖ 冬至	㉗ 兩端	㉘ 樹林
㉙ 李花	㉚ 班給		

2 다음 漢字의 訓과 음을 쓰시오.

| ① 武 | ② 背 | ③ 卵 | ④ 毒 |
| ⑤ 錄 | ⑥ 輪 | ⑦ 未 | ⑧ 配 |

3 다음의 訓과 음을 지닌 漢字를 쓰시오.

① 뭍 륙   ② 거느릴 령   ③ 나눌 반   ④ 헤아릴 료

4 다음 밑줄 친 漢字語는 한글로, 한글은 漢字語로 바꾸시오.

① 재료를 많이 사용한다고 해서 맛있는 음식이 만들어지는 것은 아니다.

② 그의 책상 서랍에는 銅錢이 가득하다.

③ 그는 반칙대장이다.

④ 요즘은 'ㅇㅇㅇ語錄'이 유행이다.

⑤ 19세 未滿은 출입금지야.

5 다음 빈칸에 알맞은 漢字를 넣어 四字成語를 完成 하시오.

① 嚴冬雪( ) : 엄동의 심한 추위

② 孟( )斷機 : 맹자가 학업을 중도에 폐지하고 돌아왔을 때 그 어머니가 짜던 베를
                   칼로 끊어 학업의 중단을 훈계하였다는 고사

6 다음 漢字와 뜻이 反對 또는 相對되는 漢字를 ( )에 넣으시오.

① 常 ↔ ( )　　　② ( ) ↔ 夏　　　③ ( ) ↔ 海　　　④ ( ) ↔ 落

7 다음 뜻에 알맞은 漢字語를 漢字로 쓰시오.

① 영토 (영유하고 있는 땅)

② 육지 (물이 잠기지 않은 지구 거죽의 땅)

③ 사료 (역사의 연구와 편찬에 필요한 문헌이나 유물 따위의 자료)

8 다음 漢字의 部首를 쓰시오.

① 武　　　　② 兩　　　　③ 未　　　　④ 羅

⑤ 背　　　　⑥ 料　　　　⑦ 六

9 다음 낱말 뜻에 알맞은 漢字語를 例에서 골라 그 번호를 쓰시오.

```
──────────── 例 ────────────
ㄱ. 登錄    ㄴ. 配置    ㄷ. 林野    ㄹ. 反應
ㅁ. 半島    ㅂ. 羅列    ㅅ. 行列    ㅇ. 未達
```

① 문서에 적어서 둠

② (어떤 한도나 표준에) 아직 이르지 못함

③ 죽 벌이어 놓음

IO 다음 例示한 漢字語 중에서 앞 글자가 長音으로 發音되는 것을 골라 그 번호를 쓰시오.

① ㄱ. 料金　　　ㄴ. 料理　　　ㄷ. 未安　　　ㄹ. 冬至

② ㄱ. 銅線　　　ㄴ. 每回　　　ㄷ. 登山　　　ㄹ. 羅列

정답

1 ① 통찰 ② 영역 ③ 등록 ④ 매회 ⑤ 무과 ⑥ 계란 ⑦ 열부 ⑧ 재료 ⑨ 모유 ⑩ 미달 ⑪ 나열 ⑫ 독침 ⑬ 망륙 ⑭ 반구 ⑮ 반응 ⑯ 등극 ⑰ 열전 ⑱ 육운 ⑲ 배송 ⑳ 독방 ㉑ 동선 ㉒ 결련 ㉓ 경륜 ㉔ 배신 ㉕ 번호 ㉖ 동지 ㉗ 양단 ㉘ 수림 ㉙ 이화 ㉚ 반급 **2** ① 호반 무 ② 등 배 ③ 알 란 ④ 독 독 ⑤ 기록할 록 ⑥ 바퀴 륜 ⑦ 아닐 미 ⑧ 나눌/짝 배 **3** ① 陸 ② 領 ③ 班 ④ 料 **4** ① 材料 ② 動戰 ③ 反則 ④ 어록 ⑤ 미만 **5** ① 寒 ② 母 **6** ① 班 ② 冬 ③ 陸 ④ 登 **7** ① 領土 ② 陸地 ③ 史料 **8** ① 止 ② 入 ③ 木 ④ 罒(网) ⑤ 月(肉) ⑥ 斗 ⑦ 八 **9** ① ㄱ ② ㅇ ③ ㅂ **10** ① ㄱ ② ㄴ

218

미리 확인하기 　　　　　　○ X 　　　　　　　　　　○ X

複	複	複	複	複	複	□□	星	星	星	星	星	星	□□
復	復	復	復	復	復	□□	細	細	細	細	細	細	□□
副	副	副	副	副	副	□□	少	少	少	少	少	少	□□
府	府	府	府	府	府	□□	束	束	束	束	束	束	□□
粉	粉	粉	粉	粉	粉	□□	屬	屬	屬	屬	屬	屬	□□
佛	佛	佛	佛	佛	佛	□□	孫	孫	孫	孫	孫	孫	□□
碑	碑	碑	碑	碑	碑	□□	送	送	送	送	送	送	□□
射	射	射	射	射	射	□□	叔	叔	叔	叔	叔	叔	□□
三	三	三	三	三	三	□□	純	純	純	純	純	純	□□
床	床	床	床	床	床	□□	習	習	習	習	習	習	□□
線	線	線	線	線	線	□□	試	試	試	試	試	試	□□
姓	姓	姓	姓	姓	姓	□□	是	是	是	是	是	是	□□
誠	誠	誠	誠	誠	誠	□□	申	申	申	申	申	申	□□
聖	聖	聖	聖	聖	聖	□□	愛	愛	愛	愛	愛	愛	□□
聲	聲	聲	聲	聲	聲	□□	野	野	野	野	野	野	□□

申申當付 □□□□ 　　　束手無策 □□□□

日月星辰 □□□□ 　　　同床異夢 □□□□

0841 4급 複 겹칠 복
- 부 衤(衣) 옷의변 반 單 홑 단
- 複寫(복사) 複數(복수) 複雜(복잡) 複製(복제) 複合(복합) 重複(중:복)
- 참고 複數(복수) ↔ 單數(단수)

0842 4급Ⅱ 復 회복할 복 / 다시 부
- 부 彳 두인변 반 往 갈 왕
- 復古(복고) 復權(복권) 復習(복습) 復元(복원) 復位(복위) 復學(복학)
- 復活(부:활) 復興(부:흥)

0843 4급Ⅱ 副 버금 부:
- 부 刂(刀) 선칼도방 유 次 버금 차
- 副賞(부:상) 副業(부:업) 副題(부:제) 副次(부:차) 副收入(부수입)

0844 4급Ⅱ 府 마을/관청 부(:)
- 부 广 엄호 유 廳 관청 청
- 府君(부:군) 府使(부사) 政府(정부) 學府(학부) 春府丈(춘부장)
  - 남의 아버지를 높이어 일컫는 말

0845 4급 粉 가루 분(:)
- 부 米 쌀미
- 粉末(분말) 粉水(분수) 粉食(분식) 粉乳(분유) 粉筆(분필) 粉紅(분:홍)

0846 4급Ⅱ 佛 부처 불
- 부 亻(人) 사람인변 유 寺 절 사 약 仏
- 佛經(불경) 佛敎(불교) 佛堂(불당) 佛法(불법) 佛國寺(불국사)

0847 4급 碑 비석/돌기둥 비
- 부 石 돌석
- 墓碑(묘:비) 碑文(비문) 碑石(비석) 記念碑(기념비)
  - 비석에 새긴 글

0848 4급 射 쏠 사
- 부 寸 마디촌
- 反射(반:사) 放射(방:사) 射擊(사격) 射手(사수) 注射(주:사) 投射(투사)

0849 8급 三 석 삼
- 부 一 한일 유 參 석 삼
- 三寸(삼촌) 三韓(삼한) 三多島(삼다도) 張三李四(장삼이사)
  - 바람·여자·돌이 많은 섬, 제주도를 달리 이르는 말

0850 4급Ⅱ 床 상 상
- 부 广 엄호
- 病床(병:상) 祭床(제:상) 交子床(교자상) 同床異夢(동상이몽)
  - 음식을 차려 내는 장방형의 큰 상

0851 6급 線 줄 선
- 부 糸 실사
- 線路(선로) 線上(선상) 線形(선형) 視線(시:선) 接線(접선) 直線(직선)

29일째 한자익히기 0852~0862

姓 誠 聖 聲 星 細 少 束 屬 孫 送

0852 7급
姓
성 성:
부 女 계집녀
百姓(백성) 姓名(성:명) 姓氏(성:씨) 異姓(이:성) 同姓同本(동성동본)

0853 4급Ⅱ
誠
정성 성
부 言 말씀언 유 精 정할 정
誠金(성금) 誠實(성실) 誠意(성의) 精誠(정성) 忠誠(충성) 孝誠(효:성)
　　　　　　　　　　　정성스러운 마음

0854 4급Ⅱ
聖
성인 성:
부 耳 귀이
聖恩(성:은) 聖人(성:인) 聖典(성:전) 聖賢(성:현) 太平聖代(태평성대)

0855 4급Ⅱ
聲
소리 성
부 耳 귀이 유 音 소리 음 약 声
聲量(성량) 聲名(성명) 聲樂(성악) 聲援(성원) 音聲(음성) 混聲(혼:성)

0856 4급Ⅱ
星
별 성
부 日 날일 유 辰 별 진(3급Ⅱ)
明星(명성) 星光(성광) 星月(성월) 星座(성좌) 衛星(위성) 流星(유성)
　　　　　　　　　　　천구 상의 별을 신화나 전설에 나오는 신·영웅·
　　　　　　　　　　　동물 따위의 형상으로 가상하여 구분한 것

0857 4급Ⅱ
細
가늘 세:
부 糸 실사
細工(세:공) 細密(세:밀) 細分(세:분) 細則(세:칙) 細胞(세:포)
　　　　　　　　　　　기본이 되는 규칙을 다시 나누어 자세하게 만든 규칙

0858 7급
少
적을 소:
부 小 작을소 반 老 늙을 로, 多 많을 다
減少(감:소) 少年(소:년) 少量(소:량) 少額(소:액) 男女老少(남녀노소)
참고 減少(감소) ↔ 增加(증가)

0859 5급
束
묶을 속
부 木 나무목 반 釋 풀 석(3급Ⅱ), 解 풀 해
檢束(검:속) 結束(결속) 團束(단속) 約束(약속) 束手無策(속수무책)

0860 4급
屬
붙일/무리 속
맡길 촉
부 尸 주검시엄 유 附 붙을 부, 着 붙을 착 약 属
所屬(소:속) 屬國(속국) 屬性(속성) 屬地(속지) 尊屬(존속) 從屬(종속)
屬望(촉망) 屬意(촉의)

0861 6급
孫
손자 손
부 子 아들자 반 祖 할아비 조
孫女(손녀) 孫婦(손부) 孫行(손항) 外孫(외:손) 後孫(후:손)
　　　　　　　　　　　손자뻘 되는 항렬

0862 4급Ⅱ
送
보낼 송:
부 辶(辵) 책받침 유 遣 보낼 견(3급) 반 迎 맞이할 영
放送(방:송) 送辭(송:사) 郵送(우송) 歡送(환송) 送別會(송별회)
참고 歡送(환송) ↔ 歡迎(환영)

221

0863 4급
叔 아재비 숙
㈜ 又 또우 ㉰ 姪 조카 질(3급)
堂叔(당숙) 叔母(숙모) 叔父(숙부) 外叔(외:숙) 妻叔(처숙)

0864 4급II
純 순수할 순
㈜ 糸 실사 ㉴ 潔 깨끗할 결
單純(단순) 純潔(순결) 純系(순계) 純情(순정) 純種(순종) 純眞(순진)
같은 유전 형질을 가진 것끼리만 생식을
계속하여 얻는, 동일한 형질의 계통

0865 6급
習 익힐 습
㈜ 羽 깃우 ㉴ 練 익힐 련, 慣 익숙할 관(3급II)
習慣(습관) 習得(습득) 習性(습성) 習俗(습속) 習作(습작) 學習(학습)
예로부터 내려오는 습관들이 생활화된 풍속

0866 4급II
試 시험 시(:)
㈜ 言 말씀언 ㉴ 驗 시험 험
試圖(시:도) 試食(시:식) 試驗(시험) 應試(응:시) 試寫會(시사회)

0867 4급II
是 이/옳을 시:
㈜ 日 날일 ㉴ 可 옳을 가, 義 옳을 의 ㉰ 否 아닐 부, 不 아닐 부, 非 아닐 비
是非(시:비) 是認(시:인) 是日(시:일) 是正(시:정) 必是(필시)
참고 是認(시인) ↔ 否認(부인)

0868 4급II
申 납 신
㈜ 田 밭전 ㉴ 告 고할 고
申告(신고) 申白(신백) 申請(신청) 申聞鼓(신문고) 申申當付(신신당부)
사실을 자세히 아룀

0869 6급
愛 사랑 애(:)
㈜ 心 마음심 ㉴ 慈 사랑할 자(3급II) ㉰ 惡 미워할 오
愛煙(애:연) 愛情(애:정) 戀愛(연:애) 友愛(우:애) 同胞愛(동포애)

0870 6급
野 들 야:
㈜ 里 마을리 ㉰ 與 더불 여, 朝 아침 조
視野(시:야) 野黨(야:당) 野生(야:생) 野外(야:외) 野遊會(야유회)
참고 野黨(야당) ↔ 與黨(여당)

│오늘의사자성어│

申申當付 신신당부 여러 번 되풀이하여 간곡히 하는 부탁
束手無策 속수무책 (손이 묶인 듯이) 어찌할 도리가 없어 꼼짝 못함
日月星辰 일월성신 해와 달과 별
同床異夢 동상이몽 [같은 잠자리에서 다른 꿈을 꾼다는 뜻으로] 겉으로는 같은 행동을 하면서도 속
　　　　　　　　　　으로는 각각 딴생각을 함을 이르는 말

I 다음 漢字語의 讀音을 쓰시오.

① 聖恩	② 細密	③ 是認	④ 接線
⑤ 粉筆	⑥ 墓碑	⑦ 病床	⑧ 衛星
⑨ 申請	⑩ 孫婦	⑪ 聲量	⑫ 佛堂
⑬ 三韓	⑭ 送辭	⑮ 族屬	⑯ 政府
⑰ 復活	⑱ 妻叔	⑲ 習俗	⑳ 百姓
㉑ 複寫	㉒ 射手	㉓ 應試	㉔ 純情
㉕ 約束	㉖ 副賞	㉗ 誠實	㉘ 少量
㉙ 戀愛	㉚ 野遊會		

2 다음 漢字의 訓과 음을 쓰시오.

① 粉   ② 射   ③ 複   ④ 叔

⑤ 屬   ⑥ 碑   ⑦ 復

3 다음의 訓과 음을 지닌 漢字를 쓰시오.

① 줄 선   ② 들 야   ③ 익힐 습   ④ 묶을 속   ⑤ 손자 손

4 다음 밑줄 친 漢字語는 한글로, 한글은 漢字語로 바꾸시오.

① 必是 그녀의 짓 일거야.

② 약속시간을 엄수합시다.

③ 병원에 가서 注射를 맞았다.

④ 기차가 선로를 이탈하는 사고가 발생했습니다.

⑤ 집안일로 머리가 너무 複雜해.

5 다음 빈칸에 알맞은 漢字를 넣어 四字成語를 完成하시오.

① ( )手無策 : (손이 묶인 듯이) 어찌할 도리가 없어 꼼짝 못함

② 同( )同本 : 성과 본관이 같음

③ 男女老( ) : 남자와 여자, 늙은이와 젊은이. 즉 모든 사람

6 다음 漢字와 뜻이 反對 또는 相對되는 漢字를 ( )에 넣으시오.

① ( ) ↔ 惡   ② 與 ↔ ( )   ③ 老 ↔ ( )   ④ 祖 ↔ ( )

7 다음 각 글자와 뜻이 같거나 비슷한 漢字를 ( )에 넣으시오.

① ( )告   ② 練( )   ③ ( )驗

8 다음 漢字語의 同音異義語를 쓰되 제시된 뜻에 맞게 쓰시오.

① 斷續 – ( ) : 주의를 기울여 단단히 다잡거나 보살핌
② 先兄 – ( ) : 선처럼 가늘고 길게 생긴 모양
③ 性命 – ( ) : 성과 이름. 씨명

9 다음 漢字의 部首를 쓰시오.

① 聖   ② 束   ③ 府   ④ 床
⑤ 射   ⑥ 佛   ⑦ 叔

10 다음 漢字를 略字로 바꾸어 쓰시오.

① 佛   ② 屬   ③ 聲

11 다음 例示한 漢字語 중에서 앞 글자가 長音으로 發音되는 것을 골라 그 번호를 쓰시오.

① ㄱ. 復興   ㄴ. 復權   ㄷ. 復習   ㄹ. 復元
② ㄱ. 粉乳   ㄴ. 粉筆   ㄷ. 粉紅   ㄹ. 粉食
③ ㄱ. 試驗   ㄴ. 試食   ㄷ. 習得   ㄹ. 習性

정답

1 ① 성은 ② 세밀 ③ 시인 ④ 접선 ⑤ 분필 ⑥ 묘비 ⑦ 병상 ⑧ 위성 ⑨ 신청 ⑩ 손부 ⑪ 성량 ⑫ 불당 ⑬ 삼한 ⑭ 송사 ⑮ 족속 ⑯ 정부 ⑰ 부활 ⑱ 처숙 ⑲ 습속 ⑳ 백성 ㉑ 복사 ㉒ 사수 ㉓ 응시 ㉔ 순정 ㉕ 약속 ㉖ 부상 ㉗ 성실 ㉘ 소량 ㉙ 연애 ㉚ 야유회 **2** ① 가루 분 ② 쏠 사 ③ 겹칠 복 ④ 아재비 숙 ⑤ 붙일/무리 속, 맡길 촉 ⑥ 비석/돌기둥 비 ⑦ 회복할 복, 다시 부 **3** ① 線 ② 野 ③ 習 ④ 束 ⑤ 孫 **4** ① 필시 ② 約束 ③ 주사 ④ 線路 ⑤ 복잡 **5** ① 束 ② 姓 ③ 少 **6** ① 愛 ② 野 ③ 少 ④ 孫 **7** ① 申 ② 習 ③ 試 **8** ① 團束 ② 線形 ③ 姓名 **9** ① 耳 ② 木 ③ 广 ④ 广 ⑤ 寸 ⑥ 亻(人) ⑦ 又 **10** ① 仏 ② 属 ③ 声 **11** ① ㄱ ② ㄷ ③ ㄴ

미리 확인하기　　　　　　ㅇ Ⅹ　　　　　　　　ㅇ Ⅹ

藥	藥	藥	藥	藥	藥	□□	元	元	元	元	元	元	□□
洋	洋	洋	洋	洋	洋	□□	圓	圓	圓	圓	圓	圓	□□
億	億	億	億	億	億	□□	怨	怨	怨	怨	怨	怨	□□
如	如	如	如	如	如	□□	位	位	位	位	位	位	□□
易	易	易	易	易	易	□□	衛	衛	衛	衛	衛	衛	□□
延	延	延	延	延	延	□□	乳	乳	乳	乳	乳	乳	□□
燃	燃	燃	燃	燃	燃	□□	銀	銀	銀	銀	銀	銀	□□
熱	熱	熱	熱	熱	熱	□□	依	依	依	依	依	依	□□
英	英	英	英	英	英	□□	疑	疑	疑	疑	疑	疑	□□
榮	榮	榮	榮	榮	榮	□□	以	以	以	以	以	以	□□
王	王	王	王	王	王	□□	印	印	印	印	印	印	□□
浴	浴	浴	浴	浴	浴	□□	引	引	引	引	引	引	□□
右	右	右	右	右	右	□□	腸	腸	腸	腸	腸	腸	□□
運	運	運	運	運	運	□□	張	張	張	張	張	張	□□
雲	雲	雲	雲	雲	雲	□□	才	才	才	才	才	才	□□

張三李四 □□□□　　望雲之情 □□□□
九折羊腸 □□□□　　我田引水 □□□□

0871 6급 藥 약 약
- ⊕ 艹(艸) 초두머리 ⑫ 薬
- 藥局(약국) 藥物(약물) 藥水(약수) 藥用(약용) 藥材(약재) 藥草(약초)

0872 6급 洋 큰바다 양
- ⊕ 氵(水) 삼수변
- 西洋(서양) 洋服(양복) 洋書(양서) 洋食(양식) 洋裝(양장) 遠洋(원:양)
  - 서양에서 출판한 서양 말로 된 책

0873 5급 億 억 억
- ⊕ 亻(人) 사람인변
- 數億(수:억) 億臺(억대) 億萬(억만) 億兆(억조) 億兆蒼生(억조창생)

0874 4급Ⅱ 如 같을 여
- ⊕ 女 계집녀 ⑮ 若 같을 약(3급Ⅱ) ⑱ 異 다를 이, 他 다를 타
- 如干(여간) 如實(여실) 如前(여전) 如或(여혹) 如三秋(여삼추)
  - 몹시 긴 시간처럼 지루하게 느낀다는 말

0875 4급 易 바꿀 역 쉬울 이:
- ⊕ 日 날일 ⑱ 難 어려울 난
- 交易(교역) 易書(역서) 易學(역학) 易地思之(역지사지)
- 簡易(간:이) 安易(안이) 容易(용이)

0876 4급 延 늘일 연
- ⊕ 廴 민책받침 ⑮ 遲 더딜 지(3급) ⑱ 速 빠를 속, 急 급할 급
- 延期(연기) 延命(연명) 延性(연성) 延長(연장) 延着(연착)
  - 예정된 날짜나 시각보다 늦게 도착함

0877 4급 燃 탈 연
- ⊕ 火 불화 ⑮ 燒 사를 소(3급Ⅱ)
- 可燃(가:연) 不燃(불연) 燃燈(연등) 燃料(연료) 燃油(연유) 再燃(재:연)

0878 5급 熱 더울 열
- ⊕ 灬(火) 연화발 ⑮ 暑 더울 서 ⑱ 寒 찰 한, 冷 찰 랭
- 熱氣(열기) 熱量(열량) 熱辯(열변) 熱心(열심) 熱愛(열애) 熱情(열정)
- 참고 加熱(가열) ↔ 冷却(냉각)

0879 6급 英 꽃부리 영
- ⊕ 艹(艸) 초두머리
- 英語(영어) 英雄(영웅) 英作(영작) 英才(영재) 英特(영특) 英賢(영현)
  - 뛰어나고 총명함

0880 4급Ⅱ 榮 영화 영
- ⊕ 木 나무목 ⑱ 辱 욕될 욕(3급Ⅱ) ⑫ 栄
- 榮光(영광) 榮達(영달) 榮利(영리) 榮養(영양) 榮位(영위) 虛榮(허영)

0881 8급 王 임금 왕
- ⊕ 王(玉) 구슬옥변 ⑮ 帝 임금 제 ⑱ 民 백성 민, 臣 신하 신
- 王國(왕국) 王權(왕권) 王室(왕실) 王位(왕위) 王朝(왕조) 帝王(제:왕)

30일째 한자익히기 0882~0892

浴 右 運 雲 元 圓 怨 位 衛 乳 銀

0882
5급
浴
목욕할 **욕**

부 氵(水) 삼수변

浴室(욕실) 浴衣(욕의) 浴場(욕장) 入浴(입욕) 日光浴(일광욕)
　　　　　　　　　　　　　　　　　　　　　　　　　맨몸을 햇빛에 쬐는 일

0883
7급
右
오를/오른 **우:**

부 口 입구 반 左 왼 **좌**

右相(우:상) 右手(우:수) 右派(우:파) 右便(우:편) 右往左往(우왕좌왕)

右便(우편) ↔ 左便(좌편)

0884
6급
運
옮길 **운:**

부 辶(辵) 책받침 유 移 옮길 **이**

運動(운:동) 運命(운:명) 運勢(운:세) 運送(운:송) 運轉(운:전)

0885
5급
雲
구름 **운**

부 雨 비우

星雲(성운) 雲霧(운무) 雲遊(운유) 雲集(운집) 望雲之情(망운지정)
　　　　　　　　　　　　뜬구름처럼 여기저기 돌아다니며 놂

0886
5급
元
으뜸 **원**

부 儿 어진사람인발

復元(복원) 元年(원년) 元素(원소) 元首(원수) 元祖(원조) 元體(원체)

0887
4급II
圓
둥글 **원**

부 囗 큰입구몸 유 團 둥글 **단**

圓滿(원만) 圓周(원주) 圓卓(원탁) 圓形(원형) 圓舞曲(원무곡)

0888
4급
怨
원망할 **원:**

부 心 마음심 유 恨 한할 **한** 반 恩 은혜 **은**, 惠 은혜 **혜**

舊怨(구:원) 民怨(민원) 怨望(원:망) 怨聲(원:성) 積怨(적원)
　　　　　　　　　　　　　　　　　　　　　오랫동안 쌓이고 쌓인 원한

0889
5급
位
자리 **위**

부 亻(人) 사람인변 유 座 자리 **좌**

位相(위상) 位置(위치) 地位(지위) 品位(품:위) 學位(학위) 虛位(허위)

0890
4급II
衛
지킬 **위**

부 行 다닐행 유 防 막을 **방**, 守 지킬 **수**

防衛(방위) 守衛(수위) 衛兵(위병) 衛生(위생) 衛星(위성) 親衛(친위)
前衛藝術(전위예술) 正當防衛(정당방위)

0891
4급
乳
젖 **유**

부 乙 새을

豆乳(두유) 粉乳(분유) 授乳(수유) 牛乳(우유) 乳兒(유아) 乳齒(유치)
　　　　　　　　　　　　젖먹이에게 젖을 먹임

0892
6급
銀
은 **은**

부 金 쇠금

水銀(수은) 銀波(은파) 銀行(은행) 銀貨(은화) 銀河水(은하수)

0893 4급
依
의지할 의
图 亻(人) 사람인변
依據(의거)　依例(의례)　依存(의존)　依支(의지)　舊態依然(구태의연)
전례에 따름

0894 4급
疑
의심할 의
图 疋 필필
容疑(용의)　疑問(의문)　疑心(의심)　質疑(질의)　半信半疑(반신반의)
범죄의 혐의(嫌疑)

0895 5급
以
써 이:
图 人 사람인
以內(이:내)　以外(이:외)　以前(이:전)　以下(이:하)　以熱治熱(이열치열)

0896 4급Ⅱ
印
도장 인
图 卩 병부절
印象(인상)　印稅(인세)　印朱(인주)　印紙(인지)　印出(인출)　職印(직인)

0897 4급Ⅱ
引
끌 인
图 弓 활궁　图 導 인도할 도, 提 끌 제
引繼(인계)　引導(인도)　引受(인수)　引用(인용)　我田引水(아전인수)
(남의 글이나 말 가운데서 필요한 부분만을) 끌어다 씀

0898 4급
腸
창자 장
图 月(肉) 육달월
斷腸(단:장)　心腸(심장)　直腸(직장)　脫腸(탈장)　九折羊腸(구절양장)
창자가 끊어질 듯한 슬픔이나 괴로움

0899 4급
張
베풀 장
图 弓 활궁
主張(주장)　出張(출장)　張本人(장본인)　張三李四(장삼이사)

0900 6급
才
재주 재
图 扌(手) 재방변　图 術 재주 술, 技 재주 기
才能(재능)　才談(재담)　才童(재동)　才質(재질)　多才多能(다재다능)

| 오늘의사자성어 |

張三李四 장삼이사　평범한 보통사람을 이르는 말
望雲之情 망운지정　[멀리 구름을 바라보며 어버이를 생각한다는 뜻으로] 어버이를 그리워하는 마음
九折羊腸 구절양장　산길 따위가 몹시 험하게 꼬불꼬불한 것을 이르는 말
我田引水 아전인수　[제 논에 물 대기라는 뜻으로] 자기에게만 이롭게 되도록 생각하거나 행동함을 뜻하는 말

30

I 다음 漢字語의 讀音을 쓰시오.

① 延期	② 榮位	③ 運轉	④ 銀波
⑤ 脫腸	⑥ 安易	⑦ 帝王	⑧ 雲遊
⑨ 依據	⑩ 主張	⑪ 數億	⑫ 右便
⑬ 復元	⑭ 疑問	⑮ 才談	⑯ 洋裝
⑰ 英賢	⑱ 圓卓	⑲ 以前	⑳ 引繼
㉑ 藥草	㉒ 熱情	㉓ 怨聲	㉔ 授乳
㉕ 印紙	㉖ 如干	㉗ 燃燈	㉘ 虛位
㉙ 防衛	㉚ 日光浴		

2 다음 漢字의 訓과 音을 쓰시오.

① 張	② 延	③ 乳	④ 腸
⑤ 怨	⑥ 燃	⑦ 疑	⑧ 依

3 다음의 訓과 音을 지닌 漢字를 쓰시오.

① 더울 열　　② 자리 위　　③ 억 억　　④ 으뜸 원　　⑤ 구름 운

4 다음 밑줄 친 漢字語는 한글로, 한글은 漢字語로 바꾸시오.

① 그는 모든 일에 열정적으로 활동하는군.

② 대통령을 국가의 원수라 한다.

③ 아침마다 욕실 쟁탈전이 치열해.

④ 내가 이 사건의 張本人이요.

⑤ 그는 성격이 圓滿해서 누구와도 잘 지낸다.

5 다음 빈칸에 알맞은 漢字를 넣어 四字成語를 完成하시오.

① 多(　)多能 : 재주와 능력이 여러 가지로 많음

② (　)熱治熱 : [열은 열로써 다스린다는 뜻으로] 힘에는 힘으로, 또는 강한 것에는
　　　　　　　강한 것으로 상대함을 이르는 말

30

6 다음 漢字와 뜻이 反對 또는 相對되는 漢字를 ( )에 넣으시오.

① 冷 ↔ ( )   ② 左 ↔ ( )   ③ ( ) ↔ 臣

7 다음 각 글자와 뜻이 같거나 비슷한 漢字를 ( )에 넣으시오.

① 帝( )   ② 暑( )   ③ 移( )

8 다음 뜻에 알맞은 漢字語를 漢字로 쓰시오.

① 사람이나 물건이 지닌 좋은 인상   ② 뜨거운 공기   ③ 뛰어나게 영명함

9 다음 漢字의 部首를 쓰시오.

① 元   ② 以   ③ 榮   ④ 衛   ⑤ 疑

IO 다음 漢字를 略字로 바꾸어 쓰시오.

① 榮   ② 藥

II 다음 漢字語의 뜻을 쓰시오.

① 引用   ② 如實   ③ 延命   ④ 交易

I2 다음 漢字語 중 첫 音節이 길게 發音되는 것을 3개 골라 그 번호를 쓰시오(순서 무관).

① 以下   ② 疑心   ③ 燃料   ④ 依存
⑤ 運送   ⑥ 榮利   ⑦ 怨望   ⑧ 乳兒

정답

1 ① 연기 ② 영위 ③ 운전 ④ 은파 ⑤ 탈장 ⑥ 안이 ⑦ 제왕 ⑧ 운유 ⑨ 의거 ⑩ 주장 ⑪ 수억 ⑫ 우편 ⑬ 복원 ⑭ 의문 ⑮ 재담 ⑯ 양장 ⑰ 영현 ⑱ 원탁 ⑲ 이전 ⑳ 인계 ㉑ 약초 ㉒ 열정 ㉓ 원성 ㉔ 수유 ㉕ 인지 ㉖ 여간 ㉗ 연등 ㉘ 허위 ㉙ 방위 ㉚ 일광욕 **2** ① 베풀 장 ② 늘일 연 ③ 젖 유 ④ 창자 장 ⑤ 원망할 원 ⑥ 탈 연 ⑦ 의심할 의 ⑧ 의지할 의 **3** ① 熱 ② 位 ③ 億 ④ 元 ⑤ 雲 **4** ① 熱情 ② 元首 ③ 浴室 ④ 장본인 ⑤ 원만 **5** ① 才 ② 以 **6** ① 熱 ② 右 ③ 王 **7** ① 王 ② 熱 ③ 運 **8** ① 品位 ② 熱氣 ③ 英特 **9** ① 儿 ② 人 ③ 木 ④ 行 ⑤ 疋 **10** ① 栄 ② 薬 **11** ① 인용 : 끌어다 씀 ② 여실 : 사실과 똑같음 ③ 연명 : 목숨을 이어감 ④ 교역 : 물건을 서로 사고 파는 일 **12** ①, ⑤, ⑦

미리 확인하기

O X   O X

						O X								O X
敵	敵	敵	敵	敵	敵	□ □	罪	罪	罪	罪	罪	罪	□ □
績	績	績	績	績	績	□ □	注	注	注	注	注	注	□ □
占	占	占	占	占	占	□ □	州	州	州	州	州	州	□ □
精	精	精	精	精	精	□ □	朱	朱	朱	朱	朱	朱	□ □
第	第	第	第	第	第	□ □	紙	紙	紙	紙	紙	紙	□ □
祭	祭	祭	祭	祭	祭	□ □	志	志	志	志	志	志	□ □
製	製	製	製	製	製	□ □	持	持	持	持	持	持	□ □
際	際	際	際	際	際	□ □	集	集	集	集	集	集	□ □
帝	帝	帝	帝	帝	帝	□ □	次	次	次	次	次	次	□ □
祖	祖	祖	祖	祖	祖	□ □	參	參	參	參	參	參	□ □
卒	卒	卒	卒	卒	卒	□ □	窓	窓	窓	窓	窓	窓	□ □
從	從	從	從	從	從	□ □	冊	冊	冊	冊	冊	冊	□ □
鍾	鍾	鍾	鍾	鍾	鍾	□ □	川	川	川	川	川	川	□ □
左	左	左	左	左	左	□ □	千	千	千	千	千	千	□ □
座	座	座	座	座	座	□ □	廳	廳	廳	廳	廳	廳	□ □

不遠千里 □ □ □ □   離合集散 □ □ □ □

烏合之卒 □ □ □ □   仁者無敵 □ □ □ □

0901 4급Ⅱ
敵 대적할 적
부 攵(攴) 등글월문
對敵(대:적) 無敵(무적) 敵手(적수) 敵意(적의) 敵將(적장) 天敵(천적)
敵對感(적대감) 仁者無敵(인자무적)

0902 4급
績 길쌈 적
부 糸 실사
功績(공적) 成績(성적) 實績(실적) 業績(업적) 前績(전적)
(어떤 일에서 이룬) 실제의 공적이나 업적

0903 4급
占 점령할/점칠 점(:)
부 卜 점복
獨占(독점) 先占(선점) 占卜(점복) 占術(점술) 占星術(점성술)

0904 4급Ⅱ
精 정할/찧을 정
부 米 쌀미 유 誠 정성 성
精密(정밀) 精誠(정성) 精進(정진) 精察(정찰) 精通(정통) 精確(정확)
정성을 다하여 노력함

0905 6급
第 차례 제:
부 竹 대죽
科第(과제) 登第(등제) 上第(상:제) 第一(제:일) 第次(제:차)
과거에서 첫째로 급제하던 일

0906 4급Ⅱ
祭 제사 제:
부 示 보일시 유 祀 제사 사
祭官(제:관) 祭具(제:구) 祭器(제:기) 祭壇(제:단) 祭天儀式(제천의식)

0907 4급Ⅱ
製 지을 제:
부 衣 옷의 유 作 지을 작, 造 지을 조
複製(복제) 製圖(제:도) 製作(제:작) 製造(제:조) 製鐵(제:철)
철광석을 녹여 무쇠를 뽑음

0908 4급Ⅱ
際 즈음/가 제:
부 阝(阜) 좌부변
交際(교제) 國際(국제) 實際(실제) 際限(제:한) 際會(제:회) 天際(천제)

0909 4급
帝 임금 제:
부 巾 수건건 유 王 임금 왕 반 民 백성 민, 臣 신하 신
帝國(제:국) 帝權(제:권) 帝王(제:왕) 帝位(제:위) 帝政(제:정)
제왕의 자리

0910 7급
祖 할아비 조
부 示 보일시 반 孫 손자 손
開祖(개조) 鼻祖(비:조) 始祖(시:조) 祖國(조국) 祖父(조부) 祖上(조상)

0911 5급
卒 마칠 졸
부 十 열십 유 兵 군사 병, 士 선비 사 반 將 장수 장 약 卆
軍卒(군졸) 卒兵(졸병) 卒業(졸업) 合卒(합졸) 烏合之卒(오합지졸)
상대 卒業(졸업) ↔ 入學(입학)

31일째 한자익히기 0912~0922

從鍾左座罪注州朱紙志持

0912 4급 從 좇을 종(:)
부 彳 두인변 · 반 主 주인 주 · 약 从
從軍(종군) 從事(종사) 從屬(종속) 從弟(종:제) 從祖(종:조)
사촌 아우

0913 4급 鍾 쇠북 종
부 金 쇠금
警鐘(경:종) 鍾路(종로) 鍾愛(종애) 打鐘(타:종) 招人鐘(초인종)

0914 7급 左 왼 좌:
부 工 장인공 · 반 右 오른 우
左方(좌:방) 左派(좌:파) 左海(좌:해) 左驗(좌:험) 左之右之(좌지우지)
참 左方(좌방) ↔ 右方(우방)

0915 4급 座 자리 좌:
부 广 엄호 · 유 席 자리 석
講座(강:좌) 計座(계:좌) 座談(좌:담) 座席(좌:석) 座標(좌:표)
참 座席(좌석) ↔ 立席(입석)

0916 5급 罪 허물 죄:
부 罒(网) 그물망
謝罪(사:죄) 罪名(죄:명) 罪惡(죄:악) 罪質(죄:질) 罪責感(죄책감)
자신이 지은 죄에 대하여 용서를 빎

0917 6급 注 부을 주:
부 氵(水) 삼수변
注目(주:목) 注文(주:문) 注射(주:사) 注意(주:의) 注入(주:입)
약물을 주사기에 넣어 생물체의 조직이나 혈관 안으로 들여보내는 일

0918 5급 州 고을 주
부 川(巛) 개미허리 · 유 邑 고을 읍, 洞 골 동
州郡(주군) 州境(주경)

0919 4급 朱 붉을 주
부 木 나무목 · 유 紅 붉을 홍, 赤 붉을 적
印朱(인주) 朱書(주서) 朱紅(주홍) 朱黃(주황) 朱子學(주자학)
붉은 먹이나 물감으로 글씨를 씀

0920 7급 紙 종이 지
부 糸 실사
別紙(별지) 製紙(제:지) 紙面(지면) 紙錢(지전) 紙窓(지창) 休紙(휴지)

0921 4급II 志 뜻 지
부 心 마음심 · 유 意 뜻 의, 情 뜻 정
意志(의:지) 志望(지망) 志願(지원) 志操(지조) 志學(지학) 志向(지향)
뜻하여 바람

0922 4급 持 가질 지
부 扌(手) 재방변
所持(소:지) 持病(지병) 持分(지분) 持續(지속) 支持(지지) 持參(지참)

233

0923 6급 **集** 모을 집 — ⓑ 隹 새 추 ⓨ 會 모일 회 ⓜ 離 떠날 리, 散 흩어질 산
密集(밀집) 收集(수집) 集中(집중) 集合(집합) 離合集散(이합집산)

0924 4급Ⅱ **次** 버금 차 — ⓑ 欠 하품흠 ⓨ 副 버금 부
月次(월차) 次期(차기) 次例(차례) 次善(차선) 次元(차원)

0925 5급 **參** 참여할 참, 석 삼 — ⓑ 厶 마늘모 ⓨ 與 더불 여, 三 석 삼 ⓐ 参
參加(참가) 參見(참견) 參考(참고) 參觀(참관) 參席(참석) 參與(참여)
參拾(삼십)
참가하여 지켜봄

0926 6급 **窓** 창 창 — ⓑ 穴 구멍혈
同窓(동창) 車窓(차창) 窓口(창구) 窓門(창문) 窓戸紙(창호지)

0927 4급 **冊** 책 책 — ⓑ 冂 멀경몸 ⓨ 卷 책 권
別冊(별책) 冊房(책방) 冊床(책상) 冊子(책자) 冊張(책장)

0928 7급 **川** 내 천 — ⓑ 川(巛) 개미허리 ⓨ 河 물 하, 海 바다 해 ⓜ 山 메 산
名川(명천) 山川(산천) 野川(야:천) 河川(하천) 晝夜長川(주야장천)
밤낮으로 쉬지 않고 잇달아서

0929 7급 **千** 일천 천 — ⓑ 十 열십
千歲(천세) 千葉(천엽) 千秋(천추) 不遠千里(불원천리)
여러 겹으로 된 꽃잎

0930 4급 **廳** 관청 청 — ⓑ 广 엄호 ⓐ 庁
官廳(관청) 區廳(구청) 市廳(시:청) 廳夫(청부) 廳舍(청사) 廳長(청장)

| 오늘의사자성어 |

不遠千里 불원천리 [천 리도 멀다고 여기지 않는다는 뜻으로] 먼 길을 열심히 달려가는 것을 형용하여 이르는 말

離合集散 이합집산 헤어짐과 모임

烏合之卒 오합지졸 [까마귀 떼처럼] 아무 규율도 통일도 없이 몰려 있는 무리

仁者無敵 인자무적 어진 사람에게는 적이 없음

I 다음 漢字語의 讀音을 쓰시오.

① 祭器	② 從屬	③ 鍾路	④ 參見
⑤ 同窓	⑥ 科第	⑦ 卒業	⑧ 講座
⑨ 次期	⑩ 別冊	⑪ 精察	⑫ 鼻祖
⑬ 罪質	⑭ 密集	⑮ 野川	⑯ 占據
⑰ 帝位	⑱ 注射	⑲ 持病	⑳ 千葉
㉑ 業績	㉒ 實際	㉓ 州境	㉔ 志願
㉕ 區廳	㉖ 對敵	㉗ 製鐵	㉘ 印朱
㉙ 製紙	㉚ 左派		

2 다음 漢字의 訓과 音을 쓰시오.

① 持	② 廳	③ 績	④ 朱
⑤ 帝	⑥ 冊	⑦ 鍾	⑧ 占

3 다음의 訓과 音을 지닌 漢字를 쓰시오.

① 허물 죄　　② 고을 주　　③ 마칠 졸　　④ 참여할 참, 석 삼

4 다음 밑줄 친 漢字語는 한글로, 한글은 漢字語로 바꾸시오.

① 한분도 빠짐없이 <u>참석</u>해 주시기 바랍니다.

② 그가 나에게 <u>敵意</u>를 품을 이유는 없어.

③ <u>졸업</u> 축하해!

④ <u>座席</u>을 확인해 주시기 바랍니다.

5 다음 빈칸에 알맞은 漢字를 넣어 四字成語를 完成하시오.

① 離合(　)散 : 헤어짐과 모임

② 晝夜長(　) : 밤낮으로 쉬지 않고 잇달아서. 언제나

③ 不遠(　)里 : [천 리도 멀다고 여기지 않는다는 뜻으로] 먼 길을 열심히 달려가는
　　　　　　　것을 형용하여 이르는 말

6 다음 漢字와 뜻이 反對 또는 相對되는 漢字를 ( )에 넣으시오.

① 山 ↔ ( )　　　　② ( ) ↔ 散　　　③ ( ) ↔ 右　　　④ ( ) ↔ 孫

7 다음 각 글자와 뜻이 같거나 비슷한 漢字를 ( )에 넣으시오.

① ( )兵　　　　② 河( )　　　　③ ( )與　　　　④ ( )會

8 다음 漢字語의 同音異義語를 쓰되 제시된 뜻에 맞게 쓰시오.

① 視朝 − ( )　:　한 가계나 왕계의 초대가 되는 사람

② 主義 − ( )　:　마음에 새겨 조심함

③ 童唱 − ( )　:　같은 학교나 같은 스승 밑에서 공부한 관계

9 다음 漢字의 部首를 쓰시오.

① 卒　　　② 次　　　③ 占　　　④ 帝　　　⑤ 罪

IO 다음 漢字를 略字로 바꾸어 쓰시오.

① 廳　　　　　② 卒　　　　　③ 從　　　　　④ 參

II 다음 例示한 漢字語 중에서 앞 글자가 長音으로 發音되는 것을 골라 그 번호를 쓰시오.

① ㄱ. 從軍　　　ㄴ. 從事　　　ㄷ. 從祖　　　ㄹ. 從屬

② ㄱ. 帝國　　　ㄴ. 祖國　　　ㄷ. 志向　　　ㄹ. 窓門

③ ㄱ. 精密　　　ㄴ. 敵意　　　ㄷ. 朱黃　　　ㄹ. 第一

정답

1 ① 제기 ② 종속 ③ 종로 ④ 참견 ⑤ 동창 ⑥ 과제 ⑦ 졸업 ⑧ 강좌 ⑨ 차기 ⑩ 별책 ⑪ 정찰 ⑫ 비조 ⑬ 죄질 ⑭ 밀집 ⑮ 아천 ⑯ 점거 ⑰ 제위 ⑱ 주사 ⑲ 지병 ⑳ 천엽 ㉑ 업적 ㉒ 실제 ㉓ 주경 ㉔ 지원 ㉕ 구청 ㉖ 대적 ㉗ 제철 ㉘ 인주 ㉙ 제지 ㉚ 좌파 **2** ① 가질 지 ② 관청 청 ③ 길쌈 적 ④ 붉을 주 ⑤ 임금 제 ⑥ 책 책 ⑦ 쇠북 종 ⑧ 점령할/점칠 점 **3** ① 罪 ② 州 ③ 卒 ④ 參 **4** ① 參席 ② 적의 ③ 卒業 ④ 좌석 **5** ① 集 ② 川 ③ 千 **6** ① 川 ② 集 ③ 左 ④ 祖 **7** ① 卒 ② 川 ③ 參 ④ 集 **8** ① 始祖 ② 注意 ③ 同窓 **9** ① 十 ② 欠 ③ 卜 ④ 巾 ⑤ 罒(网) **10** ① 庁 ② 卆 ③ 从 ④ 参 **11** ① ㄷ ② ㄱ ③ ㄹ

미리 확인하기 　　　　　○ X 　　　　　　　　　○ X

村	村 村 村 村 村	□□	砲	砲 砲 砲 砲 砲	□□
銃	銃 銃 銃 銃 銃	□□	包	包 包 包 包 包	□□
秋	秋 秋 秋 秋 秋	□□	暴	暴 暴 暴 暴 暴	□□
祝	祝 祝 祝 祝 祝	□□	標	標 標 標 標 標	□□
春	春 春 春 春 春	□□	夏	夏 夏 夏 夏 夏	□□
忠	忠 忠 忠 忠 忠	□□	河	河 河 河 河 河	□□
取	取 取 取 取 取	□□	韓	韓 韓 韓 韓 韓	□□
層	層 層 層 層 層	□□	限	限 限 限 限 限	□□
治	治 治 治 治 治	□□	港	港 港 港 港 港	□□
七	七 七 七 七 七	□□	航	航 航 航 航 航	□□
快	快 快 快 快 快	□□	賢	賢 賢 賢 賢 賢	□□
太	太 太 太 太 太	□□	刑	刑 刑 刑 刑 刑	□□
特	特 特 特 特 特	□□	呼	呼 呼 呼 呼 呼	□□
波	波 波 波 波 波	□□	或	或 或 或 或 或	□□
評	評 評 評 評 評	□□	紅	紅 紅 紅 紅 紅	□□

自暴自棄 □□□□ 　　太平聖代 □□□□

秋風落葉 □□□□ 　　一場春夢 □□□□

237

0931 7급 村 마을 촌:　㈔木 나무목　㈒里 마을 리

山村(산촌)　村落(촌:락)　村里(촌:리)　村俗(촌:속)　村長(촌:장)

0932 4급Ⅱ 銃 총 총　㈔金 쇠금

銃擊(총격)　銃器(총기)　銃聲(총성)　銃手(총수)　銃彈(총탄)　銃砲(총포)
　　　　　　　　　　　　　　　　　총을 쏘는 사람

0933 7급 秋 가을 추　㈔禾 벼화　㈘春 봄 춘

秋季(추계)　秋分(추분)　秋夕(추석)　秋收(추수)　秋風落葉(추풍낙엽)

0934 5급 祝 빌 축　㈔示 보일시　㈒祈 빌 기(3급Ⅱ)

祝歌(축가)　祝福(축복)　祝辭(축사)　祝祭(축제)　祝砲(축포)　祝賀(축하)
　　　　　　　　　　　　　　　　　행사에서 축하의 뜻으로 쏘는 총이나
　　　　　　　　　　　　　　　　　대포의 공포(空砲)

0935 7급 春 봄 춘　㈔日 날일　㈘秋 가을 추

靑春(청춘)　春困(춘곤)　春分(춘분)　思春期(사춘기)　一場春夢(일장춘몽)
　　　　　　　　　이십사절기의 하나로, 일 년 중 낮과 밤의
　　　　　　　　　길이가 꼭 같다고 함

0936 4급Ⅱ 忠 충성 충　㈔心 마음심

忠告(충고)　忠誠(충성)　忠臣(충신)　忠實(충실)　忠情(충정)　忠直(충직)

🔵상대 忠臣(충신) ↔ 逆臣(역신)

0937 4급Ⅱ 取 가질 취:　㈔又 또우　㈘捨 버릴 사(3급)

爭取(쟁취)　取得(취:득)　取材(취:재)　取調(취:조)　進取的(진취적)
　　　　　　　　　　　　　　　범죄 사실을 알아내기 위하여 속속들이 조사함

0938 4급 層 층 층　㈔尸 주검시엄　㈒階 섬돌 계

階層(계층)　單層(단층)　地層(지층)　層階(층계)　層數(층수)

0939 4급Ⅱ 治 다스릴 치　㈔氵(水) 삼수변　㈒政 정사 정

法治(법치)　自治(자치)　政治(정치)　治國(치국)　治安(치안)　治下(치하)
　　　　　　　　　　　　　　　　　잘 다스려 편안하게 함

0940 8급 七 일곱 칠　㈔一 한일

七夕(칠석)　七情(칠정)　七面鳥(칠면조)　北斗七星(북두칠성)

0941 4급Ⅱ 快 쾌할 쾌　㈔忄(心) 심방변

不快(불쾌)　快感(쾌감)　快勝(쾌승)　快適(쾌적)　快調(쾌조)　痛快(통:쾌)

32일째 한자익히기 0942~0952

太 特 波 評 砲 包 暴 標 夏 河 韓

0942
6급
太 클 태
⊕ 大 큰대 ⊕ 巨 클 거, 大 큰 대
太古(태고) 太陽(태양) 太初(태초) 太極旗(태극기) 太平聖代(태평성대)

0943
6급
特 특별할 특
⊕ 牛 소우
特講(특강) 特權(특권) 特級(특급) 特技(특기) 特報(특보) 特許(특허)

0944
4급Ⅱ
波 물결 파
⊕ 氵(水) 삼수변 ⊕ 浪 물결 랑(3급Ⅱ)
世波(세:파) 餘波(여파) 人波(인파) 電波(전:파) 波動(파동) 波長(파장)
공간적으로 전하여 퍼져 가는 진동

0945
4급
評 평할 평:
⊕ 言 말씀언 ⊕ 批 비평할 비
批評(비:평) 世評(세:평) 評價(평:가) 好評(호:평) 評論家(평론가)
좋게 평판함

0946
4급Ⅱ
砲 대포 포(:)
⊕ 石 돌석
砲擊(포격) 砲門(포문) 砲兵(포병) 砲聲(포성) 砲手(포:수)
대포 종류로 장비된 군대, 또는 그에 딸린 군인

0947
4급Ⅱ
包 쌀 포(:)
⊕ 勹 쌀포몸
內包(내:포) 包容(포:용) 包圍(포:위) 包裝(포장) 包含(포함)

0948
4급Ⅱ
暴 사나울 폭 / 모질 포:
⊕ 日 날일 ⊕ 猛 사나울 맹(3급Ⅱ)
暴君(폭군) 暴力(폭력) 暴發(폭발) 暴雪(폭설) 暴風(폭풍) 暴行(폭행)
暴惡(포:악) 自暴自棄(자포자기)
몹시 세차게 부는 바람

0949
4급
標 표할 표
⊕ 木 나무목
目標(목표) 標記(표기) 標本(표본) 標示(표시) 標準(표준) 標識(표지)

0950
7급
夏 여름 하:
⊕ 夊 뒤쳐올치 ⊕ 冬 겨울 동
夏季(하:계) 夏穀(하:곡) 夏期(하:기) 夏服(하:복) 夏至(하:지)

0951
5급
河 물 하
⊕ 氵(水) 삼수변 ⊕ 川 내 천, 海 바다 해 ⊕ 山 산 산
河流(하류) 河水(하수) 河馬(하마) 河川(하천) 百年河淸(백년하청)
하마과의 포유동물

0952
8급
韓 한국/나라 한(:)
⊕ 韋 다룸가죽위
韓國(한:국) 韓服(한:복) 韓式(한:식) 韓半島(한반도)

0953 4급Ⅱ

限 한할 한:

㈔ 阝(阜) 좌부변

期限(기한)　無限(무한)　限界(한:계)　限度(한:도)　限定(한:정)

0954 4급Ⅱ

港 항구 항:

㈔ 氵(水) 삼수변

開港(개항)　入港(입항)　港口(항:구)　港圖(항:도)　港都(항:도)

참 入港(입항) ↔ 出港(출항)

0955 4급Ⅱ

航 배 항:

㈔ 舟 배주　㈜ 船 배 선, 舟 배 주(3급)

航空(항:공)　航路(항:로)　航海(항:해)　航行(항:행)　回航(회항)

0956 4급Ⅱ

賢 어질 현

㈔ 貝 조개패　㈜ 良 어질 량, 仁 어질 인　㈼ 愚 어리석을 우(3급Ⅱ)　㈟ 賢

先賢(선현)　聖賢(성:현)　賢明(현명)　賢人(현인)　賢母良妻(현모양처)

어질고 사리에 밝음

0957 4급

刑 형벌 형

㈔ 刂(刀) 선칼도방

死刑(사:형)　罪刑(죄:형)　處刑(처:형)　刑期(형기)　刑罰(형벌)

형벌에 처함

0958 4급Ⅱ

呼 부를 호

㈔ 口 입구　㈟ 吸 마실 흡

呼名(호명)　呼應(호응)　呼稱(호칭)　呼吸(호흡)　呼兄呼弟(호형호제)

이름지어 부름

0959 4급

或 혹 혹

㈔ 戈 창과

間或(간:혹)　或是(혹시)　或如(혹여)　或曰(혹왈)　或者(혹자)

어떤 사람

0960 4급

紅 붉을 홍

㈔ 糸 실사　㈜ 朱 붉을 주, 赤 붉을 적

粉紅(분:홍)　朱紅(주홍)　紅燈(홍등)　紅茶(홍차)　紅東白西(홍동백서)

| 오 늘 의 사 자 성 어 |

自暴自棄 자포자기 절망상태에 빠져서, 자신을 돌보지 아니함
太平聖代 태평성대 어진 임금이 다스리는 태평한 세상
秋風落葉 추풍낙엽 가을바람에 떨어지는 잎
一場春夢 일장춘몽 [한바탕의 봄꿈이라는 뜻으로] 헛된 영화나 덧없는 일을 뜻함

I 다음 漢字語의 讀音을 쓰시오.

① 村落	② 忠誠	③ 夏穀	④ 暴惡
⑤ 世波	⑥ 紅燈	⑦ 太古	⑧ 快感
⑨ 呼應	⑩ 標識	⑪ 祝辭	⑫ 法治
⑬ 罪刑	⑭ 評價	⑮ 聖賢	⑯ 秋收
⑰ 特許	⑱ 取得	⑲ 回航	⑳ 限度
㉑ 銃聲	㉒ 階層	㉓ 砲門	㉔ 韓服
㉕ 入港	㉖ 間或	㉗ 靑春	㉘ 包裝
㉙ 河馬	㉚ 七面鳥		

2 다음 漢字의 訓과 音을 쓰시오.

① 或　　　　② 標　　　　③ 紅　　　　④ 刑

3 다음의 訓과 音을 지닌 漢字를 쓰시오.

① 물 하　　　② 빌 축　　　③ 클 태　　　④ 특별할 특

4 다음 밑줄 친 漢字語는 한글로, 한글은 漢字語로 바꾸시오.

① 특기와 취미를 입력해 주세요.
② 그들의 결혼식에서 내가 축가를 부르게 되었어.
③ 呼吸을 가다듬고 천천히 말해봐.
④ 或者는 이렇게도 말했다.

5 다음 빈칸에 알맞은 漢字를 넣어 四字成語를 完成하시오.

① (　)平聖代 : 어진 임금이 다스리는 태평한 세상
② (　)風落葉 : 가을바람에 떨어지는 잎
③ 百年(　)淸 : [황허 강의 물이 맑기를 기다린다는 뜻으로] 아무리 바라고 기다려도
　　　　　　　　실현될 가망이 없음을 이르는 말
④ 一場(　)夢 : [한바탕의 봄꿈이라는 뜻으로] 헛된 영화나 덧없는 일을 뜻함

6 다음 漢字와 뜻이 反對 또는 相對되는 漢字를 ( )에 넣으시오.

① ( ) ↔ 秋   ② ( ) ↔ 冬   ③ 山 ↔ ( )

7 다음 각 글자와 뜻이 같거나 비슷한 漢字를 ( )에 넣으시오.

① 政( )   ② ( )里   ③ 朱( )   ④ ( )川

8 다음 뜻에 알맞은 漢字語를 漢字로 쓰시오.

① 하천 (시내. 강)

② 축복 (행복하기를 빎)

③ 태고 (아주 오랜 옛날)

9 다음 漢字의 部首를 쓰시오.

① 或   ② 包   ③ 夏   ④ 取   ⑤ 刑

IO 다음 漢字語의 뜻을 쓰시오.

① 處刑   ② 好評   ③ 賢明   ④ 治安

II 다음 例示한 漢字語 중에서 앞 글자가 長音으로 發音되는 것을 골라 그 번호를 쓰시오.

① ㄱ. 暴發   ㄴ. 暴雪   ㄷ. 暴風   ㄹ. 暴惡

② ㄱ. 包圍   ㄴ. 包裝   ㄷ. 波動   ㄹ. 特許

③ ㄱ. 刑罰   ㄴ. 或者   ㄷ. 航海   ㄹ. 標示

정답

1 ① 촌락 ② 충성 ③ 하곡 ④ 포악 ⑤ 세파 ⑥ 홍등 ⑦ 태고 ⑧ 쾌감 ⑨ 호응 ⑩ 표지 ⑪ 축사 ⑫ 법치 ⑬ 죄형 ⑭ 평가 ⑮ 성현 ⑯ 추수 ⑰ 특허 ⑱ 취득 ⑲ 회항 ⑳ 한도 ㉑ 총성 ㉒ 계층 ㉓ 포문 ㉔ 한복 ㉕ 입항 ㉖ 간혹 ㉗ 청춘 ㉘ 포장 ㉙ 하마 ㉚ 칠면조 **2** ① 혹 혹 ② 표할 표 ③ 붉을 홍 ④ 형벌 형 **3** ① 河 ② 祝 ③ 太 ④ 特 **4** ① 特技 ② 祝歌 ③ 호흡 ④ 혹자 **5** ① 太 ② 秋 ③ 河 ④ 春 **6** ① 春 ② 夏 ③ 河 **7** ① 治 ② 村 ③ 紅 ④ 河 **8** ① 河川 ② 祝福 ③ 太古 **9** ① 戈 ② 勹 ③ 夂 ④ 又 ⑤ 刂(刀) **10** ① 처형 : 형벌에 부침 ② 호평 : 좋게 평판함 ③ 현명 : 어질고 사리에 밝음 ④ 치안 : 잘 다스려 편안하게 함 **11** ① ㄹ ② ㄱ ③ ㄷ

미리 확인하기

O X   O X

		O X			O X
畫	畫 畫 畫 畫 畫	□□	里	里 里 里 里 里	□□
貨	貨 貨 貨 貨 貨	□□	金	金 金 金 金 金	□□
回	回 回 回 回 回	□□	長	長 長 長 長 長	□□
灰	灰 灰 灰 灰 灰	□□	門	門 門 門 門 門	□□
孝	孝 孝 孝 孝 孝	□□	雨	雨 雨 雨 雨 雨	□□
訓	訓 訓 訓 訓 訓	□□	青	青 青 青 青 青	□□
角	角 角 角 角 角	□□	非	非 非 非 非 非	□□
言	言 言 言 言 言	□□	面	面 面 面 面 面	□□
豆	豆 豆 豆 豆 豆	□□	革	革 革 革 革 革	□□
赤	赤 赤 赤 赤 赤	□□	音	音 音 音 音 音	□□
走	走 走 走 走 走	□□	風	風 風 風 風 風	□□
足	足 足 足 足 足	□□	飛	飛 飛 飛 飛 飛	□□
身	身 身 身 身 身	□□	食	食 食 食 食 食	□□
車	車 車 車 車 車	□□	首	首 首 首 首 首	□□
邑	邑 邑 邑 邑 邑	□□	香	香 香 香 香 香	□□

好衣好食 □□□□   鶴首苦待 □□□□

面從腹背 □□□□   赤手空拳 □□□□

0961 6급 **畵** 그림 화: 그을 획
- ⓑ 田 밭 전 ⓨ 圖 그림 도 ⓐ 画
- 映畵(영화) 畵家(화:가) 畵具(화:구) 畵面(화:면) 畵素(화:소)
- 畵力(획력) 畵順(획순) 畵引(획인)

0962 4급Ⅱ **貨** 재화/재물 화:
- ⓑ 貝 조개 패 ⓨ 財 재물 재
- 金貨(금화) 財貨(재화) 貨物(화:물) 百貨店(백화점)

0963 4급Ⅱ **回** 돌아올 회
- ⓑ 口 큰입구몸 ⓨ 歸 돌아올 귀
- 回答(회답) 回送(회송) 回信(회신) 回轉(회전) 回春(회춘) 回避(회피)
- 봄이 다시 돌아옴. 노인이 도로 젊어짐

0964 4급 **灰** 재 회
- ⓑ 火 불 화
- 石灰(석회) 灰滅(회멸) 灰壁(회벽) 灰色(회색) 灰白色(회백색)
- 석회를 반죽하여 바름, 또는 그런 벽

0965 7급 **孝** 효도 효:
- ⓑ 子 아들 자
- 孝道(효:도) 孝婦(효:부) 孝誠(효:성) 孝心(효:심) 孝行(효:행)
- 어버이를 잘 섬기는 행실

0966 6급 **訓** 가르칠 훈:
- ⓑ 言 말씀 언 ⓨ 敎 가르칠 교
- 敎訓(교:훈) 訓戒(훈:계) 訓讀(훈:독) 訓練(훈:련) 訓育(훈:육)
- 訓讀(훈독) ↔ 音讀(음독)
- 가르쳐 기름

0967 6급 **角** 뿔 각
- ⓑ 角 뿔 각
- 角度(각도) 角木(각목) 頭角(두각) 直角(직각) 角者無齒(각자무치)

0968 6급 **言** 말씀 언
- ⓑ 言 말씀 언 ⓨ 語 말씀 어, 談 말씀 담 ⓟ 行 다닐 행
- 言動(언동) 言論(언론) 言爭(언쟁) 言行(언행) 言中有骨(언중유골)
- 말다툼

0969 4급Ⅱ **豆** 콩 두
- ⓑ 豆 콩 두
- 綠豆(녹두) 豆乳(두유) 豆油(두유) 豆太(두태) 黑豆(흑두)

0970 5급 **赤** 붉을 적
- ⓑ 赤 붉을 적 ⓨ 朱 붉을 주, 紅 붉을 홍
- 赤旗(적기) 赤道(적도) 赤血球(적혈구) 赤手空拳(적수공권)

0971 4급Ⅱ **走** 달릴 주
- ⓑ 走 달릴 주 ⓨ 奔 달릴 분(3급Ⅱ)
- 走力(주력) 走時(주시) 走筆(주필) 走行(주행) 走馬看山(주마간산)

33일째 한자익히기 0972~0982

足 身 車 邑 里 金 長 門 雨 靑 非

0972 足
7급 발 족
- 釜 足 발족 ❘ 反 手 손 수
- 滿足(만족) 不足(부족) 手足(수족) 自足(자족) 充足(충족) 豊足(풍족)

0973 身
6급 몸 신
- 釜 身 몸신 ❘ 類 肉 고기 육, 體 몸 체 ❘ 反 心 마음 심
- 獨身(독신) 身分(신분) <u>身元(신원)</u> 身長(신장) 身體(신체) 避身(피:신)
  - 그 사람의 출생이나 출신·경력·성행 따위에 관한 일

0974 車
7급 수레 거(차)
- 釜 車 수레거
- 人力車(인력거) 自轉車(자전거) 停車場(정거장)
- 汽車(기차) 車庫(차고) 車賃(차임) 車票(차표) 自動車(자동차)

0975 邑
7급 고을 읍
- 釜 邑 고을읍 ❘ 類 州 고을 주, 洞 골 동
- 小邑(소:읍) 邑內(읍내) 邑民(읍민) 邑長(읍장) <u>邑誌(읍지)</u>
  - 읍의 역사나 지리·풍속 따위를 기록한 책

0976 里
7급 마을 리:
- 釜 里 마을리 ❘ 類 村 마을 촌
- 洞里(동:리) 里長(이:장) 村里(촌:리) <u>鄕里(향리)</u> 不遠千里(불원천리)
  - 고향 마을

0977 金
8급 쇠 금 / 성 김
- 釜 金 쇠금
- 金屬(금속) 金額(금액) <u>資金(자금)</u> 現金(현:금) 黃金(황금)
  - 이익을 낳는 바탕이 되는 돈

0978 長
8급 길 장(:)
- 釜 長 길장 ❘ 反 短 짧을 단, 幼 어릴 유(3급Ⅱ)
- 長短(장단) 長老(장:로) 長成(장:성) 長篇(장편) 晝夜長川(주야장천)
- 상 長篇(장편) ↔ 短篇(단편)

0979 門
8급 문 문
- 釜 門 문문
- 家門(가문) 入門(입문) 窓門(창문) 門外漢(문외한) 門前成市(문전성시)

0980 雨
5급 비 우:
- 釜 雨 비우 ❘ 反 晴 갤 청(3급)
- 雨期(우:기) 雨水(우:수) 雨衣(우:의) <u>雨天(우:천)</u> 暴雨(폭우)
  - 비가 내리는 날

0981 靑
8급 푸를 청
- 釜 靑 푸를청 ❘ 類 綠 푸를 록
- 靑果(청과) 靑色(청색) 靑春(청춘) <u>靑布(청포)</u> 靑天白日(청천백일)
  - 빛깔이 푸른 베

0982 非
4급Ⅱ 아닐 비(:)
- 釜 非 아닐비 ❘ 類 否 아닐 부 ❘ 反 是 옳을 시
- 非但(비단) 非常(비:상) 非情(비:정) 非行(비:행) 非賣品(비매품)

0983 7급 **面** 낮 면:
- ㉫ 面 낮면
- 面識(면:식) 面接(면:접) 面許(면:허) 面會(면:회) 場面(장면)
  - (찾아가거나 찾아온 사람을) 만나 봄

0984 4급 **革** 가죽 혁
- ㉫ 革 가죽혁
- 變革(변:혁) 革帶(혁대) 革命(혁명) 革新(혁신) 革進(혁진)
  - 이전의 왕조를 뒤집고 다른 왕조가 들어서는 일

0985 6급 **音** 소리 음
- ㉫ 音 소리음 ㉮ 聲 소리 성
- 音聲(음성) 音樂(음악) 音節(음절) 音程(음정) 雜音(잡음) 低音(저:음)
  - 낮은 음

0986 6급 **風** 바람 풍
- ㉫ 風 바람풍
- 遺風(유풍) 暴風(폭풍) 風景(풍경) 風俗(풍속) 風車(풍차) 風向(풍향)
  - 예로부터 지켜 내려오는, 생활에 관한 사회적 습관

0987 4급Ⅱ **飛** 날 비
- ㉫ 飛 날비
- 飛報(비보) 飛上(비상) 飛電(비전) 飛鳥(비조) 飛行(비행)

0988 7급 **食** 먹을 식 밥 사
- ㉫ 食 밥식
- 間食(간:식) 食事(식사) 食飮(식음) 食品(식품) 好衣好食(호의호식)
- 疏食(소사) 蔬食(소사)

0989 5급 **首** 머리 수
- ㉫ 首 머리수 ㉮ 頭 머리 두 ㉯ 尾 꼬리 미(3급Ⅱ)
- 首都(수도) 首相(수상) 首席(수석) 自首(자수) 鶴首苦待(학수고대)
  - (석차 따위의) 제1위

0990 4급Ⅱ **香** 향기 향
- ㉫ 香 향기향
- 香氣(향기) 香茶(향다) 香水(향수) 香草(향초) 香辛料(향신료)

| 오늘의 사자성어 |

好衣好食 호의호식 잘 입고 잘 먹음, 또는 그러한 생활
鶴首苦待 학수고대 [학처럼 목을 빼고 기다린다는 뜻으로] 몹시 기다림을 뜻하는 말
面從腹背 면종복배 겉으로는 복종하는 체하면서 속으로는 배반함
赤手空拳 적수공권 [맨손과 맨주먹이란 뜻으로] 아무것도 가진 것이 없음을 이르는 말

1 다음 漢字語의 讀音을 쓰시오.

① 畫順	② 獨身	③ 邑誌	④ 遺風
⑤ 飛報	⑥ 敎訓	⑦ 豊足	⑧ 里長
⑨ 雜音	⑩ 食飮	⑪ 孝誠	⑫ 走筆
⑬ 資金	⑭ 變革	⑮ 首席	⑯ 石灰
⑰ 豆乳	⑱ 長短	⑲ 面接	⑳ 香氣
㉑ 回避	㉒ 言爭	㉓ 暴雨	㉔ 非情
㉕ 靑布	㉖ 貨物	㉗ 頭角	㉘ 赤血球
㉙ 門外漢	㉚ 停車場		

2 다음 漢字의 訓과 音을 쓰시오.

① 走   ② 革   ③ 非   ④ 香

⑤ 回   ⑥ 豆   ⑦ 灰   ⑧ 飛

3 다음의 訓과 音을 지닌 漢字를 쓰시오.

① 머리 수   ② 비 우   ③ 붉을 적   ④ 고을 읍

4 다음 밑줄 친 漢字語는 한글로, 한글은 漢字語로 바꾸시오.

① 서울은 우리나라의 수도이다.

② 우천시에도 운동회는 진행될 예정이야.

③ 오늘 도로走行시험에 합격했어.

④ 그에게서 回信이 없어 답답해.

5 다음 빈칸에 알맞은 漢字를 넣어 四字成語를 完成하시오.

① 好衣好( ) : 잘 입고 잘 먹음, 또는 그런 생활

② 晝夜( )川 : 밤낮으로 쉬지 않고 잇달아서. 언제나

③ ( )天白日 : 환하게 밝은 대낮

④ ( )前成市 : [문 앞이 저자를 이룬다는 뜻으로] 찾아오는 사람이 많음을 이르는 말

6 다음 漢字와 뜻이 反對 또는 相對되는 漢字를 ( )에 넣으시오.

① 手 ↔ ( )   ② 心 ↔ ( )   ③ ( ) ↔ 短   ④ 是 ↔ ( )

7 다음 각 글자와 뜻이 같거나 비슷한 漢字를 ( )에 넣으시오.

① 圖( )   ② ( )聲   ③ ( )體   ④ 教( )
⑤ ( )頭   ⑥ ( )談   ⑦ 村( )   ⑧ ( )綠

8 다음 漢字語의 同音異義語를 쓰되 제시된 뜻에 맞게 쓰시오.

① 賊盜 - ( ) : 지구의 중심을 지나는 지축의 직각인 평면과 지표가 교차되는 선
② 小飮 - ( ) : 소리를 지워 없앰. 소리가 밖으로 들리지 않도록 함
③ 優秀 - ( ) : 이십사절기의 하나. 입춘과 경칩 사이

9 다음 漢字의 部首를 쓰시오.

① 飛   ② 畫   ③ 灰   ④ 貨   ⑤ 香

10 다음 낱말 뜻에 알맞은 漢字語를 例에서 골라 그 번호를 쓰시오.

例
ㄱ. 食品   ㄴ. 入門   ㄷ. 低音   ㄹ. 靑果
ㅁ. 革命   ㅂ. 回信   ㅅ. 財貨   ㅇ. 黃金

① 낮은 음
② 이전의 왕조를 뒤집고 다른 왕조가 들어서는 일
③ 편지나 전신 따위의 회답

정답

1 ① 획순 ② 독신 ③ 읍지 ④ 유풍 ⑤ 비보 ⑥ 교훈 ⑦ 풍족 ⑧ 이장 ⑨ 잡음 ⑩ 식음 ⑪ 효성 ⑫ 주필 ⑬ 자금 ⑭ 변혁 ⑮ 수석 ⑯ 석회 ⑰ 두유 ⑱ 장단 ⑲ 면접 ⑳ 향기 ㉑ 회피 ㉒ 언쟁 ㉓ 폭우 ㉔ 비정 ㉕ 청포 ㉖ 화물 ㉗ 두각 ㉘ 적혈구 ㉙ 문외한 ㉚ 정거장 **2** ① 달릴 주 ② 가죽 혁 ③ 아닐 비 ④ 향기 향 ⑤ 돌아올 회 ⑥ 콩 두 ⑦ 재 회 ⑧ 날 비 **3** ① 首 ② 雨 ③ 赤 ④ 邑 **4** ① 首都 ② 雨天 ③ 주행 ④ 회신 **5** ① 食 ② 長 ③ 靑 ④ 門 **6** ① 足 ② 身 ③ 長 ④ 非 **7** ① 畫 ② 音 ③ 身 ④ 訓 ⑤ 首 ⑥ 言 ⑦ 里 ⑧ 靑 **8** ① 赤道 ② 消音 ③ 雨水 **9** ① 飛 ② 田 ③ 火 ④ 貝 ⑤ 香 **10** ① ㄷ ② ㅁ ③ ㅂ

248

미리 확인하기

O X

O X

馬 馬 馬 馬 馬 馬	□ □	黃 黃 黃 黃 黃 黃	□ □
骨 骨 骨 骨 骨 骨	□ □	黑 黑 黑 黑 黑 黑	□ □
高 高 高 高 高 高	□ □	鼻 鼻 鼻 鼻 鼻 鼻	□ □
魚 魚 魚 魚 魚 魚	□ □	齒 齒 齒 齒 齒 齒	□ □
鳥 鳥 鳥 鳥 鳥 鳥	□ □	龍 龍 龍 龍 龍 龍	□ □

一石二鳥 □ □ □ □   鳥足之血 □ □ □ □

骨肉相殘 □ □ □ □   走馬看山 □ □ □ □

0991 5급	馬 말 마:	㊞ 馬 말마
		競馬(경:마) 馬車(마:차) 出馬(출마) 河馬(하마) 走馬看山(주마간산)

0992 4급	骨 뼈 골	㊞ 骨 뼈골　㊤ 皮 가죽 피 (3급Ⅱ)
		骨格(골격) 骨折(골절) 納骨(납골) 鐵骨(철골) 骨肉相殘(골육상잔)

0993 6급	高 높을 고	㊞ 高 높을고　㊞ 崇 높을 숭　㊤ 低 낮을 저
		高度(고도) 高速(고속) 高壓(고압) 高溫(고온) 高位(고위) 高音(고음) 　　　　　　　　　　　　　　　　　　　 높은 지위

0994 5급	魚 고기/물고기 어	㊞ 魚 물고기어
		魚類(어류) 魚物(어물) 魚肉(어육) 魚種(어종) 一魚濁水(일어탁수) 　　　　　　　　　　물고기와 짐승의 고기 또는 짓밟고 으깨어짐을 비유

0995 4급Ⅱ	鳥 새 조	㊞ 鳥 새조
		白鳥(백조) 鳥類(조류) 一石二鳥(일석이조) 鳥足之血(조족지혈)

0996 6급	黃 누를 황	㊞ 黃 누를황
		黃金(황금) 黃土(황토) 黃化(황화) 黃金分割(황금분할)

0997 5급	黑 검을 흑	㊞ 黑 검을흑　㊞ 暗 어두울 암　㊤ 白 흰 백
		暗黑(암:흑) 黑色(흑색) 黑心(흑심) 黑鉛(흑연) 黑雲(흑운) 黑炭(흑탄) 　　　　　　음흉하고 부정한 마음

0998 5급	鼻 코 비:	㊞ 鼻 코비
		鼻骨(비:골) 鼻笑(비:소) 鼻音(비:음) 鼻痛(비:통) 耳目口鼻(이목구비) 　　　　　　입 안의 통로를 막고 코로 공기를 내보내면서 내는 소리

0999 4급Ⅱ	齒 이 치	㊞ 齒 이치　㉮ 歯
		齒科(치과) 齒石(치석) 齒藥(치약) 齒列(치열) 齒痛(치통)

1000 4급	龍 용 룡(용)	㊞ 龍 용룡　㉮ 竜
		龍宮(용궁) 龍馬(용마) 龍顔(용안) 靑龍(청룡) 登龍門(등용문)

❙ 오 늘 의 사 자 성 어 ❙

骨肉相殘 골육상잔 　부자(父子)나 형제 등 혈연관계에 있는 사람끼리 서로 해치며 싸우는 일

走馬看山 주마간산 　[달리는 말 위에서 산천을 구경한다는 뜻으로] 이것저것을 천천히 볼 틈 없이
　　　　　　　　　　　바삐 서둘러 대강대강 보고 지나침을 이르는 말

I 다음 漢字語의 讀音을 쓰시오.

① 高壓　　　② 競馬　　　③ 黑鉛　　　④ 龍顔

⑤ 魚物　　　⑥ 齒痛　　　⑦ 鳥類　　　⑧ 納骨

⑨ 鼻笑　　　⑩ 黃土

2 다음 漢字의 訓과 音을 쓰시오.

① 龍　　　　② 鳥　　　　③ 骨　　　　④ 齒

3 다음의 訓과 音을 지닌 漢字를 쓰시오.

① 코 비　　② 말 마　　③ 검을 흑　　④ 고기/물고기 어

4 다음 밑줄 친 漢字語는 한글로, 한글은 漢字語로 바꾸시오.

① 동물원에서 하마를 보았다.

② 자라는 토끼를 데리고 龍宮으로 갔습니다.

③ 그는 흑색 옷을 즐겨 입는다.

④ 교통사고로 骨折상을 입었다.

5 다음 빈칸에 알맞은 漢字를 넣어 四字成語를 完成하시오.

① 走(　)看山 : [달리는 말 위에서 산천을 구경한다는 뜻] 이것저것을 천천히 볼 틈
　　　　　　　없이 바빠 서둘러 대강대강 보고 지나침

② 耳目口(　) : 귀·눈·입·코를 아울러 이르는 말

③ 一(　)濁水 : [한 마리의 고기가 물을 흐리게 한다는 뜻으로] 한 사람의 잘못으로
　　　　　　　여러 사람이 피해를 입게 됨을 비유하여 이르는 말

6 다음 漢字와 뜻이 反對 또는 相對되는 漢字를 (　)에 넣으시오.

① (　) ↔ 低　　　② (　) ↔ 白

7 다음 각 글자와 뜻이 같거나 비슷한 漢字를 ( )에 넣으시오.

① 崇( )　　　　　② 暗( )

8 다음 漢字語의 同音異義語를 쓰되 제시된 뜻에 맞게 쓰시오.

① 費消 - ( ) : 코웃음

② 孤島 - ( ) : 높이의 정도

③ 語類 - ( ) : 물속에 살며 온몸이 비늘로 덮여 있고 아가미로 호흡을 하는 것. 곧 물고기를 통틀어 이르는 말

9 다음 漢字를 略字로 바꾸어 쓰시오.

① 龍　　　　　② 齒

IO 다음 漢字語의 뜻을 쓰시오.

① 黑心　　　② 高位　　　③ 鼻音　　　④ 魚肉

II 다음 漢字語 중 첫 音節이 길게 發音되는 것을 2개 골라 그 번호를 쓰시오(순서 무관).

① 鼻音　　　② 龍宮　　　③ 馬車　　　④ 鳥類
⑤ 齒石　　　⑥ 骨格　　　⑦ 高音　　　⑧ 黃土

 정답

1 ① 고압 ② 경마 ③ 흑연 ④ 용안 ⑤ 어물 ⑥ 치통 ⑦ 조류 ⑧ 납골 ⑨ 비소 ⑩ 황토 **2** ① 용룡 ② 새 조 ③ 뼈 골 ④ 이 치 **3** ① 鼻 ② 馬 ③ 黑 ④ 魚 **4** ① 河馬 ② 용궁 ③ 黑色 ④ 골절 **5** ① 馬 ② 鼻 ③ 魚 **6** ① 高 ② 黑 **7** ① 高 ② 黑 **8** ① 鼻笑 ② 高度 ③ 魚類 **9** ① 竜 ② 歯 **10** ① 흑심 : 음흉하고 부정한 마음 ② 고위 : 높은 지위 ③ 비음 : 입 안의 통로를 막고 코로 공기를 내보내면서 내는 소리 ④ 어육 : 물고기와 짐승의 고기 또는 짓밟고 으깨어짐을 비유 **11** ①, ③

01 공부할/과정 과　　　(　　　)　　　19 羅 (　　　　)

02 집 당　　　　　　　(　　　)　　　20 暴 (　　　　)

03 거느릴 령　　　　　(　　　)　　　21 圓 (　　　　)

04 반 반　　　　　　　(　　　)　　　22 督 (　　　　)

05 묶을 속　　　　　　(　　　)　　　23 毒 (　　　　)

06 구름 운　　　　　　(　　　)　　　24 績 (　　　　)

07 각각 각　　　　　　(　　　)　　　25 榮 (　　　　)

08 오얏/성 리　　　　(　　　)　　　26 輪 (　　　　)

09 한가지/함께 공　　(　　　)　　　27 包 (　　　　)

10 구멍 공　　　　　　(　　　)　　　28 祭 (　　　　)

11 과목 과　　　　　　(　　　)　　　29 複 (　　　　)

12 구분할/지경 구　　(　　　)　　　30 際 (　　　　)

13 꽃부리 영　　　　　(　　　)　　　31 錄 (　　　　)

14 급할 급　　　　　　(　　　)　　　32 衛 (　　　　)

15 단 단　　　　　　　(　　　)　　　33 銅 (　　　　)

16 써 이　　　　　　　(　　　)　　　34 床 (　　　　)

17 헤아릴 료　　　　　(　　　)　　　35 砲 (　　　　)

18 손자 손　　　　　　(　　　)　　　36 聲 (　　　　)

1課　2堂　3領　4半　5束　6雲　7各　8李　9共　10孔　11科　12區　13英　14急　15壇　16以　17料　18孫　19벌릴/벌 라　20사나울 폭, 모질 포　21둥글 원　22감독할 독　23독 독　24길쌈 적　25영화 영　26바퀴 륜　27쌀 포　28제사 제　29겹칠 복　30즈음/가 제　31기록할 록　32지킬 위　33구리 동　34상 상　35대포 포　36소리 성

37	더울 열	(	)	57	腸 (		)
38	물끓는김 기	(	)	58	敵 (		)
39	돌아올/돌이킬 반	(	)	59	房 (		)
40	뭍 륙	(	)	60	製 (		)
41	나눌 반	(	)	61	航 (		)
42	목욕할 욕	(	)	62	精 (		)
43	줄 선	(	)	63	係 (		)
44	억 억	(	)	64	香 (		)
45	허물 죄	(	)	65	印 (		)
46	빌 축	(	)	66	兩 (		)
47	차례 번	(	)	67	連 (		)
48	고을 주	(	)	68	導 (		)
49	검을 흑	(	)	69	鍾 (		)
50	사랑 애	(	)	70	燃 (		)
51	모을 집	(	)	71	粉 (		)
52	약 약	(	)	72	射 (		)
53	머리 수	(	)	73	層 (		)
54	으뜸 원	(	)	74	誠 (		)
55	재주 재	(	)	75	碑 (		)
56	큰바다 양	(	)	76	從 (		)

37 熱 38 汽 39 反 40 陸 41 班 42 浴 43 線 44 億 45 罪 46 祝 47 番 48 州 49 黑 50 愛 51 集 52 藥 53 首 54 元 55 才 56 洋 57 창자 장 58 대적할 적 59 방 방 60 지을 제 61 배 항 62 정할/찧을 정 63 맬 계 64 향기 향 65 도장 인 66 두 량 67 이을 련 68 인도할 도 69 쇠북 종 70 탈 연 71 가루 분 72 쏠 사 73 층 층 74 정성 성 75 비석/돌기둥 비 76 좇을 종

254

한자퍼즐

가로퍼즐

01 뿔이 있는 짐승에게는 날카로운 이가 없다는 뜻으로 한 사람이 모든 재주나 복을 다 가질 수 없음을 이르는 말. ○○○齒

02 약을 짓는 재료

03 맛있는 음식을 만드는 일

04 적대하는 마음. 敵○

05 학문에 뜻을 둠

06 문예 · 음악 · 미술 따위 등에서 연습으로 작품을 만듦

07 사람이나 물건이 지닌 좋은 인상

08 바탕이 흰 기

09 잘못된 일을 저지르거나 물의를 일으킨 바로 그 사람. 張○○

10 버스나 열차가 멈추어서 승객이나 화물을 싣고 내릴 수 있도록 정해진 곳

11 맨몸을 햇볕에 쬐는 일. ○○浴

12 어떤 장소에서 벌어진 광경

13 목표지점까지 완전히 달림

14 산에 오름

15 자기의 출신 학교

16 다음 시기. 次○

17 원래대로 회복함

18 학교에 들어가 학생이 됨

세로퍼즐

01 어진 사람에게는 적이 없음. ○○○敵

02 이를 닦는데 쓰는 약품. 齒○

03 물건을 만드는 감

04 생각. 뜻

05 배워서 익힘

06 만든 물건

07 자리나 처소

08 흰 종이의 낱장. ○○張도 맞들면 낫다

09 사람을 태우고 사람이 끄는 두개의 큰 바퀴가 달린 수레

10 목욕을 하는 곳. 浴○

11 (찾아가거나 찾아 온 사람을) 만나 봄

12 달리는 말 위에서 산천을 구경함. 이것저것을 천천히 살펴볼 틈 없이 바빠 서둘러 대강대강 보고 지나침

13 몸의 생식기능이 거의 완성되며 이성(異性)에 관심을 가지게 되는 젊은 시기

14 학교에 감

15 자식에 대한 어머니의 본능적인 사랑

16 어떤 일을 하거나 생각하거나 할 때의 처지, 또는 그 정도나 수준. 次○

17 학교를 떠나 있던 학생이 다시 그 학교에 다니게 됨

255

정답

	仁 (01)			日 (11)	光	浴 (10)		完 (13)	走 (12)
角 (01)	者	無 (02)	齒			場 (12)	面 (11)		馬
無		藥 (02)	材 (03)			會 (11)		看
敵 (04)	意 (04)	料 (03)	理			登 (14)	山
	志 (05)	學 (05)			母 (15)	校
白 (08)	旗		習 (06)	作 (06)		性	思 (13)
紙			品	位 (07)	愛	春
張 (09)	本	人 (09)		置 (07)		次 (16)	期
	力				復 (17)	元
	停 (10)	車	場		入 (18)	學

256

可(옳을 가)	↔ 否(아닐 부)	怒(성낼 노)	↔ 喜(기쁠 희)
加(더할 가)	↔ 減(덜 감)	多(많을 다)	↔ 少(적을 소)
假(거짓 가)	↔ 眞(참 진)	單(홑 단)	↔ 厚(두터울 후)
減(덜 감)	↔ 增(더할 증)	短(짧을 단)	↔ 長(길 장)
江(강 강)	↔ 山(산 산)	斷(끊을 단)	↔ 續(이을 속)
開(열 개)	↔ 閉(닫을 폐)	大(큰 대)	↔ 小(작을 소)
客(손 객)	↔ 主(주인 주)	東(동녘 동)	↔ 西(서녘 서)
去(갈 거)	↔ 來(올 래)	動(움직일 동)	↔ 止(멈출 지)
擊(칠 격)	↔ 放(막을 방)	落(떨어질 락)	↔ 當(마땅 당)
繼(이을 계)	↔ 斷(끊을 단)	勞(일할 로)	↔ 使(부릴 사)
苦(괴로울 고)	↔ 樂(즐거울 락)	老(늙을 로)	↔ 少(적을 소)
曲(굽을 곡)	↔ 直(곧을 직)	利(이로울 리)	↔ 害(해로울 해)
空(빌 공)	↔ 實(열매 실)	理(다스릴 리)	↔ 解(풀 해)
果(과실 과)	↔ 因(인할 인)	滿(가득찰 만)	↔ 虛(빌 허)
官(벼슬 관)	↔ 民(백성 민)	末(끝 말)	↔ 本(근본 본)
舊(예 구)	↔ 新(새로울 신)	亡(망할 망)	↔ 存(있을 존)
起(일어날 기)	↔ 寢(잠잘 침)	賣(팔 매)	↔ 買(살 매)
吉(길할 길)	↔ 凶(흉할 흉)	武(호반 무)	↔ 文(글월 문)
暖(따뜻할 난)	↔ 冷(찰 랭)	問(물을 문)	↔ 答(대답할 답)
南(남녘 남)	↔ 北(북녘 북)	班(나눌 반)	↔ 常(항상 상)
男(사내 남)	↔ 女(계집 녀)	方(모 방)	↔ 圓(둥글 원)
納(들일 납)	↔ 出(날 출)	防(막을 방)	↔ 攻(칠 공)

伏(엎드릴 복)	↔	起(일어날 기)	勝(이길 승)	↔	敗(패할 패)
複(겹칠 복)	↔	單(홑 단)	始(비로소 시)	↔	末(끝 말)
夫(지아비 부)	↔	婦(며느리 부)	是(옳을 시)	↔	否(아닐 부)
貧(가난할 빈)	↔	富(부자 부)	臣(신하 신)	↔	君(임금 군)
氷(얼음 빙)	↔	炭(숯 탄)	失(잃을 실)	↔	得(얻을 득)
私(사사로울 사)	↔	公(공변될 공)	心(마음 심)	↔	物(물건 물)
師(스승 사)	↔	弟(아우 제)	心(마음 심)	↔	身(몸 신)
散(흩을 산)	↔	集(모을 집)	惡(악할 악)	↔	善(착할 선)
山(메 산)	↔	海(바다 해)	暗(어두울 암)	↔	明(밝을 명)
賞(상줄 상)	↔	罰(죄 벌)	愛(사랑 애)	↔	惡(미워할 오)
生(날 생)	↔	死(죽을 사)	夜(밤 야)	↔	晝(낮 주)
石(돌 석)	↔	玉(구슬 옥)	野(들 야)	↔	朝(아침 조)
先(먼저 선)	↔	後(뒤 후)	弱(약할 약)	↔	強(강할 강)
成(이룰 성)	↔	敗(깨뜨릴 패)	陽(볕 양)	↔	陰(그늘 음)
小(작을 소)	↔	巨(클 거)	語(말씀 어)	↔	行(행실 행)
孫(손자 손)	↔	祖(할아비 조)	逆(거스를 역)	↔	順(순할 순)
送(보낼 송)	↔	迎(맞이할 영)	溫(따뜻할 온)	↔	冷(찰 랭)
收(거둘 수)	↔	支(지탱할지)	往(갈 왕)	↔	來(올 래)
授(줄 수)	↔	受(받을 수)	右(오른 우)	↔	左(왼 좌)
水(물 수)	↔	火(불 화)	遠(멀 원)	↔	近(가까울 근)
手(손 수)	↔	足(발 족)	怨(원망할 원)	↔	恩(은혜 은)
守(지킬 수)	↔	攻(칠 공)	危(위태할 위)	↔	安(편안 안)

有(있을 유)	↔	無(없을 무)	川(내 천)	↔	山(산 산)
隱(숨을 은)	↔	見(볼 견)	體(몸 체)	↔	心(마음 심)
義(옳을 의)	↔	否(아닐 부)	初(처음 초)	↔	終(마칠 종)
異(다를 이)	↔	同(같을 동)	秋(가을 추)	↔	春(봄 춘)
易(쉬울 이)	↔	難(어려울 난)	出(날 출)	↔	缺(이지러질 결)
益(더할 익)	↔	損(덜 손)	退(물러날 퇴)	↔	進(나아갈 진)
日(날 일)	↔	月(달 월)	豊(풍년 풍)	↔	凶(흉할 흉)
自(스스로 자)	↔	至(이를 지)	學(배울 학)	↔	敎(가르칠 교)
姉(손위누이 자)	↔	妹(손아랫누이 매)	恨(한 한)	↔	恩(은혜 은)
昨(어제 작)	↔	今(이제 금)	寒(찰 한)	↔	暖(따뜻할 난)
將(장수 장)	↔	兵(군사 병)	合(합할 합)	↔	離(떠날 리)
低(낮을 저)	↔	高(높을 고)	海(바다 해)	↔	陸(뭍 륙)
戰(싸움 전)	↔	和(화할 화)	鄕(시골 향)	↔	京(서울 경)
前(앞 전)	↔	後(뒤 후)	現(나타날 현)	↔	隱(숨을 은)
正(바를 정)	↔	誤(그릇할 오)	顯(나타날 현)	↔	隱(숨을 은)
靜(고요할 정)	↔	動(움직일 동)	兄(형 형)	↔	弟(아우 제)
朝(아침 조)	↔	夕(저녁 석)	惠(은혜 혜)	↔	怨(원망할 원)
存(있을 존)	↔	亡(망할 망)	好(좋을 호)	↔	惡(미워할 오)
終(마칠 종)	↔	初(처음 초)	呼(부를 호)	↔	吸(숨들이쉴 흡)
重(무거울 중)	↔	輕(가벼울 경)	活(살 활)	↔	死(죽을 사)
地(땅 지)	↔	天(하늘 천)	黑(검을 흑)	↔	白(흰 백)
着(붙을 착)	↔	發(필 발)	喜(기쁠 희)	↔	悲(슬플 비)

可決(가결)	↔	否決(부결)
假象(가상)	↔	實在(실재)
加熱(가열)	↔	冷却(냉각)
强國(강국)	↔	弱國(약국)
强者(강자)	↔	弱者(약자)
開講(개강)	↔	閉講(폐강)
開講(개강)	↔	終講(종강)
開國(개국)	↔	鎖國(쇄국)
拒絕(거절)	↔	承諾(승낙)
輕視(경시)	↔	重視(중시)
高潔(고결)	↔	低俗(저속)
高速(고속)	↔	低速(저속)
高溫(고온)	↔	低溫(저온)
求心(구심)	↔	遠心(원심)
口語(구어)	↔	文語(문어)
屈服(굴복)	↔	抵抗(저항)
權利(권리)	↔	義務(의무)
內包(내포)	↔	外延(외연)
短期(단기)	↔	長期(장기)
德談(덕담)	↔	惡談(악담)
對內(대내)	↔	對外(대외)
到着(도착)	↔	出發(출발)

同居(동거)	↔	別居(별거)
同性(동성)	↔	異性(이성)
同義(동의)	↔	異意(이의)
母法(모법)	↔	子法(자법)
物質(물질)	↔	精神(정신)
反對(반대)	↔	贊成(찬성)
部分(부분)	↔	全體(전체)
否認(부인)	↔	是認(시인)
分離(분리)	↔	統合(통합)
悲運(비운)	↔	幸運(행운)
散文(산문)	↔	韻文(운문)
相對(상대)	↔	絕對(절대)
常例(상례)	↔	特例(특례)
成功(성공)	↔	失敗(실패)
消燈(소등)	↔	點燈(점등)
少量(소량)	↔	大量(대량)
消費(소비)	↔	生産(생산)
守備(수비)	↔	攻擊(공격)
收入(수입)	↔	支出(지출)
順行(순행)	↔	逆行(역행)
勝利(승리)	↔	敗北(패배)
新式(신식)	↔	舊式(구식)

부록

實質(실질)	↔	形式(형식)	增額(증액)	↔	減額(감액)
暗黑(암흑)	↔	光明(광명)	直接(직접)	↔	間接(간접)
夜間(야간)	↔	晝間(주간)	進步(진보)	↔	退步(퇴보)
野黨(야당)	↔	與黨(여당)	眞實(진실)	↔	虛僞(허위)
遠境(원경)	↔	近境(근경)	創造(창조)	↔	模倣(모방)
原因(원인)	↔	結果(결과)	天國(천국)	↔	地獄(지옥)
利益(이익)	↔	損失(손실)	總則(총칙)	↔	各則(각칙)
優性(우성)	↔	劣性(열성)	充電(충전)	↔	放電(방전)
理想(이상)	↔	現實(현실)	就職(취직)	↔	失職(실직)
理性(이성)	↔	感情(감정)	就寢(취침)	↔	起寢(기침)
自然(자연)	↔	人爲(인위)	脫衣(탈의)	↔	着衣(착의)
長篇(장편)	↔	短篇(단편)	表面(표면)	↔	裏面(이면)
前進(전진)	↔	後退(후퇴)	豐年(풍년)	↔	凶年(흉년)
尊屬(존속)	↔	卑屬(비속)	下降(하강)	↔	上昇(상승)
座席(좌석)	↔	立席(입석)	寒流(한류)	↔	暖流(난류)
主體(주체)	↔	客體(객체)	話者(화자)	↔	聽者(청자)
增加(증가)	↔	減少(감소)	厚待(후대)	↔	薄待(박대)

假(거짓 가)	—	僞(거짓 위)	孤(외로울 고)	—	獨(홀로 독)
街(거리 가)	—	巷(거리 항)	庫(곳집 고)	—	倉(곳집 창)
價(값 가)	—	値(값 치)	攻(칠 공)	—	擊(부딪칠 격)
家(집 가)	—	屋(집 옥)	過(지날 과)	—	去(갈 거)
家(집 가)	—	宅(집 택)	過(지날 과)	—	失(잃을 실)
歌(노래 가)	—	謠(노래 요)	果(과실 과)	—	實(열매 실)
可(옳을 가)	—	是(옳을 시)	敎(가르칠 교)	—	訓(가르칠 훈)
可(옳을 가)	—	義(옳을 의)	具(갖출 구)	—	備(갖출 비)
刻(새길 각)	—	彫(새길 조)	群(무리 군)	—	徒(무리 도)
感(느낄 감)	—	想(생각할 상)	群(무리 군)	—	衆(무리 중)
監(볼 감)	—	視(볼 시)	屈(굽힐 굴)	—	服(복종할 복)
去(갈 거)	—	往(갈 왕)	屈(굽힐 굴)	—	伏(엎드릴 복)
居(살 거)	—	住(살 주)	根(뿌리 근)	—	本(근본 본)
巨(클 거)	—	大(큰 대)	急(급할 급)	—	速(빠를 속)
健(군셀 건)	—	康(편안할 강)	技(재주 기)	—	術(꾀 술)
堅(군을 견)	—	固(군을 고)	技(재주 기)	—	藝(재주 예)
堅(군을 견)	—	確(군을 확)	年(해 년)	—	歲(해 세)
境(지경 경)	—	界(경계 계)	斷(끊을 단)	—	絶(끊을 절)
計(셀 계)	—	算(계산 산)	談(말씀 담)	—	話(말할 화)
階(섬돌 계)	—	段(구분 단)	道(길 도)	—	途(길 도)
繼(이을 계)	—	續(이을 속)	道(길 도)	—	路(길 로)
繼(이을 계)	—	承(받들 승)	圖(그림 도)	—	畫(그림 화)

逃(도망할 도)	—	亡(망할 망)	分(나눌 분)	—	割(나눌 할)
逃(도망할 도)	—	避(피할 피)	批(비평할 비)	—	評(품평 평)
盜(도둑 도)	—	賊(도둑 적)	比(견줄 비)	—	較(견줄 교)
頭(머리 두)	—	首(머리 수)	悲(슬플 비)	—	哀(슬플 애)
連(잇닿을 련)	—	絡(이을 락)	貧(가난할 빈)	—	窮(다할 궁)
律(법칙 률)	—	法(법 법)	思(생각 사)	—	念(생각 념)
末(끝 말)	—	端(끝 단)	思(생각 사)	—	考(헤아릴 고)
末(끝 말)	—	尾(꼬리 미)	思(생각 사)	—	慮(생각할 려)
模(본뜰 모)	—	倣(본받을 방)	思(생각 사)	—	想(생각 상)
毛(털 모)	—	髮(터럭 발)	寺(절 사)	—	佛(부처 불)
模(법 모)	—	範(법 범)	士(선비 사)	—	兵(군사 병)
文(글월 문)	—	章(글월 장)	辭(말씀 사)	—	說(말씀 설)
配(짝 배)	—	偶(짝 우)	相(서로 상)	—	互(서로 호)
配(짝 배)	—	匹(짝 필)	常(항상 상)	—	恒(항상 항)
法(법 법)	—	式(법 식)	象(모양 상)	—	形(모양 형)
變(변할 변)	—	化(될 화)	生(날 생)	—	活(살 활)
兵(군사 병)	—	卒(마칠 졸)	選(가릴 선)	—	別(다를 별)
保(지킬 보)	—	守(지킬 수)	選(가릴 선)	—	擇(가릴 택)
奉(받들 봉)	—	獻(바칠 헌)	素(본디/흴 소)	—	朴(순박할 박)
負(질 부)	—	敗(패할 패)	收(거둘 수)	—	穫(벼벨 확)
副(버금 부)	—	次(버금 차)	樹(나무 수)	—	林(수풀 림)
婦(며느리 부)	—	妻(아내 처)	樹(나무 수)	—	木(나무 목)

純(순수할 순)	潔(깨끗할 결)	恩(은혜 은)	惠(은혜 혜)
宿(잘 숙)	泊(머무를 박)	音(소리 음)	聲(소리 성)
崇(높을 숭)	高(높을 고)	意(뜻 의)	志(뜻 지)
試(시험 시)	驗(시험 험)	意(뜻 의)	趣(뜻 취)
施(베풀 시)	設(베풀 설)	議(의논할 의)	論(의논할 론)
心(마음 심)	情(뜻 정)	認(알 인)	識(알 식)
兒(아이 아)	童(아이 동)	引(끌 인)	牽(끌 견)
眼(눈 안)	目(눈 목)	引(끌 인)	導(이끌 도)
養(기를 양)	育(기를 육)	姿(모양 자)	態(모양 태)
言(말씀 언)	語(말씀 어)	殘(남을 잔)	餘(남을 여)
研(갈 연)	究(연구할 구)	將(장수 장)	帥(장수 수)
研(갈 연)	磨(갈 마)	財(재물 재)	貨(재물 화)
燃(사를 연)	燒(사를 소)	貯(쌓을 저)	積(쌓을 적)
永(길 영)	遠(멀 원)	貯(쌓을 저)	蓄(쌓을 축)
英(꽃부리 영)	特(특별할 특)	前(앞 전)	先(먼저 선)
溫(따뜻할 온)	暖(따뜻할 난)	正(바를 정)	直(곧을 직)
怨(원망할 원)	恨(한할 한)	政(정사 정)	治(다스릴 치)
源(근원 원)	原(근원 원)	精(정할 정)	誠(정성 성)
願(원할 원)	望(바랄 망)	停(머무를 정)	留(머무를 류)
願(원할 원)	希(바랄 희)	停(머무를 정)	止(그칠 지)
委(맡길 위)	任(맡길 임)	整(가지런할 정)	齊(가지런할 제)
偉(클 위)	大(큰 대)	造(지을 조)	作(지을 작)

부록

265

造(지을 조)	－	製(지을 제)	聽(들을 청)	－	聞(들을 문)
朝(아침 조)	－	旦(아침 단)	體(몸 체)	－	身(몸 신)
調(고를 조)	－	和(화목할 화)	體(몸 체)	－	肉(고기 육)
存(있을 존)	－	在(있을 재)	層(층 층)	－	階(섬돌 계)
尊(높을 존)	－	重(무거울 중)	探(찾을 탐)	－	索(찾을 색)
終(마칠 종)	－	結(맺을 결)	土(흙 토)	－	地(땅 지)
終(마칠 종)	－	了(마칠 료)	討(칠 토)	－	伐(칠 벌)
終(마칠 종)	－	末(끝 말)	退(물러날 퇴)	－	去(갈 거)
朱(붉을 주)	－	紅(붉을 홍)	鬪(싸움 투)	－	爭(다툴 쟁)
中(가운데 중)	－	央(가운데 앙)	波(물결 파)	－	浪(물결 랑)
增(더할 증)	－	加(더할 가)	河(물 하)	－	川(내 천)
增(더할 증)	－	益(더할 익)	河(물 하)	－	海(바다 해)
知(알 지)	－	識(알 식)	寒(찰 한)	－	冷(찰 랭)
織(짤 직)	－	組(짤 조)	幸(다행 행)	－	福(복 복)
陣(진칠 진)	－	陳(늘어놓을 진)	虛(빌 허)	－	空(빌 공)
進(나아갈 진)	－	就(이룰 취)	婚(혼인할 혼)	－	姻(혼인 인)
集(모일 집)	－	會(모일 회)	和(화할 화)	－	睦(화목할 목)
差(다를 차)	－	異(다를 이)	和(화할 화)	－	調(화합할 조)
讚(기릴 찬)	－	頌(기릴 송)	和(화할 화)	－	協(화할 협)
參(참여할 참)	－	與(더불 여)	歡(기쁠 환)	－	喜(기쁠 희)
淸(맑을 청)	－	潔(깨끗할 결)	休(쉴 휴)	－	息(쉴 식)
淸(맑을 청)	－	淨(깨끗할 정)	希(바랄 희)	－	望(바랄 망)

假	거짓 가	仮	勸	권할 권	劝
價	값 가	価	權	권세 권	权
覺	깨달을 각	覚	歸	돌아갈 귀	帰
監	볼 감	監	氣	기운 기	気
據	의거할 거	拠	單	홑 단	単
擧	들 거	挙	團	둥글 단	団
儉	검소할 검	倹	斷	끊을 단	断
檢	검사할 검	検	擔	멜 담	担
堅	굳을 견	堅	當	마땅 당	当
缺	이지러질 결	欠	黨	무리 당	党
徑	지름길 / 길 경	径	對	대할 대	対
經	날 / 글 경	経	圖	그림 도	図
輕	가벼울 경	軽	獨	홀로 독	独
繼	이을 계	継	讀	읽을 독, 구절 두	読
觀	볼 관	覌	燈	등 등	灯
關	관계할 / 빗장 관	関	樂	즐길 락, 노래 악, 좋을 요	楽
廣	넓을 광	広	亂	어지러울 란	乱
鑛	쇳돌 광	鉱	覽	볼 람	覧
壞	무너질 괴	壊	來	올 래	来
區	구분할 / 지경 구	区	兩	두 량	両
舊	예 구	旧	麗	고울 려	麗
國	나라 국	国	禮	예도 례	礼

勞	일할 로	労	數	셈 수, 자주 삭	数
龍	용 룡(용)	竜	肅	엄숙할 숙	肃
離	떠날 리	雉	實	열매 실	実
滿	찰(가득찰) 만	満	兒	아이 아	児
萬	일만 만	万	惡	악할 악, 미워할 오	悪
賣	팔 매	売	壓	누를 압	圧
脈	줄기 맥	脉	藥	약 약	薬
發	필 발	発	與	더불/줄 여	与
變	변할 변	変	研	갈 연	研
邊	가 변	辺	榮	영화 영	栄
寶	보배 보	宝	營	경영할 영	営
佛	부처 불	仏	藝	재주 예	誉
寫	베낄 사	写	豫	미리 예	予
師	스승 사	师	員	인원/관원 원	負
絲	실 사	糸	僞	거짓 위	偽
辭	말씀 사	辞	圍	에워쌀 위	囲
狀	형상 상, 문서 장	状	爲	하다/할 위	為
聲	소리 성	声	隱	숨을 은	隠
世	인간 세	甞	應	응할 응	応
屬	붙일 / 무리 속	属	醫	의원 의	医
續	이을 속	続	殘	남을 잔	残
收	거둘 수	収	雜	섞일 잡	雑

壯	장할 장	壮	鐵	쇠 철	鉄
將	장수 장	将	廳	관청 청	庁
裝	꾸밀 장	装	聽	들을 청	聴
獎	장려할 장	奨	體	몸 체	体
爭	다툴 쟁	争	總	다 총	総
傳	전할 전	伝	蟲	벌레 충	虫
戰	싸움 전	战	醉	취할 취	酔
轉	구를 전	転	齒	이 치	歯
錢	돈 전	銭	稱	일컬을 칭	称
點	점 점	点	墮	떨어질 타	堕
定	정할 정	㝎	彈	탄알 탄	弾
濟	건널 제	済	擇	가릴 택	択
條	가지 조	条	學	배울 학	学
卒	마칠 졸	卆	解	풀 해	解
從	좇을 종	从	虛	빌 허	虚
晝	낮 주	昼	獻	드릴 헌	献
證	증거 증	証	險	험할 험	険
珍	보배 진	珎	驗	시험할 험	験
盡	다할 진	尽	賢	어질 현	賢
質	바탕 질	質	顯	나타날 현	顕
參	참여할 참, 석 삼	参	號	이름 호	号
處	곳 처	処			

降	내릴 강 항복할 항	降等(강등) 降服(항복)	降臨(강림) 降意(항의)	下降(하강)	降雨量(강우량)	
更	고칠 경 다시 갱	更生(갱생) 更張(경장)	變更(변경) 更正(경정)	更迭(경질)		
見	볼 견 나타날 현	見聞(견문) 謁見(알현)	見本(견본) 見齒(현치)	見習(견습)	見學(견학)	見解(견해)
內	안 내 내시 나	內陸(내륙) 內人(나인)	內幕(내막)	內面(내면)		
度	법도 도 헤아릴 탁	高度(고도) 度地(탁지)	度量(도량) 忖度(촌탁)	度數(도수)	密度(밀도)	年度(연도)
讀	읽을 독 구절 두	購讀(구독) 吏讀(이두)	多讀(다독) 句讀點(구두점)	讀書(독서)	讀者(독자)	速讀(속독)
洞	골 동 꿰뚫을 통	洞口(동구) 洞察(통찰)	洞內(동내) 洞徹(통철)	洞房華燭(동방화촉)		
復	회복할 복 다시 부	復舊(복구) 復活(부활)	復權(복권) 復興(부흥)	復元(복원)		
否	아닐 부 막힐 비	拒否(거부) 否運(비운)	否認(부인)	否定(부정)		
北	북녘 북 패할 배	北方(북방) 敗北(패배)	北伐(북벌)	北魚(북어)	北進(북진)	北韓(북한)
參	참여할 참 석 삼	參見(참견) 參拾(삼십)	參考(참고)	參拜(참배)	參與(참여)	參酌(참작)
殺	죽일 살 감할 쇄	沒殺(몰살) 減殺(감쇄)	殺生(살생) 相殺(상쇄)	被殺(피살) 殺到(쇄도)		
狀	형상 상 문서 장	狀態(상태) 賞狀(상장)	狀況(상황) 狀請(장청)	症狀(증상) 年賀狀(연하장)		
省	살필 성 덜 생	反省(반성) 省略(생략)	省墓(성묘) 省力(생력)	省察(성찰)	昏定晨省(혼정신성)	

說	말씀 설 달랠 세	說得(설득) 遊說(유세)	說明(설명)	說話(설화)	解說(해설)	
宿	잘 숙 별자리 수	宿泊(숙박) 星宿(성수)	宿望(숙망)	宿命(숙명)	寄宿舍(기숙사)	
屬	붙일/무리 속 맡길 촉	屬國(속국) 屬望(촉망)	屬性(속성) 屬意(촉의)	尊屬(존속)	從屬(종속)	
識	알 식 기록할 지	識見(식견) 標識(표지)	識別(식별)	知識(지식)	目不識丁(목불식정)	
樂	즐길 락 노래 악 좋을 요	苦樂(고락) 樂譜(악보) 樂山樂水(요산요수)	樂園(낙원) 樂想(악상)	快樂(쾌락) 音樂(음악)	喜怒哀樂(희로애락) .	
惡	악할 악 미워할 오	惡名(악명) 憎惡(증오)	惡役(악역) 羞惡之心(수오지심)	惡緣(악연)	惡臭(악취)	勸善懲惡(권선징악)
易	바꿀 역 쉬울 이	交易(교역) 簡易(간이)	貿易(무역) 難易(난이)	易經(역경) 安易(안이)	易地思之(역지사지) 容易(용이)	
切	끊을 절 온통 체	懇切(간절) 一切(일체)	切實(절실)	切斷(절단)		
推	밀/옮길 추 밀 퇴	推薦(추천) 推敲(퇴고)	推測(추측) 推戶(퇴호)			
宅	집 택 집 댁	家宅(가택) 宅內(댁내)	自宅(자택) 宅待令(댁대령)	住宅(주택)	宅心(택심)	宅地(택지)
便	편할 편 똥오줌 변	便利(편리) 便秘(변비)	便乘(편승) 便所(변소)	便安(편안) 用便(용변)	便宜(편의)	
暴	사나울 폭 모질 포	暴君(폭군) 暴棄(포기)	暴力(폭력) 暴慢(포만)	暴發(폭발) 暴惡(포악)	暴風(폭풍) 自暴自棄(자포자기)	暴行(폭행)
行	다닐 행 항렬 항	刊行(간행) 行列(항렬)	旅行(여행)	流行(유행)	施行(시행)	行動(행동)
畫	그림 화 그을 획	畫家(화가) 畫力(획력)	畫壇(화단) 畫順(획순)	畫報(화보) 畫引(획인)	畫龍點睛(화룡점정)	

佳 아름다울 가(佳人)

住 살 주(住宅)

往 갈 왕(往來)

刻 새길 각(彫刻)

核 씨 핵(核心)

干 방패 간(干城)

于 어조사 우(于先)

鬼 귀신 귀(鬼神)

蒐 모을 수(蒐集)

減 덜 감(減少)

滅 멸망할 멸(滅亡)

甲 첫째천간 갑(甲乙)

申 펼 신(申告)

由 말미암을 유(理由)

件 물건 건(要件)

伴 짝 반(同伴)

儉 검소할 검(儉素)

險 험할 험(險難)

檢 검사할 검(點檢)

季 계절 계(季節)

李 오얏/성(姓) 리(行李)

秀 빼어날 수(優秀)

建 세울 건(建築)

健 건강할 건(健康)

犬 개 견(猛犬)

大 큰 대(大將)

丈 어른 장(方丈)

太 클 태(太極)

決 결단할 결(決定)

快 쾌할 쾌(豪快)

競 다툴 경(競爭)

兢 삼갈 긍(兢戒)

更 고칠 경(變更)

吏 벼슬 리(吏房)

計 셈할 계(計算)

訃 부음 부(訃音)

戒 경계할 계(警戒)

戎 병기 융(戎車)

苦 괴로울 고(苦難)

若 만약 약(萬若)

孤 외로울 고(孤獨)

狐 여우 호(白狐)

科 과정 과(科目)

料 헤아릴 료(料量)

困 곤할 곤(疲困)

囚 가둘 수(囚人)

因 인할 인(因緣)

勸 권할 권(勸善)

權 권세 권(權利)

貴 귀할 귀(富貴)

責 꾸짖을 책(責望)

己 몸 기(自己)

已 이미 이(已往)

瓜 오이 과(木瓜)

爪 손톱 조(爪牙)

納 들일 납(納入)

紛 어지러울 분(紛爭)

奴 종 노(奴隷)

如 같을 여(如一)

短 짧을 단(短劍)

矩 법 구(矩步)

端 단정할 단(端正)

瑞 상서로울 서(瑞光)

旦 일찍 단(元旦)

且 또 차(且置)

代 대신할 대(代用)

伐 칠 벌(討伐)	鳴 울 명(悲鳴)	使 부릴 사(使用)
待 기다릴 대(期待)	嗚 탄식할 오(嗚咽)	便 편할 편(簡便)
侍 모실 시(侍女)	母 어미 모(母情)	師 스승 사(恩師)
貸 빌릴 대(轉貸)	毋 말 무(毋論)	帥 장수 수(將帥)
賃 품삯 임(賃金)	迫 핍박할 박(逼迫)	思 생각할 사(思想)
徒 걸어다닐 도(徒步)	追 쫓을 추(追憶)	惠 은혜 혜(恩惠)
徙 옮길 사(移徙)	飯 밥 반(白飯)	捨 버릴 사(取捨)
卵 알 란(鷄卵)	飮 마실 음(飮料)	拾 주을 습(拾得)
卯 토끼 묘(卯時)	番 차례 번(番號)	社 모일 사(會社)
輪 바퀴 륜(輪廻)	審 살필 심(審査)	祀 제사 사(祭祀)
輸 실어낼 수(輸出)	罰 벌줄 벌(罰金)	査 조사할 사(調査)
理 다스릴 리(倫理)	罪 죄 죄(犯罪)	杳 아득할 묘(杳然)
埋 묻을 매(埋葬)	普 넓을 보(普通)	雪 눈 설(殘雪)
栗 밤 률(栗木)	晉 나라 진(晋州)	雲 구름 운(雲霧)
粟 조 속(粟豆)	貧 가난할 빈(貧弱)	涉 건널 섭(干涉)
末 끝 말(末路)	貪 탐할 탐(貪慾)	陟 오를 척(三陟)
未 아닐 미(未來)	氷 얼음 빙(解氷)	損 덜 손(缺損)
眠 쉴 면(睡眠)	永 길 영(永久)	捐 기부 연(義捐金)
眼 눈 안(眼目)	士 선비 사(紳士)	送 보낼 송(放送)
戊 다섯째천간 무(戊時)	土 흙 토(土地)	迭 바꿀 질(更迭)
戍 수자리 수(戍樓)	仕 벼슬 사(奉仕)	恕 용서할 서(容恕)
戌 개 술(甲戌年)	任 맡길 임(任務)	怒 성낼 노(怒氣)

273

析 쪼갤 석(分析)

折 꺾을 절(折枝)

晳 밝을 석(明晳)

哲 밝을 철(哲學)

惜 아낄 석(惜別)

借 빌 차(借用)

宣 베풀 선(宣傳)

宜 마땅할 의(便宜)

書 글 서(書房)

晝 낮 주(晝夜)

畵 그림 화(畵家)

衰 쇠할 쇠(衰退)

衷 속마음 충(衷心)

哀 슬플 애(哀惜)

表 드러날 표(表現)

塞 변방 새(要塞)

寒 찰 한(寒食)

撒 뿌릴 살(撒布)

徹 관철할 철(貫徹)

識 알 식(識見)

織 짤 직(織物)

職 맡을 직(職位)

授 줄 수(授受)

援 구원할 원(救援)

遂 이룩할 수(完遂)

逐 쫓을 축(驅逐)

膝 무릎 슬(膝下)

勝 이길 승(勝利)

騰 오를 등(騰落)

須 반드시 수(必須)

順 순할 순(順從)

失 잃을 실(失敗)

矢 화살 시(嚆矢)

夭 일찍죽을 요(夭折)

深 깊을 심(夜深)

探 더듬을 탐(探究)

沿 좇을 연(沿革)

治 다스릴 치(政治)

緣 인연 연(因緣)

綠 푸를 록(草綠)

營 경영할 영(經營)

螢 반딧불 형(螢光)

汚 더러울 오(汚染)

汗 땀 한(汗蒸)

仰 우러를 앙(信仰)

抑 누를 억(抑制)

厄 재앙 액(厄運)

危 위태할 위(危險)

冶 쇠불릴 야(陶冶)

治 다스릴 치(政治)

與 줄 여(授與)

興 일어날 흥(興亡)

瓦 기와 와(瓦解)

互 서로 호(相互)

宇 집 우(宇宙)

字 글자 자(文字)

熊 곰 웅(熊膽)

態 태도 태(世態)

園 동산 원(庭園)

圍 주위 위(周圍)

威 위엄 위(威力)

咸 다 함(咸集)

遺 남길 유(遺物)

遣 보낼 견(派遣)

幼 어릴 유(幼年)

幻 허깨비 환(幻想)

剩 남을 잉(剩餘)	兆 조짐 조(前兆)	側 곁 측(側近)
乘 탈 승(乘車)	北 북녘 북(北極)	測 헤아릴 측(測量)
玉 구슬 옥(珠玉)	早 일찍 조(早起)	坦 평평할 탄(平坦)
王 임금 왕(帝王)	旱 가물 한(旱害)	但 다만 단(但只)
壬 북방 임(壬辰)	照 비출 조(照明)	湯 끓일 탕(湯藥)
暫 잠시 잠(暫時)	熙 빛날 희(熙笑)	渴 목마를 갈(渴症)
漸 점점 점(漸次)	潮 조수 조(潮流)	弊 폐단 폐(弊端)
慚 부끄러울 참(無慚)	湖 호수 호(湖畔)	幣 비단 폐(幣帛)
亭 정자 정(亭子)	措 둘 조(措處)	蔽 가릴 폐(隱蔽)
享 누릴 향(享樂)	借 빌 차(借款)	爆 터질 폭(爆發)
亨 형통할 형(亨通)	尊 높을 존(尊敬)	瀑 폭포 폭(瀑布)
子 아들 자(子孫)	奠 드릴 전(釋奠)	恨 한탄할 한(怨恨)
孑 외로울 혈(孑孑)	捉 잡을 착(捕捉)	限 한정할 한(限界)
杖 지팡이 장(短杖)	促 재촉할 촉(督促)	肛 똥구멍 항(肛門)
枚 낱 매(枚擧)	責 꾸짖을 책(責望)	肝 간 간(肝腸)
睛 눈동자 정(眼睛)	靑 푸를 청(靑史)	幸 다행할 행(幸福)
晴 갤 청(晴天)	悤 바쁠 총(悤悤)	辛 매울 신(辛辣)
帝 임금 제(帝王)	忽 소홀히할 홀(疏忽)	會 모을 회(會談)
常 항상 상(常識)	蓄 쌓을 축(貯蓄)	曾 일찍 증(曾祖)
護 보호할 호(保護)	畜 짐승 축(家畜)	吸 마실 흡(呼吸)
穫 거둘 확(收穫)	充 가득할 충(充滿)	吹 불 취(鼓吹)
獲 얻을 획(獲得)	允 허락할 윤(允許)	次 버금 차(次席)

275

交 사귈 교 46
橋 다리 교 153
九 아홉 구 209
口 입 구 34
球 공/옥경 구 154
區 구분할/지경 구 209
舊 예 구 154
具 갖출 구 153
救 구원할 구 90
求 구할 구 154
究 연구할/궁구할 구 154
句 글귀 구 209
構 얽을 구 90
國 나라 국 21
局 판 국 154
軍 군사 군 154
郡 고을 군 154
君 임금 군 154
群 무리 군 90
屈 굽힐 굴 158
宮 집 궁 209
窮 다할/궁할 궁 158
權 권세 권 209
勸 권할 권 50
卷 책 권 209
券 문서 권 90
貴 귀할 귀 90
歸 돌아갈 귀 21
規 법 규 90
均 고를 균 209
極 극진할/다할 극 94
劇 심할 극 94
根 뿌리 근 158
近 가까울 근 158
筋 힘줄 근 158
勤 부지런할 근 21
金 쇠 금, 성 김 245

今 이제 금 94
禁 금할 금 94
急 급할 급 209
級 등급 급 209
給 줄 급 158
氣 기운 기 94
記 기록할 기 50
旗 기 기 210
己 몸 기 75
基 터 기 158
技 재주 기 21
汽 물끓는김 기 210
期 기약할 기 94
器 그릇 기 158
起 일어날 기 158
奇 기특할/기이할 기 210
機 틀 기 50
紀 벼리 기 158
寄 부칠 기 158
吉 길할 길 94

暖 따뜻할 난 94
難 어려울 난 50
南 남녘 남 159
男 사내 남 50
納 들일 납 50
內 안 내, 내시 나 159
女 계집 녀 74
年 해 년 21
念 생각 념 94
努 힘쓸 노 159
怒 성낼 노 159
農 농사 농 94
能 능할 능 159

多 많을 다 50
短 짧을 단 50
團 둥글 단 94
壇 단 단 210
斷 끊을 단 95
端 끝/바를 단 50
單 홑 단 159
檀 박달나무 단 159
段 층계 단 159
達 통달할 달 95
談 말씀 담 21
擔 멜 담 50
答 대답 답 210
堂 집 당 210
當 마땅 당 95
黨 무리 당 159
大 큰 대 74
代 대신 대 95
對 대할 대 159
待 기다릴 대 21
隊 무리 대 159
帶 띠 대 95
德 큰/덕 덕 50
道 길/말할 도 51
圖 그림 도 95
度 법도 도, 헤아릴 탁 95
到 이를 도 95
島 섬 도 95
都 도읍 도 95
導 인도할 도 210
徒 무리 도 51
逃 도망할 도 95
盜 도둑 도 51
讀 읽을 독, 구절 두 21
獨 홀로 독 96

277

密 빽빽할 밀 52

ㅂ

朴 성/순박할 박 165

博 넓을 박 165

拍 칠 박 101

反 돌아올/돌이킬 반 216

半 반 반 216

班 나눌 반 216

發 필 발 52

髮 터럭 발 52

方 모 방 75

放 놓을 방 101

房 방 방 216

防 막을 방 52

訪 찾을 방 101

妨 방해할 방 165

倍 곱 배 165

配 나눌/짝 배 216

背 등 배 216

拜 절 배 165

白 흰 백 137

百 일백 백 165

番 차례 번 216

罰 벌할/죄 벌 56

伐 칠 벌 165

範 법 범 56

犯 범할 범 166

法 법 법 56

壁 벽 벽 166

變 변할 변 56

邊 가 변 166

辯 말씀 변 101

別 다를/나눌 별 101

病 병 병 166

兵 병사 병 166

報 갚을/알릴 보 166

寶 보배 보 101

保 지킬 보 101

步 걸음 보 56

普 넓을 보 101

服 옷 복 26

福 복 복 101

伏 엎드릴 복 56

複 겹칠 복 220

復 회복할 복, 다시 부 220

本 근본 본 101

奉 받들 봉 26

父 아비 부 137

夫 지아비 부 166

部 떼 부 166

婦 며느리 부 170

富 부자 부 102

副 버금 부 220

府 마을/관청 부 220

否 아닐 부, 막힐 비 102

負 질 부 56

北 북녘 북, 패할 배 102

分 나눌 분 56

憤 분할 분 56

粉 가루 분 220

不 아닐 불(부) 56

佛 부처 불 220

比 견줄 비 76

鼻 코 비 250

費 쓸 비 56

備 갖출 비 26

悲 슬플 비 102

非 아닐 비 245

飛 날 비 246

祕 숨길 비 57

批 비평할 비 170

碑 비석/돌기둥 비 220

貧 가난할 빈 102

氷 얼음 빙 170

ㅅ

四 넉 사 170

事 일 사 26

社 모일 사 102

使 하여금/부릴 사 170

死 죽을 사 26

仕 섬길/벼슬 사 57

士 선비 사 74

史 사기/역사 사 106

思 생각 사 26

寫 베낄 사 102

査 조사할/사실할 사 102

謝 사례할 사 106

師 스승 사 170

舍 집 사 170

寺 절 사 106

辭 말씀 사 26

絲 실 사 138

私 사사로울 사 57

射 쏠 사 220

山 메 산 75

算 셈 산 170

産 낳을 산 57

散 흩을 산 57

殺 죽일 살, 감할 쇄 106

三 석 삼 220

上 윗 상 57

相 서로 상 106

商 장사 상 106

賞 상줄 상 57

狀 형상 상, 문서 장 106

床 상 상 220

常 떳떳할/항상 상 106

眼 눈 안 112
暗 어두울 암 112
壓 누를/억누를 압 62
愛 사랑 애 222
液 진 액 176
額 이마 액 112
野 들 야 222
夜 밤 야 112
弱 약할 약 62
藥 약 약 226
約 맺을 약 62
洋 큰바다 양 226
陽 볕 양 176
養 기를 양 62
羊 양 양 138
樣 모양 양 176
語 말씀 어 27
魚 고기/물고기 어 250
漁 고기잡을 어 112
億 억 억 226
言 말씀 언 244
嚴 엄할 엄 62
業 업 업 62
餘 남을 여 112
如 같을 여 226
與 더불/줄 여 176
逆 거스를 역 112
易 바꿀 역, 쉬울 이 226
域 지경 역 176
然 그러할 연 176
煙 연기 연 113
演 펼 연 62
硏 갈 연 176
延 늘일 연 226
緣 인연 연 112
鉛 납 연 176
燃 탈 연 226

熱 더울 열 226
葉 잎 엽 62
英 꽃부리 영 226
永 길 영 177
榮 영화 영 226
營 경영할 영 113
迎 맞을 영 177
映 비칠 영 177
藝 재주 예 177
豫 미리 예 63
五 다섯 오 177
午 낮 오 177
誤 그르칠 오 177
屋 집 옥 113
玉 구슬 옥 137
溫 따뜻할 온 113
完 완전할 완 177
王 임금 왕 226
往 갈 왕 113
外 바깥 외 177
要 요긴할 요 177
曜 빛날 요 113
謠 노래 요 113
浴 목욕할 욕 227
勇 날랠 용 177
用 쓸 용 137
容 얼굴 용 178
右 오를/오른 우 227
雨 비 우 245
友 벗 우 63
牛 소 우 137
遇 만날 우 178
優 넉넉할 우 63
郵 우편 우 113
運 옮길 운 227
雲 구름 운 227
雄 수컷 웅 178

園 동산 원 178
遠 멀 원 178
元 으뜸 원 227
願 원할 원 113
原 언덕 원 113
院 집 원 178
員 인원 원 113
圓 둥글 원 227
怨 원망할 원 227
援 도울 원 114
源 근원 원 114
月 달 월 76
偉 클 위 63
位 자리 위 227
爲 할 위 178
衛 지킬 위 227
圍 에워쌀 위 178
危 위태할 위 63
威 위엄 위 114
委 맡길 위 182
慰 위로할 위 63
有 있을 유 27
由 말미암을 유 182
油 기름 유 182
遺 남길 유 63
乳 젖 유 227
遊 놀 유 63
儒 선비 유 114
育 기를 육 182
肉 고기 육 195
銀 은 은 227
恩 은혜 은 63
隱 숨을 은 63
音 소리 음 246
飮 마실 음 114
陰 그늘 음 182
邑 고을 읍 245

281

調 고를 조 28
操 잡을 조 124
助 도울 조 184
鳥 새 조 250
造 지을 조 68
무 이를 조 184
條 가지 조 124
組 짤 조 124
潮 조수 조 184
足 발 족 245
族 겨레 족 124
尊 높을 존 188
存 있을 존 124
卒 마칠 졸 232
種 씨 종 124
終 마칠 종 32
宗 마루 종 188
從 좇을 종 233
鍾 쇠북 종 233
左 왼 좌 233
座 자리 좌 233
罪 허물 죄 233
主 임금/주인 주 68
住 살 주 68
注 부을 주 233
晝 낮 주 124
週 주일 주 188
州 고을 주 233
走 달릴 주 244
周 두루 주 125
朱 붉을 주 233
酒 술 주 188
竹 대 죽 138
準 준할 준 125
中 가운데 중 125
重 무거울 중 32
衆 무리 중 68

增 더할 증 125
證 증거 증 125
紙 종이 지 233
地 땅 지 32
知 알 지 32
止 그칠 지 76
至 이를 지 196
志 뜻 지 233
支 지탱할 지 75
指 가리킬 지 125
誌 기록할 지 188
持 가질 지 233
智 지혜/슬기 지 188
直 곧을 직 32
職 직분 직 32
織 짤 직 125
進 나아갈 진 125
眞 참 진 125
盡 다할 진 32
珍 보배 진 188
陣 진칠 진 188
質 바탕 질 68
集 모을 집 234

次 버금 차 234
差 다를 차, 어긋날 치 125
着 붙을 착 32
讚 기릴 찬 125
察 살필 찰 126
參 참여할 참, 석 삼 234
窓 창 창 234
唱 부를 창 68
創 비롯할 창 126
採 캘 채 188
責 꾸짖을 책 126

册 책 책 234
處 곳 처 126
川 내 천 234
千 일천 천 234
天 하늘 천 32
泉 샘 천 126
鐵 쇠 철 188
靑 푸를 청 245
淸 맑을 청 32
請 청할 청 68
聽 들을 청 32
廳 관청 청 234
體 몸 체 68
草 풀 초 188
初 처음 초 126
招 부를 초 33
寸 마디 촌 74
村 마을 촌 238
銃 총 총 238
總 다 총 189
最 가장 최 69
秋 가을 추 238
推 밀 추, 밀 퇴 126
祝 빌 축 238
築 쌓을 축 69
蓄 모을 축 69
縮 줄일 축 69
春 봄 춘 238
出 날 출 189
充 채울 충 126
蟲 벌레 충 189
忠 충성 충 238
取 가질 취 238
趣 뜻 취 130
就 나아갈 취 130
測 헤아릴/잴 측 130
層 층 층 238

283

號 이름 호 195
湖 호수 호 132
呼 부를 호 240
護 도울 호 33
好 좋을 호 136
戶 집/지게 호 75
或 혹 혹 240
混 섞을 혼 136
婚 혼인할 혼 195
紅 붉을 홍 240
火 불 화 136
話 말씀 화 33
花 꽃 화 195
和 화할 화 136

畫 그림 화, 그을 획 244
化 될 화 136
貨 재화/재물 화 244
華 빛날 화 136
確 굳을 확 136
患 근심 환 70
環 고리 환 33
歡 기쁠 환 136
活 살 활 70
黃 누를 황 250
況 상황/하물며 황 195
會 모일 회 33
回 돌아올 회 244
灰 재 회 244

孝 효도 효 244
效 본받을 효 70
後 뒤 후 70
候 기후 후 195
厚 두터울 후 136
訓 가르칠 훈 244
揮 휘두를 휘 74
休 쉴 휴 74
凶 흉할 흉 74
黑 검을 흑 250
吸 마실 흡 136
興 일어날 흥 136
希 바랄 희 195
喜 기쁠 희 195

285

우선순위 급수한자 1000

2006. 01. 03 / 1판 1쇄 인쇄
2006. 01. 10 / 1판 1쇄 발행

지 은 이_ 우선순위 급수한자 연구회
발 행 인_ 김용성
발 행 처_ **법률출판사**
기　　획_ 김범진
교정·교열_ 김윤현, 임은성, 윤소정, 안은영
디 자 인 _ 이선영, 위순복, 한석희
마 케 팅 _ 우창규, 윤병웅
등　　록 _ 제9-118호

주　　소 _ 130 - 831 서울시 동대문구 이문2동 346-41호 영일B/D 202호
전　　화 _ 962 - 9154
팩　　스 _ 962 - 9156

정가_10,000원　ISBN 89-5821-055-9

우선순위
급수한자
1000